权威机构　品牌图书　每年新版

BLUE BOOK

权威 · 前沿 · 原创

传媒指数蓝皮书

BLUE BOOK
OF CHINA'S MEDIA INDEX

中国传媒发展指数报告
(2008)

ANNUAL REPORT
ON CHINA'S MEDIA DEVELOPMENT INDEX
(2008)

中国人民大学新闻学院
中国人民大学新闻与社会发展研究中心
主　编／喻国明

社会科学文献出版社
SOCIAL SCIENCES ACADEMIC PRESS (CHINA)

图书在版编目（CIP）数据

中国传媒发展指数报告（2008）/喻国明主编. —北京：
社会科学文献出版社，2008.3
（传媒指数蓝皮书）
ISBN 978 - 7 - 5097 - 0100 - 3

Ⅰ. 中... Ⅱ. 喻... Ⅲ. 传播媒介 - 经济发展 - 研究
报告 - 中国 - 2008 Ⅳ. G206.2

中国版本图书馆 CIP 数据核字（2008）第 032246 号

法 律 声 明

传媒指数蓝皮书
编　委　会

中文摘要

本研究报告是国内首次系统地将传媒发展的数据指标与国民经济的发展指标及作为媒介生态圈的社会环境指标加以统合计算，形成评估我国传媒发展业态、预测其可能的发展趋势的测评体系。本报告认为传媒经济对国民经济和社会环境有派生性、依附性，全面、准确、科学地判断和评价二者之间的关联关系，具有十分重要的意义。本报告正是在构建中国传媒发展指数的测评框架的基础上，尝试对于我国传媒的发展现况进行的定量测评。

本报告分为三个部分：报告概述、主体报告和专题报告。

在概述中，我们对中国传媒发展指数（China Media Development Index，CMDI）的提出背景、指标选取、数据采集等做了详细的说明。主报告依据技术路径对全国各地的媒介发展指数进行了测评，并对结果进行了聚类分析。分省报告对全国各省（市区）的媒介发展水平和媒介环境进行了具体的评价，并结合当地社会发展的特点进行了解析及预测。专题报告围绕宏观经济与媒介产业的关系，从不同的角度深入探讨了媒介产业的制约因素。

根据课题组制定的中国传媒发展指数的计算方法，本报告对 2006 年全国 31 个省级行政区（不含台、港、澳）的发展指数和媒介与环境两个单项的指数进行了测算和排序，利用描述统计的方法，得出全国各省份传媒发展指数值和整体排名情况。在传媒发展指数综合得分排名中，处于传媒发展指数前 8 位的省市依次是广东、北京、上海、浙江、江苏、山东、天津和辽宁，属于媒介发展相对发达的省市，处于传媒发展指数后 8 位的省区依次是青海、甘肃、云南、广西、宁夏、贵州、西藏和海南。媒介发展总指数、媒介面的得分和环境面的得分排名波动并不完全一致，但是总的趋势是近似一致的，在媒介发展指数这条中线的上下，媒介面和环境面的曲线上下波动，但是波动幅度都不大，这两条曲线围绕着中间的媒介发展指数曲线此消彼长。通过对媒介面和环境面指标得分的相关分析可以发现，两者显著相关，相关系数为 0.75（P < 0.001）。

通过对该报告中所用的两个二级指标媒介面得分和环境面得分的聚类分析可以看出各省市区传媒发展上的一些类似特征的分布。本报告采用迭代聚类分析法（K-MEANS Cluster），由系统自己估计初始聚类中心，在反复比较的基础上，指定分类数为 3，对省市区发展指数数据进行聚类。从聚类的结果看，广东、北京、上海、浙江、江苏和山东 6 省市被分在第一类，这 6 省市无论从媒介发展的现状还是从媒介发展的环境看，都处于全国前列，而且是远远的位于全国平均水平之上，这 6 个省市是中国媒介发展的领头羊，同时也是中国经济发达地区。第二类地区的 13 个省市区，基本属于媒介自身现状和媒介发展环境一低一高的地区，这些地区的媒介发展状况和媒介发展环境之间存在发展的不平衡、不协调。天津、山西和内蒙古三地属于媒介自身发展落后于媒介发展的经济社会环境的地区，这些地区的媒介应该有进一步挖掘的空间。相反，河北、河南、四川和湖南属于媒介发展超前于其宏观经济社会环境的地区，这些地区虽然媒介发展的环境居全国平均水平之下，但是媒介发展的规模居全国平均水平之上。第三类地区的 12 个省市区媒介自身发展现状和媒介发展的环境都低于全国平均水平，属于媒介发展及其经济社会环境"双低"的地区，这些省市区经济上属于欠发达地区，媒介发展的现状也是比较落后的，经济社会的发展和媒介的发展是紧密相连并相互推动的，这些地区要发展媒介产业，还必须加大经济社会发展的力度。

通过对全国各省市区广告发展水平、发展活力的分析，以及与国外数据的对比，可以得出以下结论：①从宏观经济对广告市场的作用的一般规律来看，存在强者愈强、弱者愈弱的马太效应，即经济越发达，广告在经济总体中所占的比例越大，广告增长速度越快，广告未来的发展潜力也越大。②对各省市区数据在两个指标方面的研究，都发现 GDP 状况与广告市场状况错位的现象，比如山东省经济发达程度高，但是广告市场发展水平低；而西藏、重庆等地区经济发达程度不高，但是广告市场状况处在全国比较靠前的位置。这说明 GDP 与广告市场并非线性相关，其他影响因素，比如人口规模、消费水平等，也是广告市场的重要影响因素。③本报告在广告与 GDP 关系的两个层面上进行了聚类分析，每种聚类结果的"第二类"地区都是今后广告从业者需要重点关注的对象，这些省市经济发达，但广告发展落后，有更多的市场空间有待于开掘。

Abstract

Backgroud

With regard to the dominating concept of the embeddedness of media industry in the environments it roots in, this report integrated a set of scientific and statistic index of media development, economic development and societal development to analyze the state and future of their correalations in a clear and comprehensive way. By developing a framwork of measuring index in term of China's Media Development Index (CMDI), the research group evaluated media economic growth and regional differences.

Since the fulfillment of reform and opening-up policy, the Chinese economy keeps fast and continuous growth and this leads the media sector a prosperity in many aspects of the industry. One of the contributions of the evolutionary policy is that it initiated the process of marketization of the old media system and then achieved great growth of the industry, however, also accompnies with unequal development of the industry. This sort of differentiation and imbalance is reflected in regions and displays a complex articulation of media development and its social and economic context.

Methodology

The construction of an evaluation index should deal with the selection of analysis units and indexes elaborately. At the beginning stage, the researchers of this study explore all the possible factors which may influence the media industry by the qualitative methods on the basis of their comparability, predictability, measurability, operationality, as well as the independence and stability , then we wipe off some indexes through the trial-and-error method. We do this by testing the relationships between the possible indicators and the media income in advertisement—the most important index in the media industry and wipe off the low-correlation indexes. Also, we do this by applying some possible indexes in a specific province to get an score of media development and then compared it with the reality in this province and select those indexes which have the best goodness of fit with the reality. Finally we choose the CMDI by a composition of two parts, the media industry itself and the media environment. The index has 9 second-level indicators and 18 third-level indicators in the study.

The decision of the weight for each indicator in the social evaluation studies is uaually carried out by several approaches. In this study, all the selected indexes at the same level have similar contributions according to focus group study by interviewing, media scholars and industrial experts. Thus the same level indexes have the same weights in computing the final indexes. All the first and second levels of indexes are listed below:

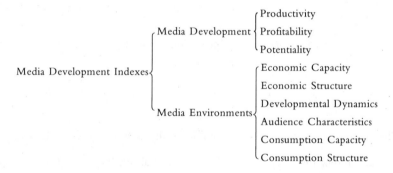

Media Development Indexes
- Media Development
  - Productivity
  - Profitability
  - Potentiality
- Media Environments
  - Economic Capacity
  - Economic Structure
  - Developmental Dynamics
  - Audience Characteristics
  - Consumption Capacity
  - Consumption Structure

For the historical and geographic reasons, each province in China has different characteristics in culture, economy and politics which make the media development different form one province to others, in short, media industry shares high homogeneity within the province and heterogeneity between the provinces. Thus the analysis unit is 31 provinces in China.

All the data in the study is based on 2006 without special notes which are the latest data. The data are mainly collected from the following channels:

1. Annual statistical data of the media administration authorities, like *General Administration of Press and Publication of the People's Republic of China*, *State Administration of Radio Film and Television*, *State Administration for Industry Commerce*, *Ministry of Science*, *Ministry of Culture* etc.

2. Some almanacs on the relative industries and national economy, like *China Statistics Yearbook*, *China Journalism Almanac*, *China Urban Life and Price Yearbook*, *Bulebook of Newspaper Industry* etc.

3. Data from relative institutions of media market research. Such as the data of advertisement from *China Advertising Association* and data of audience from *CSM*, *CTR Market Research* etc.

Since all the data have different units and then have great variations in the magnitude. The necessary step before computing the score is to transform the original data to standardized scores (or Z scores) through the following formula:

$Z = \dfrac{x_i - \bar{x}}{S}$, where is the observed value of each index, is the mean of each index, is the standard deviation of each index through the formula:

$$S = \sqrt{\frac{1}{n-1} \sum_{i=1}^{n} (x_i - \bar{x})^2} = \sqrt{\frac{(x_1 - \bar{x})^2 + (x_2 - \bar{x})^2 + \cdots + (x_n - \bar{x})^2}{n-1}}.$$

The standardized data are comparable with each other but the standardized score of each index just vary from -3 to $+3$. (about 99.7% of data within this scope because all the data can be treated as normal distribution). So about half of the Z scores are minus and for the straightness of observation all the data were plus 3 ($Z_{final} = Z + 3$) and then more than 99% of data were positive.

Findings

The economy development has great influence on media industry. Firstly, the economy development determines people's requires for information, and then determine scope of the media market, which is called the "Principle of Relative Constancy". This theory was addressed for the first time by McCombs and had been testified by many other scholars. The essential idea of this theory is that the ratio of media consumption to economy development, always represented by GDP, is a relatively stable number. Economy development growth will provoke the media consumption to grow by a certain rate. Secondly, media industry in China is motivated mostly by advertisement, which is also influenced by economy development to a great degree. This study found that the correlation between economy development, with the indicator GDP, and media market, with the indicator advertisement expenditure, is fairly significant. We chose GDP, economic property index, industrial structure, urbanization rate, per capita disposable income and per capita consumption expenditure.

For GDP, this study found that most provinces in eastern area are higher than national average level in both GDP and advertisement expenditure, while most provinces in western area are lower than national average level in both two indicators. However, there are exceptions. Provinces include Hubei, Fujian are higher than national average level in economy development but lower in advertisement expenditure, which means media market are under-exploited and there is still potential for future development.

For economic property index, this study found that the correlation between this indicator and media market are not so significant for several reasons. The most important one is that economic property index is reflect of future economy development. It does not always keep the same trend with real economy situation. Since this study is trying to figure out the potential of media market, we keep this indicator to make the whole report more future-reflecting.

For industrial structure, this study found a similar geographic trend with GDP indicator, i. e. provinces in the eastern area are mostly higher than average both in

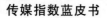

industrial structure and media market, while western area lower. But the scatter plot graphic seems more sprawled, which the relation between industrial structure and media market is more complex. For instances, Shanxi (Taiyuan) got high grade in the industrial structure but low in media market. However, this doesn't mean the province has great potential in media development. The high grade in industrial structure results from its boom of coal industry, which obviously has little attraction to advertisement.

For urbanization, this study found that there is a fairly positive correlation between this indicator and media market. From a historical perspective, urbanization is an essential condition for mass media industry, for urbanization provides core audience to media and urban area attracts much more advertisement than rural area. In China, six provinces or minority or Autonomous Region of Minority Nationalities have great potential for media industry in the urbanization sense. They are Inner Mongolia, Fujian, Chongqing, Tianjin, Jilin.

For per capita disposable income and per capita consumption expenditure, this study found positive correlation between those two indicators and media market, especially. Tianjin and Fujian are exceptions in both two indicators, which means there are potential for the two to develop media industry.

All the provinces are clustered according their scores in CMDI into 3 groups: the first group are the leading regions of Beijing, Shanghai, Guangdong, Zhejiang, Jiangsu and Shandong, characterised by a developmental model of harmonious relationship of media and its environment. The second group has 13 provinces and the third group has 12 provinces. The ranking system of CMDI shows different performances in media development in a comprehensive way.

目 录

报 告 概 述

主 体 报 告

专 题 报 告

CONTENTS

Introduction of China Media Development Index (CMDI)

General Report of China Media Development Index

Theme Report of China Media Development Index

报告概述

中国传媒发展指数的指标框架与定量测评

《中国传媒发展指数》课题组[*]

中国传媒产业研究近 20 年来引入了大量微观和宏观经济分析的手段，形成了多样化的研究视角，但是结合经济元素和文化、政府政策对传媒业进行考察的"多学科型"研究仍处于弱势段[①]，实际上传媒业的发展从来也不可能离开其存在的环境，作为上层建筑的一部分和市场法人，传媒业与国民经济发展息息相关，是依附性、派生性很强的产业。有鉴于此，中国人民大学新闻与社会发展研究中心与中国人民大学新闻学院组建的《中国传媒发展指数》课题组，在理论逻辑和实证研究的架构下，提出"传媒发展指数"这个概念，从系统依赖的角度考察传媒经济的发展及其社会性、环境性的制约因素。

---

[*] 本课题组由中国人民大学新闻与社会发展研究中心和中国人民大学新闻学院联合组建，课题组的负责人为喻国明教授。本研究报告的执笔人为喻国明、苏林森、王春枝、王斌，中国人民大学新闻学院 2006 级传媒经济专业方向的硕士研究生参与了本课题的资料采集、整理和部分研究工作。

[①] Robert G. Picard、杭敏：《传媒经济学研究的历史、方法与范例》，《现代传播》2005 年第 4 期。

一 理论背景及定位

传媒发展指数这一概念的提出动因源自三个方面。

第一是对传媒产业在社会经济系统中的结构性还原。传媒产业作为文化产业、创意产业及信息服务业的身份逐渐得到普遍认可，但相应的产业分析和产业预测却始终未能像快速消费品、金融、电子产品等其他行业一样达到成熟和系统化的程度。这不仅见之于零乱的数据和只抓冰山一角的各类报告，更见之于传媒产业研究工具和逻辑的匮乏，最大的问题在于传媒业自身发展的碎片化和对这种碎片化现状进行描述及解析的无力感。传媒发展指数的首要含义就是对传媒业在国民经济中的比重、增长速度、主要关联行业等作出明确的判断，对传媒产业在国民经济环境中的区位作出清晰的图绘。

第二是对传媒业发展要素的有序厘清。传媒业的繁荣与否可以用多项指标来衡量，但这些要素起作用的层次有所不同。就报业盈利增长放缓的现象来讲，造成传媒经营风险的原因，远比人们直观感受到的要复杂得多。在大概念上，这些原因可以分为传媒部门自身和媒体经营环境两大类。前者既归因于媒体部门自身收入结构不合理、产品结构不完善和竞争策略不领先等，也归因于政府主管部门的配合不力乃至监管不当。后者涉及的范围更广。生活方式的变革、消费品市场竞争的此消彼长、宏观经济调控的政策性安排，以及社会文化创意环境、社会教育制度的发展等，都可能对传媒经营的波动带来或强或弱的影响。这意味着，在制定媒体发展战略时，我们不仅要广泛涉猎社会经济环境的动态，更应强调对环境中影响传媒产业发展的因素有层次有重点的区分。

第三是对传媒发展因子的贡献分析。我国传媒产业自改革开放进入快车道以来，与社会生活和经济形势的结合更加紧密，经营环境更趋复杂，经营风险在增加。在分析传媒产业增长的过程中，当增长的各种表现被系统的归纳后，当其形成原因渐次被揭示出来后，当各类原因之间错综复杂的相互关联被初步认识之后，人们就迫切需要找到一种更全面、更系统、更能精确刻画其增长本质的科学视角来对之加以分类和描述。传媒发展指数正是通过对各个因子的绅绎和测度，来量化的展示各个因素对传媒业的重要程度和贡献大小。

由此我们可以归纳出传媒发展指数的核心内涵：不同的环境要素会对传媒组织和传媒业产生不同的约束并决定其选择空间，从而使得传媒组织的行为出现不同的增长特征和发展路径。所谓评价和改善传媒发展指数，即是要对现存的传媒产业结构进行有序的排查和厘清，采纳一系列精当而敏感的指标展示出传媒业的动态发展速度及质量，实现对传媒业与社会环境互动的有效监测，从而优化传媒组织、传媒业与其发展环境之间的匹配程度，形成正向激励机制，有效地抑制传媒发展战略的偏离，从把握机身状况和气候条件的大环境观来审视传媒产业的"腾飞"，而非仅仅改进驾驶员自身的一些作为。

如果沿用这一比喻，我们正好可以借以说明本书所指的传媒发展的范畴：飞机是各自运行的传媒组织，气候条件是搭载传媒业发展的社会环境，既包括各部类行业的群体经济行为所组成的国民经济发展态势，也包括生活形态、文明教养、民众心智等组成的社会发展水平。媒体面和承载其发展的社会环境面是把握传媒产业增长的两个基本角度。

传媒发展指数的界说对于传媒产业的现实运作也具有操作性的功效。

第一，传媒发展指数的概念将推演出传媒产业的联动结构和制约框架。由于传媒业的前景广阔，投资者不断加强对传媒版块的分析和预测，但是目前所见的研究往往基于传媒自身的经济状况，通过历年来我国媒体的广告及收入增长的纵向趋势和与美欧诸国比较的横向趋势来预测传媒业的增长。但问题的关键在于，传媒经营增长的社会链条客观上延伸到相应的其他行业（房地产、印刷、电视机、电信等）并受到这些行业景气情况和发展状况的显著影响。只有对这些层次进行严密的叠加和综合分析，才能得出理性的、有信服力的预测，才能发掘传媒业寒冬或暴发式增长等大波动背后的水面下的"冰山"，才能体现作为文化产业、信息服务业的传媒深刻依赖于社会发展进程的"蝴蝶效应"逻辑。

第二，是对传媒产业增长机会点的真实发现。近几年来传媒业涌现出了一批实力雄厚、管理有效的标杆组织，这些试水者对于推动整个产业的素质有积极的作用。但由于我国传媒业自身的特殊定位，无法完全地复制国外媒体和国内工商企业的经营理念和做法，而基于媒体行业的深入的前景调研又过于稀缺，因此追求管理时尚就成为通行的提高媒体运营效率的杀手铜。这些议题可能对于现阶段的中国传媒业还是伪问题，而我们有限的财力和人力应当去应对媒体行业所面临的真实的潜在需求，无论是产品还是服务。这些需求和机会来自扎根于中国社会的对信息流动和资讯消费的深刻剖析。传媒发展指数试图把人口年龄结构、可支配消费能力、地方创新氛围、广告吸纳程度等更多的变量纳入传媒增长框架中来考察。传媒发展指数企望引入全面的系统的环境因素来看传媒增长趋势，其新贡献在于从事实和数据背后寻找真问题和真机会，据此刻画传媒产业成长的弹性空间。

从这个视角出发，传播学中的赖利夫妇、梅尔文·德弗勒与桑德拉·鲍尔－洛基奇，以及北美的媒介环境学都有过类似的思想表达，国内也有少数学人进行过一些实证尝试，比如中国人民大学新闻学院丁汉青在其博士论文《广告流：理论与实证研究》中，分析了广告与各地经济的关系、广告与相关产业经济景气状况的关系；中国人民大学硕士胡春磊在他的硕士论文中考察了媒介经济与宏观经济的关系。这些研究在传媒的产业生态上取得了一些"点"的突破，但是"面"上的研究，目前还是空白。

从以上回顾可以发现，系统的、有机的、结构性的观察传媒与各种社会力量的连接关系是传播研究的一脉相承的丰富思想遗产。这种动态的、多元的视角对于摆脱媒介中心论的分析和解说颇具借鉴意义。在面对传媒产业与社会经济环境日益加深的连接情况下，重新引入这一视角到传媒经济的研究中，是一个具有挑战性和创新空间的尝试。

二 分析框架和技术路线

1. 分析的对象和单位

一项综合评价体系的建立，首先要确定的就是分析对象的选择和评价单位的确定。该评价是分析媒介发展指数，分析的对象是媒介产业以及与其密切相关的产业以及和整个国民经济的关系。由于历史的原因，媒介发展在省份这个层次上，在政治、经济、文化这些方面会存在重大的差异，具有较大的区分度，而在一个省份范围内部的政治、经济、文化则具有较强的趋同性，所以本研究的基本分析单位是全国 31 个省（直辖市、自治区）。

2. 评价指标及其权重的确定

在本研究评价指标的选择前期，根据课题组的理论梳理，本着可比性、可测性、直观性、可操作性以及相对独立性和稳定性的原则，课题组采用定性的方法找出可能影响传媒业发展的所有因素，也就是最小的三级指标，在此基础上进行不断的试错和筛选，即采用几个地方的媒介发展数据，在这样的指标体系下进行计算，如果该地方的媒介发展实际情况与该计算值差异较大，那么用这样的指标来解释媒介发展指数是不合适的，这时就要根据经验和文献分析的结果进行调整，直至媒介发展指数的数据和现实的媒介发展状况具有较高的拟合时才认为这种指标的选择和指标权重的确定是适合的。根据对现实的拟合程度确定最终入选的三级指标（限于篇幅，本书略去三级指标），再在这些三级指标中进行分类，分别归纳出二级指标，再归纳出一级指标。

综合评价指标权重的确定，通常使用的是德尔菲法，又称专家访谈法，但是这种方法确定的指标权重具有较大的主观性，指标权重的确定多受到专家个人经验和知识背景的限制，另外在确定指标权重中经常被使用的统计分析法如因子分析法也常常因为指标数据的不健全而存在缺陷。为减少争议，根据经验，本研究中选择的各个二级指标、三级指标对媒介发展指数的影响程度都相当，这样就全部采用等权重的方法，一级指标下面的两个二级指标（媒介自身发展和媒介发展环境）采用等权的方法，每个二级指标下面的最基本的三级指标也采用等权的方法，最后采用线性相加的方式计算最后各个省份的传媒发展指数得分。本研究的 2 个大维度和 8 个二级维度指标见图 1。

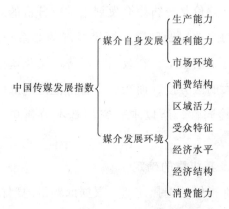

图 1　中国传媒发展指数指标体系图

3. 关于本报告中数据的使用

本研究的数据来源主要来自以下几个方面。

（1）传媒业主管部门的年度统计数据，包括 2007 年新闻出版署计划财务司的《中国新闻出版统计资料汇编》、2007 年国家广电总局计划财务司的《中国广播电视统计资料汇编》、中国互联网信息中心的《第 19 次中国互联网络发展状况统计报告》以及国家工商行政管理总局广告司、中国广告协会 2005 ~ 2006 年度广告数据等。

（2）国民经济及相关产业统计年鉴，包括 2006 年《中国人口年鉴》、《中国区域创新能力报告》、《中国区域竞争力报告》、《中国城市生活质量报告》、《中国城市统计年鉴》和《中国人口统计年鉴》等。

（3）相关的媒介市场调查公司的报告或数据，包括央视－索福瑞的《中国电视收视年鉴 2006》、《中国广播收听年鉴 2006》以及央视市场调查公司和慧聪国际资讯的 2005～2006 年度调查数据等。

本研究的重点是对影响传媒发展的各个因素的现状进行描述，随着传媒业务主管部门对基础数据的重视和传媒调查业的兴起，传媒主管部门和媒介市场调查公司的数据成为描述我国媒介发展现状数据的主要来源，本着经济实用的原则，提高现有数据的利用率，本研究尽可能采用现有的各种统计数据，包括其他社会发展数据和其他相关产业的数据，同时为弥补传媒业主管部门数据的不足，本研究也运用了大量的相关的媒介市场调查公司的数据，在此一并表示感谢。如无特别说明，本报告的各指标数据年份皆为 2006 年。

4. 数据的无量纲化

由于我们所选择的影响传媒业发展的各种指标的单位、意义各不相同，计量单位上存在差异，有的是绝对数指标，有的是相对数指标，有的是人均指标等，直接进行计算没有比较的意义，为使该评价具有比较的意义，本研究对各指标的数据进行无量纲化。所谓无量纲化就是对评价指标数值的标准化、正规化处理，它是通过一定的数学变换来消除原始指标量纲影响的方法，即把性质、量纲各异的指标转换成可以进行综合的相对数——"量化值"[①]。一个标准化的方法是把某样本原始观测值（亦称得分，score）和该样本均值之差除以该样本的标准差，得到的度量称为标准得分（standard score，又称为 z-score）。标准得分的计算公式为：$Z = \dfrac{x_i - \bar{x}}{S}$，其中 x_i 为各项指标实际观测值，$\bar{x}$ 为各项指标平均值，S 为标准差，是方差平方根，如果记样本中的观测值为 $x_1 \cdots x_n$，则样本方差为：

$$S^2 = \frac{1}{n-1} \sum_{i=1}^{n} (x_i - \bar{x})^2 = \frac{(x_1 - \bar{x})^2 + \cdots + (x_n - \bar{x})^2}{n-1}$$

① 朱孔来：《国民经济和社会发展综合评价研究》，山东人民出版社，2004，第 271 页。

三 中国传媒发展指数测评结果

根据本研究制定的中国传媒发展指数的计算方法，本报告对 2006 年全国 31 个省级行政区（不含港澳台，下同）的发展指数和两个单项的指数进行了测算和排序，利用描述统计的方法，得出全国各省（市区）传媒发展指数值和整体排名情况（见表 1）。

表 1 2006 年我国省级行政区（不含港澳台）传媒发展指数及单项排名

省(市区)	传媒发展指数		媒介指数		环境指数	
	得 分	排 名	得 分	排 名	得 分	排 名
广 东	4.4208	1	4.6752	1	4.1663	4
北 京	4.3331	2	3.9978	3	4.6683	1
上 海	4.1265	3	3.7582	5	4.4948	2
浙 江	4.0409	4	3.8824	4	4.1994	3
江 苏	3.8478	5	4.2996	2	3.3960	7
山 东	3.6256	6	3.7487	6	3.5025	6
天 津	3.2909	7	2.8994	13	3.6824	5
辽 宁	3.2224	8	3.4247	8	3.0202	10
湖 南	3.1459	9	3.5397	7	2.7521	20
河 南	2.9762	10	3.1445	10	2.8079	17
河 北	2.9755	11	3.0626	11	2.8884	13
四 川	2.9286	12	3.3197	9	2.5375	25
福 建	2.8897	13	2.8307	16	2.9487	11
内蒙古	2.8772	14	2.6164	24	3.1379	8
山 西	2.8727	15	2.6907	18	3.0546	9
黑龙江	2.8116	16	2.8149	17	2.8084	16
湖 北	2.7810	17	2.8819	14	2.6802	22
吉 林	2.7509	18	2.6822	19	2.8196	14
江 西	2.7490	19	2.8464	15	2.6515	23
重 庆	2.7432	20	2.6701	22	2.8164	15
安 徽	2.7398	21	2.9678	12	2.5119	26
陕 西	2.6934	22	2.4809	27	2.9060	12
新 疆	2.6917	23	2.6742	21	2.7093	21
青 海	2.6782	24	2.5580	26	2.7983	18
甘 肃	2.6173	25	2.5985	25	2.6360	24
云 南	2.5163	26	2.6616	23	2.3709	29
广 西	2.4536	27	2.6821	20	2.2252	30
宁 夏	2.4531	28	2.1193	30	2.7868	19
贵 州	2.3424	29	2.3052	28	2.3796	28
西 藏	2.2856	30	2.1316	29	2.4396	27
海 南	2.1192	31	2.0352	31	2.2032	31

从表 1 可以看出，在传媒发展指数综合得分排名中，处于传媒发展指数前 8 位的省市依次是广东、北京、上海、浙江、江苏、山东、天津和辽宁，属于媒介发展相对发达的省份，处于传媒发展指数后 8 位的省区依次是青海、甘肃、云南、广西、宁夏、贵州、西藏和海南，这些省区的媒介发展相对落后。传媒发展指数前 8 位的省市，多是东部或沿海地区，后 8 位的省区，西部地区占了 7 个，可见，东西部在传媒发展指数上存在显著的差距（见图 1）。

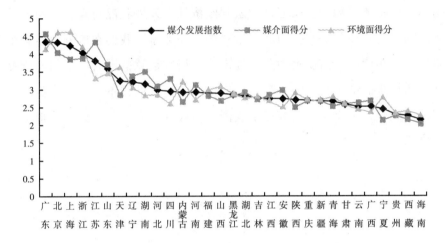

图 1 各省市区传媒发展指数、媒介面和环境面标准得分

从图 1 中可以看出，媒介发展总指数、媒介面的得分和环境面的得分排名波动并不完全一致，但是总的趋势是一致的，在媒介发展指数这条中线的上下，媒介面和环境面的曲线上下波动，但是波动幅度都不大，两条曲线围绕着中间的媒介发展指数曲线此消彼长。通过对媒介面和环境面指标得分的相关分析可以发现，两者显著相关，相关系数为0.75（P＜0.001）。

四 结 论

用传媒发展指数来研究我国传媒经济发展现状是媒介经济研究的一

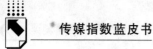
个新的视角，该研究注重将传媒业放在整个社会经济发展的大环境中，从而挖掘各地传媒发展的饱和程度和未来可能的市场空间。在本研究的第一阶段，我们发现有三个方面的不足尚待改进：第一，是对数据的整合。由于我国调查业的发展还有行业不规范存在，我们虽然尽力获得了较为全面和准确的数据，但多家数据源带来的统计口径的差异仍然需要对数据的整合使用做出更精确的判断。第二，本研究对逻辑框架和指标体系的设计做了较为充分的考虑和论证，限于研究精力，分指标的深入挖掘和解释还付阙如。第三，对宏观经济社会发展状况与媒介业勾连关系的剖析需要深刻的洞察力和多学科的知识背景，我们在这方面还有很多后续的解读工作需要努力。在提出这个研究创意的同时，我们把研究框架和初步的结果与学界分享，以提供一个讨论的样本，为下一步的研究提供经验，希望这项研究能给我国的传媒经济研究和业界决策带来参考价值。

主体报告

中国传媒发展指数总报告

一 中国媒介产业的总体状况概述

改革开放 30 年来，我国媒介产业飞速发展，形成了一定的规模，已经成为"朝阳产业"。目前我国的媒体格局已经形成了以报纸、广播、电视和杂志为代表和主导的传统媒体同以网络为代表的新兴媒体相结合的全方位、多层次的传媒架构，表 1 是 2006 年全国各类媒体总量的概况。

根据国家工商行政管理总局（以下简称"国家工商总局"）的统计，2005 年全国广告市场 1416.3 亿元，2006 年全国广告市场达 1573 亿元，比 2005 年增长 11.06%，是国家工商总局最早统计的 1987 年全国广告额（11.12 亿元）的 141 倍。2005、2006 年中国的广告营业额分布见表 2。

从表 2 可以看出，2006 年电台、电视和报纸等媒体的广告额都实现了较快的增长，尤其是广播的广告增长迅速，位于各媒体广告增长率之首。实际上，自进入 2000 年以来，广播广告一直呈两位数的高速增长，2000 ～ 2005 年广播广告增长率分别为 25.92%、16.14%、19.80%、16.76%、28.67% 和 17.93%。受众是媒介传播的对象，是媒

表1 2006年全国媒介产业规模一览表

媒体类别	2006 年规模概览
电 视	全国电视台 296 座,广播电视台 1935 座,电视综合人口覆盖率 96.23%,电视节目播出时长 1360.45 万小时,全国有线电视用户 13995.15 万户,数字电视用户 1266.25 万户,付费数字电视用户 173.03 万户
广 播	全国省和地市级广播电台 267 座,广播综合人口覆盖率 95.04%,广播节目播出时长 1078.05 万小时
报 纸	全国共出版报纸 1938 种,平均期印数 19703.35 万份,总印数 424.52 亿份,总印张 1658.91 亿印张,定价总金额 276.09 亿元
期 刊	全国共出版期刊 9468 种,平均期印数 16435 万册,总印数 28.52 亿册,总印张 136.94 亿印张,定价总金额 152.23 亿元
图 书	全国共出版图书 233971 种,总印数 64.08 亿册(张),总印张 511.96 亿印张,定价总金额 649.13 亿元
网 络	全国网民总数 13700 万人,上网计算机数 5940 万台,域名数 4109020 个,网站数 843000 个

资料来源:国家广播电影电视总局发展研究中心编《2007 中国广播电影电视发展报告》,新华出版社,2007;新闻出版总署计划财务司编《中国新闻出版统计资料汇编 2007》,中国 ISBN 中心,2007;中国互联网络信息中心编《第 19 次中国互联网络发展状况统计报告》,2007。

表2 2005～2006 年全国广告经营额 (亿元) 及增长率

项 目	2005 年营业额	2006 年营业额	增长率(%)
广告公司	615.38	631.32	2.59
兼营广告企业	57.10	59.70	4.55
电视台	355.29	404.02	13.72
广播电台	38.86	57.19	47.17
报 社	256.05	312.59	22.08
杂志社	24.87	24.10	-3.07
其 他	68.80	84.07	22.2

资料来源:国家工商行政管理总局。

介存在的基础和媒介广告的承载者,巨额的广告来自于媒体背后广大的受众,中国媒介广告的发展离不开广大的受众。当前电视是名副其实的第一媒体,其受众规模居传统 4 大媒体之首,但总的来看,面对网络新媒体的冲击,传统媒体的日均累计接触率在逐年下降。从 2005 年和 2006 年两年比较可以看出,表 3 和图 1 都反映出了这种趋势。

表3　2005、2006 年 4 大媒体 36 城市日均累计接触率比较

单位：%

媒　介	2005 年	2006 年	媒　介	2005 年	2006 年
报　纸	68.8	65.5	杂　志	8.7	8.2
电　视	93.8	92.9	广　播	17.5	16.6

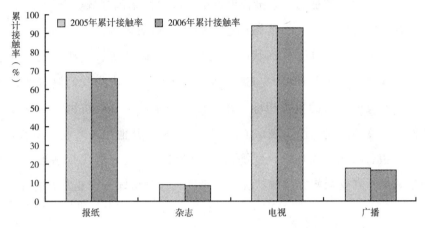

图1　全国 36 个中心城市各类媒体日累计到达率比较

资料来源：央视市场调查有限公司（CTR），中国人民大学舆论研究所制作。

　　无论是从媒介广告的飞快发展速度，还是从各媒介的受众日均累计接触率都可以看出，媒介已经成为现代社会人们生活中不可缺少的一个部分。作为一个重要的社会组成部门，媒介已经深入到人们日常生活中，影响了人们的生活生产方式、文化政治观念；作为一个盈利的经济部门，媒介产业带来的巨额广告本身以及媒介经济尤其是广告对相关产业的拉动和促进，为我国的经济发展注入了强大的动力和活力。本报告系统分析媒介发展及其环境，媒介产业自身的现状是这种发展环境的核心，为全面阐述我国媒介产业的现状，本报告中媒介产业的现状描述选取六个指标，分别从媒介生产能力、媒介盈利能力和媒介市场环境三个维度进行阐述。

二　媒介发展环境

　　媒介产业是服务业，具有明显的"他动"性质，换言之，它对于环

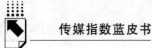

境因素的变化具有极强的敏感性，与社会经济、政治、文化的发展及大众心理、流行文化的潮流紧密相关。因此，作为一项系统阐述媒介发展指数的报告，我们注重的是从社会层面的变化及其对于媒介产业的关联性角度来进行描述和分析。随着媒介市场化进程的推进和市场因素在媒介发展中的地位的加强，本报告重点从经济属性来阐述媒介产业的发展。作为社会有机体的一环，传媒产业发展要受到诸多因素的影响，包括经济发展水平、人民社会生活状况、国家的宏观政策等，这些因素构成了传媒产业发展的主要环境，与这些因素相关的变量成为我们测量各地区传媒产业发展指数的重要指标。在市场经济条件下，经济因素对媒介产业的影响逐渐凸显，图2表示了媒介产业和社会其他相关产业的关系。

本报告将从政策环境、经济结构、经济景气度、居民生活形态、居民生活水平和受众媒介接触状况六个维度具体分析媒介产业发展的环境。

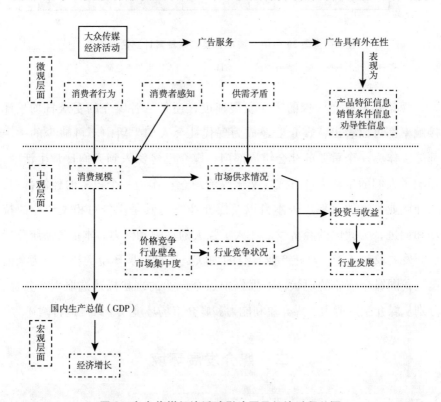

图 2　大众传媒经济活动影响国民经济过程总图

三 中国传媒发展指数总体概况

根据课题组制定的中国传媒发展指数的计算方法，本报告对 2006 年全国 31 个省级行政区的发展指数和媒介与环境两个单项的指数进行了测算和排序，利用描述统计的方法，得出全国各省（市区）传媒发展指数值和整体排名情况（见表 4）。

表 4 2006 年我国省级行政区（不含港澳台）传媒发展指数及单项排名

省（市区）	传媒发展指数		媒介指数		环境指数	
	得 分	排 名	得 分	排 名	得 分	排 名
广 东	4.4208	1	4.6752	1	4.1663	4
北 京	4.3331	2	3.9978	3	4.6683	1
上 海	4.1265	3	3.7582	5	4.4948	2
浙 江	4.0409	4	3.8824	4	4.1994	3
江 苏	3.8478	5	4.2996	2	3.3960	7
山 东	3.6256	6	3.7487	6	3.5025	6
天 津	3.2909	7	2.8994	13	3.6824	5
辽 宁	3.2224	8	3.4247	8	3.0202	10
湖 南	3.1459	9	3.5397	7	2.7521	20
河 南	2.9762	10	3.1445	10	2.8079	17
河 北	2.9755	11	3.0626	11	2.8884	13
四 川	2.9286	12	3.3197	9	2.5375	25
福 建	2.8897	13	2.8307	16	2.9487	11
内蒙古	2.8772	14	2.6164	24	3.1379	8
山 西	2.8727	15	2.6907	18	3.0546	9
黑龙江	2.8116	16	2.8149	17	2.8084	16
湖 北	2.7810	17	2.8819	14	2.6802	22
吉 林	2.7509	18	2.6822	19	2.8196	14
江 西	2.7490	19	2.8464	15	2.6515	23
重 庆	2.7432	20	2.6701	22	2.8164	15
安 徽	2.7398	21	2.9678	12	2.5119	26
陕 西	2.6934	22	2.4809	27	2.9060	12
新 疆	2.6917	23	2.6742	21	2.7093	21
青 海	2.6782	24	2.5580	26	2.7983	18
甘 肃	2.6173	25	2.5985	25	2.6360	24
云 南	2.5163	26	2.6616	23	2.3709	29
广 西	2.4536	27	2.6821	20	2.2252	30
宁 夏	2.4531	28	2.1193	30	2.7868	19
贵 州	2.3424	29	2.3052	28	2.3796	28
西 藏	2.2856	30	2.1316	29	2.4396	27
海 南	2.1192	31	2.0352	31	2.2032	31

说明：考虑到该表中有些指数重复，故保留四位小数。

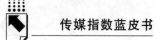

从表4可以看出，在传媒发展指数综合得分排名中，处于传媒发展指数前8位的省（市）依次是广东、北京、上海、浙江、江苏、山东、天津和辽宁，属于媒介发展相对发达的省（市），处于传媒发展指数后8位的省（区）依次是青海、甘肃、云南、广西、宁夏、贵州、西藏和海南，这些省（区）的媒介发展相对落后。传媒发展指数前8位的省（市），多是东部或沿海地区，后8位的省（区），西部地区占了7个，可见，东西部在传媒发展指数上存在显著的差距。

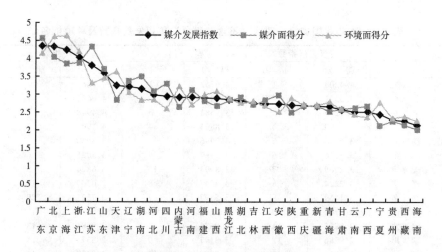

图3　各省传媒发展指数、媒介面和环境面标准得分

从图3中可以看出，媒介发展总指数、媒介面的得分和环境面的得分排名波动并不完全一致，但是总的趋势是近似一致的，在媒介发展指数这条中线的上下，媒介面和环境面的曲线上下波动，但是波动幅度都不大，这两条曲线围绕着中间的媒介发展指数曲线此消彼长。通过对媒介面和环境面指标得分的相关分析可以发现，两者显著相关，相关系数为0.75（P<0.001）。以媒介面指标标准得分为横坐标，以环境面标准得分为纵坐标，以两者标准值的平均数3分别作为纵横两条中位线作出四象限图（如图4）。

从图4可以看出，第一象限属于高环境发展得分和高媒介发展得分的"双高"地区，同时具有良好的媒介发展现状和良好的媒介发展环

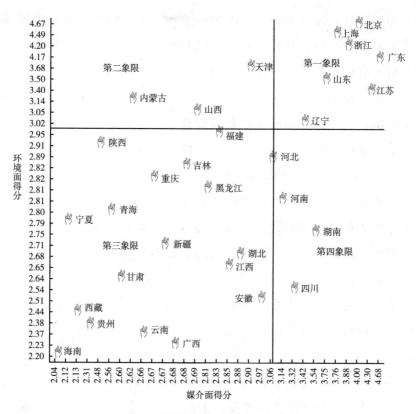

图4 传媒发展指数的四象限图

说明：为了更好地展示散点图的区分度，在 SPSS 软件执行中采用了不等分坐标刻度的方式，以利于观测不同省（市、区）的空间位差分布，其余散点图同此。另需说明的是以下各图的四象限标注同此图，不再另行标注。

境的省（市）集中在上海、北京、广东、浙江、江苏、山东和辽宁7省市，这7个省（市）是中国媒介发展的中流砥柱，其中，广东省的媒介本身的发展状况名列第1，而北京市的媒介发展环境指数名列31个省（市区）第1，上海名列第2，虽然北京和上海分别作为政治文化中心和经济中心，作为国际大都市具有良好的媒介发展环境，但是其媒介发展现状都不及广东，其传媒发展还应该有进一步的空间和潜力，广东作为中国改革的前沿阵地，无论是媒介发展环境还是媒介发展的综合指数都遥遥领先。因为媒介发展环境和媒介自身发展现状具有较高的相关性（两者的相关系数为0.75），具有良好的媒介发展环境但是媒介面指标得分偏低的仅有天津、山西和内蒙古三地，同样，媒介发展环境较差但是媒介面的得分较高也是比较稀少的，低媒介发展环境高媒介面得分的省份仅有河北、湖南和四川等省，媒介自身发展现状和媒介发展环境"单高"的地区相对较少，北京、上海和广东一向是我国经济发展的前沿阵地，同时也是我国媒介最发达的地区，同时我国经济发展总体落后的地区青海、甘肃、云南、广西、宁夏、贵州和西藏等省（区）的媒介发展总体也相对落后。在该四象限图中的第三象限，是媒介发展环境和媒介发展现状都相对较差的"双低"地区，这些地区多集中在西部较落后地区，这类地区包括陕西、福建、黑龙江、吉林、青海、新疆、宁夏、重庆、湖北、江西、安徽、甘肃、云南、贵州、广西、海南和西藏共 17 个省（市区），占全国省（市区）的一半多，看来无论从发展环境还是媒介面自身发展看，我国西部媒介发展相对落后，但从另一方面看，这些西部地区的媒介发展潜力和空间相对较大。

通过对该报告中所用的两个二级指标媒介面得分和环境面得分的聚类分析①，可以看出各省传媒发展上的一些类似特征的省（市区）分布。本报告采用迭代聚类分析法（K-MEANS Cluster），由系统自己估计初始聚类中心，在反复比较的基础上，指定分类数为 3，对省（市区）发展指数数据进行聚类，结果如表 5 所示。

表5　各省（市区）传媒发展指数的聚类分析结果

类　别	省(市区)
第一类	北京、上海、广东、浙江、江苏、山东
第二类	天津、辽宁、湖南、河南、河北、四川、福建、内蒙古、山西、黑龙江、湖北、江西、安徽
第三类	吉林、重庆、陕西、新疆、青海、甘肃、云南、广西、宁夏、贵州、西藏、海南

①　聚类分析又称群分析，它是研究（样品或指标）分类问题的一种多元统计方法。所谓类，就是指相似元素的集合。通俗地说，就是人以群分、物以类聚，由于本报告所用的 18 个指标的量纲各不相同，权重也不相同，为了削除量纲和权重对聚类的影响，此处根据由 18 个指标合成的两个二级指标进行聚类。

从聚类的结果看，广东、北京、上海、浙江、江苏和山东6省（市）被分在第一类，这6省（市）无论从媒介发展的现状还是从媒介发展的环境看，都处于全国前列，而且是远远的位于全国平均水平之上，这6个省（市）是中国媒介发展的领头羊，同时也是中国经济发达地区。第二类地区的13个省区，基本属于媒介自身现状和媒介发展环境一低一高的地区，这些地区的媒介发展状况和媒介发展环境不平衡，从图4中也可以看出，天津、山西和内蒙古三地属于媒介发展落后于媒介发展的经济社会环境的地区，这些地区的媒介应该有进一步挖掘的空间。相反，河北、河南、四川和湖南属于媒介发展超前于其宏观经济社会环境的地区，这些地区虽然媒介发展的环境居全国平均水平之下，但是媒介发展的规模居全国平均水平之上，福建、湖北、黑龙江、江西和安徽属于媒介自身发展和经济社会发展都略低于全国平均水平的省份，而辽宁媒介自身发展状况和经济社会发展环境略高于全国平均水平，但是从各自的媒介面得分和环境面的得分比较来看，辽宁、江西、湖北和安徽4省的媒介发展超前于媒介的经济社会环境，而福建的媒介发展环境超前于媒介自身的发展，只有黑龙江省的媒介面的得分和环境面得分基本相等。第三类地区的12个省（市区），媒介自身发展现状和媒介发展的环境都低于全国平均水平，属于媒介发展及其经济社会环境"双低"的地区，从图4中也可以看出，这些地区处于象限图左下方的第三象限，经济上属于欠发达地区，从媒介发展的现状上看，也是比较落后的，经济社会的发展和媒介的发展是紧密相连并相互推动的，这些地区要发展媒介产业，还必须加大经济社会发展的力度。

四 相关指标解释及其各省状况

（一）媒介层面指标体系

1. 媒介自身生产能力

经济学上有规模经济和范围经济的概念，在企业的经营活动中，当平均成本随着生产的产品和服务的增加而下降的时候，就会出现规模效应，它主要是指企业通过扩大生产规模，降低生产成本，建立一种独特的规模和成本结构，进而营造出强大的先行者优势。如果把企业的两条或多条产品线组合在一家公司的内部，而其生产成本又低于分别生产这些产品的成本时，这种现象就叫范围经济①。规模经济是传媒产业一个非常普遍的特征，当每多生产一个单位产品的成本随着生产规模的扩大而降低时，就出现了规模经济。范围经济——通过多种产品生产而实现的经济——是传媒企业的又一普遍特征，它同时也与传媒产品的公共性有关②。媒介经济既是规模经济又是范围经济，前者表现为同一家媒介的产品要具备规模，而后者则表现在媒介集团中，一个媒介集团不能只依靠一个媒体打天下，必须是多家媒体、多项业务（包括非内容服务的其他业务如会展、配送等）共同发展，走多种媒介的联合经营之路，为客户提供解决方案，以便提高其对客户的个体占有率。考察媒介发展状况首先要考察媒介自身的生产规模，无论是范围经济还是规模经济都要考虑媒介自身的生产能力（对于广播和电视而言就是其播出的时长，对于杂志和报纸而言就是其发行量）。当前无论从媒介广告还是从对媒介的日均累计接触率考察，报纸和电视已经成为当前影响最为强大的两种媒介，2005、2006 年全国 36 个主要城市的电视日均累计接触率是93.80% 和 92.90%，报纸的日均累计接触率是 68.80% 和 65.50%③，分别位居各媒介的第 1 和第 2，2005、2006 年电视广告占全国媒介广告的比重分别是 52.64% 和 50.64%，报纸广告占全国媒介广告的比重分别是 37.93% 和 39.18%④，同样分居第 1 和第 2，所以本报告选取报纸和电视的生产能力作为分析对象来阐述媒介自身的生产能力。

（1）年电视播出时长：电视已经成为中国人日常休闲娱乐的第一

---

① 何卫刚：《规模经济与范围经济的适用性》，《经济问题》2005 年第 4 期。

② 〔英〕吉莉安·道尔：《理解传媒经济学》，清华大学出版社，2004，第 10~11 页。

③ 数据来源：央视市场研究有限公司（CTR）CNRS 调查。

④ 数据来源：中国广告协会。

媒体，根据国家广播电影电视总局（以下简称"国家广电总局"）的统计，截至 2006 年底，我国共有中央、省级和直辖市级电视台 296 座，广播电视台 1935 座，电视人口综合覆盖率达 96.23%，比上一年增长 0.44%，播出电视节目 1360.45 万小时，同比增长 8.04%[①]。另据央视市场调查公司（CTR）2005 年对全国 36 个城市 15~69 岁的城市居民的 80100 个样本全国读者调查（CNRS）的调查数据显示，2006 年我国居民平均每天收看电视 173 分钟，电视日累计到达率 92.90%，均居各类媒体之首。可见电视对我国人民的生活影响不可小视，而反映某一地区电视生产能力的重要指标就是电视机构的年播出时长，年电视播出时长不仅仅反映了电视台的播出能力，同时也反映了其自身的生产能力或节目购买能力，是一个地区电视机构综合能力的体现，它反映了电视机构在多大程度上满足观众的收视需求。

处于电视播出时长前 3 位的省份分别是河南、山东和四川，播出时长最少的后 3 个省（区）依次是海南、青海和西藏，31 个省（市区）的平均电视播出时长是 43.44 万小时，中位数[②]是处于第 16 位的陕西省，其电视播出时长为 50.54 万小时，中位数与平均数比较接近，全国各省电视播出时长的标准差[③]是 24.30 万小时，黑龙江省的年电视播出时长处于该指标的上四分位[④]，为 61.64 万小时，重庆市则处于下四分位，为 20.17 万小时，处于电视播出时长这个指标前四分位的 8 个省份依次是河南、山东、四川、江苏、湖南、河北、辽宁和黑龙江，这 8 个省的平均电视播出时长是 71.69 万小时，而处于电视播出时长后四分位的 8 个省（市区）分别是重庆、上海、天津、宁夏、北京、海南、青

---

① 国家广播电影电视总局计划财务司编《广播电影电视统计简报》，2006 年 1 月；国家广播电影电视总局发展研究中心编《2007 年中国广播电影电视发展报告》，新华出版社，2007。

② 一组数据按照从高到低排序后，排在中间位置上的变量值。

③ 标准差是各变量值与其平均数离差平方的平均数的平方根，用 s 表示，表示一组数据的离异程度。

④ 四分位数是一组数据排序后处于 25% 和 75% 位置上的数值，分别称为上四分位数和下四分位数。

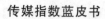

海和西藏，这8个省（市区）的平均电视播出时长是11.24万小时，居于后8位省（市区）的平均年电视播出时长仅仅是居于前8位的省份的平均年电视播出时长的15.67%，后8个省（市区）的年电视播出总时长为89.88万小时，与处于电视播出时长第1的河南省（81.02万小时）相当〔各省（市区）电视播出时长见表6〕。进一步分析可以看出，某个省的年电视播出时长与该省的人口和电视机构的数量存在密切关系，河南和山东在年电视播出时长上分居全国第1和第2，同样这两个省的人口也分居全国第1和第2，截至2006年底，河南人口9392万，是中国人口第一大省，山东人口9309万，是全国人口第二大省。另外，人口排名全国第4的四川省电视播出时长位居全国第3。位于年电视播出时长全国排名倒数第3位的是海南省，相应的，截至2006年底海南省的人口位于全国倒数第4，而电视播出时长排全国倒数第2和第1的青海和西藏的人口同样位居全国倒数第2和第1。通过2006年各省电视播出时长和当年的各省人口数的相关分析可以发现，两者相关系数为0.85（$p < 0.01$），可见作为人们日常生活中接触最多的电视媒介，其播出能力是与受众规模的大小直接相关的。电视媒介的物理特性也决定了其传播性质。电视信号是通过电波传递，不受空间位置的限制，同时电视受众的门槛也很低，是一种较为普及型的媒介，加上电视作为管理的行政化色彩更为浓厚，电视的普及率也常常作为各级政府政绩考核的一个重要方面，所以电视是一种真正的"大众"媒介，其播出能力与其面向的受众人口的多寡高度相关。为切实满足人们的娱乐文化生活，1998年我国正式启动了广播电视村村通工程，截止到2005年底，中央和地方财政累计投入资金34.4亿元，基本解决了全国11.7万个行政村和8.6万个自然村共9700万农民群众收听收看广播电视的问题，并将2005年确定为"农村服务年"。与此同时，从2000年9月起，"西新工程"实施范围包括了西藏、新疆、内蒙古、宁夏4个自治区和青海、甘肃、四川、云南4省的藏区以及福建、浙江、广西、海南和吉林延边部分地区，涵盖国土面积超过498万平方公里，占全国总面积的51.9%。

表6 2005年各省（市区）电视播出时长

单位：万小时

排 名	省(市区)	年电视播出时长	标准值*	占全国的比重(%)
1	河 南	81.02	4.55	6.02
2	山 东	79.66	4.49	5.92
3	四 川	75.28	4.31	5.59
4	江 苏	73.20	4.22	5.44
5	湖 南	72.55	4.20	5.39
6	河 北	66.14	3.93	4.91
7	辽 宁	64.06	3.85	4.76
8	黑龙江	61.64	3.75	4.58
9	广 东	61.23	3.73	4.55
10	浙 江	60.88	3.72	4.52
11	湖 北	58.25	3.61	4.33
12	安 徽	56.88	3.55	4.22
13	江 西	56.85	3.55	4.22
14	内蒙古	55.21	3.48	4.10
15	新 疆	53.10	3.40	3.94
16	陕 西	50.54	3.29	3.75
17	山 西	42.12	2.95	3.13
18	吉 林	38.81	2.81	2.88
19	甘 肃	35.24	2.66	2.62
20	福 建	31.63	2.51	2.35
21	贵 州	28.92	2.40	2.15
22	广 西	28.87	2.40	2.14
23	云 南	24.78	2.23	1.84
24	重 庆	20.17	2.04	1.50
25	上 海	15.95	1.87	1.18
26	天 津	12.72	1.74	0.94
27	宁 夏	12.17	1.71	0.90
28	北 京	10.74	1.65	0.80
29	海 南	7.39	1.52	0.55
30	青 海	6.67	1.49	0.50
31	西 藏	4.07	1.38	0.30

资料来源：国家广播电影电视总局发展研究中心编《2007年中国广播电影电视发展报告》，新华出版社，2007。

说明：本统计不包括国家广电总局直属的中央级电视机构。

*所指的各项得分的标准值是原始值转换成的标准值 $Z + 3$，原标准值的公式为：$Z = \dfrac{x_i - \bar{x}}{S}$，标准值的平均值为0，故表中的各项得分值的标准值的平均值为3，在平均值3之上的，表示该省的指标位居全国平均水平之上，3之下的，表示该省的指标低于全国平均水平。下同。

"西新工程"实施后，西部少数民族地区的广播覆盖能力比过去增加了2.5倍①。这些措施都保障了电视这种第一媒介的人口覆盖率。

（2）日报期印数：在所有的媒体中，除了电视作为第一媒体对中国老百姓的日常生活产生深刻影响外，报纸是第二媒体。据新闻出版总署《中国新闻出版统计资料汇编2007》的统计资料显示，2006年的中国报纸共1938种，平均期印数19703.35万份，总印数424.52亿份，总印张1658.91亿印张，我国已经成为世界报业大国，中国的日报出版总量规模连续5年居世界第1。央视市场调查公司2006年对全国36个中心城市的调查数据显示，报纸的日累计到达率为65.50%，仅次于电视，2006年城市居民每天读报的时间平均是38分钟，同样也是仅次于电视的。2006年各省（市区）日报期印数见表7。

从数据看，2006年日报期印数最多的3个省份分别是广东、浙江和江苏，处于倒数后3位的是宁夏、青海和西藏。各省（市区）日报期印数的平均值是277.33万份，标准差是248.18万份，日报期印数的中位数是黑龙江省的181.78万份，湖北省位居日报期印数的上四分位，为390.34万份，新疆则位居日报期印数的下四分位，为93.93万份，日报期印数处于前8位的省份依次是广东、浙江、江苏、山东、河北、河南、辽宁和湖北，8个省的总和是4974.57万份，占据全国日报期印数的一半以上，占全国31个省（市区）的日报期印数总和的57.86%，平均每个省（市区）的日报期印数是621.82万份。处于后8位的日报期印数总和是426.08万份，占全国31个省（市区）日报期印数的4.96%，平均每个省（市区）的日报期印数为53.26万份，后8个省（市区）的平均日报期印数占前8个省的8.57%，相对于电视播出时长，日报期印数的上下四分位的差距更大，电视播出时长具有更高的均衡度。这从一定程度上反映出电视机构的强政府管制保证了电视播出时

---

① 李春利：《"村村通"、"西新工程"：温暖传向千家万户》，引自国务院扶贫办官方网站，http://www.cpad.gov.cn/data/2006/0331/article_ 1124.htm。

表 7　2006 年各省（市区）日报期印数

单位：万份

排　名	省(市区)	日报期印数	标准值	占全国比重(%)
1	广　东	1084.84	6.25	12.62
2	浙　江	731.12	4.83	8.50
3	江　苏	654.12	4.52	7.61
4	山　东	604.97	4.32	7.04
5	河　北	580.94	4.22	6.76
6	河　南	528.55	4.01	6.15
7	辽　宁	399.69	3.49	4.65
8	湖　北	390.34	3.46	4.54
9	四　川	378.30	3.41	4.40
10	上　海	370.50	3.38	4.31
11	北　京	292.26	3.06	3.40
12	安　徽	239.86	2.85	2.79
13	天　津	221.16	2.77	2.57
14	福　建	218.49	2.76	2.54
15	湖　南	210.13	2.73	2.44
16	黑龙江	181.78	2.61	2.11
17	山　西	176.57	2.59	2.05
18	江　西	168.19	2.56	1.96
19	陕　西	162.36	2.54	1.89
20	广　西	153.10	2.50	1.78
21	吉　林	150.81	2.49	1.75
22	云　南	136.95	2.43	1.59
23	重　庆	136.15	2.43	1.58
24	新　疆	93.93	2.26	1.09
25	甘　肃	91.81	2.25	1.07
26	贵　州	82.10	2.21	0.96
27	内蒙古	59.47	2.12	0.69
28	海　南	55.02	2.10	0.64
29	宁　夏	25.18	1.98	0.29
30	青　海	10.84	1.93	0.13
31	西　藏	7.72	1.91	0.09

资料来源：《中国新闻出版统计资料汇编 2007》，中国 ISBN 中心，2007。

说明：按照惯例，日报指每周出版 5 期以上的报纸，本表根据资料提供的日刊、每周 6 刊和每周 5 刊年总印数相加所得，其中日刊年出版 365 期，每周 6 刊出版 312 期，每周 5 刊出版 260 期，不包括中央级的 21 家日刊、17 家每周 6 刊和 29 家每周 5 刊的期印数。

长的平衡，中国广电业的管制高于报纸杂志业，政府对广播电视业的管理是一种近似半军事化的管理体制，比如政府通过"村村通工程"、"西新工程"保证电视的到达，而对报纸政府采取的是相对放松的管理，市场化程度也更高。中国媒介的市场化也是从报纸开始的，以1995年1月1日《华西都市报》的创刊为标志，开始了中国媒介业的市场化道路，正是市场的力量导致了报纸生产能力的巨大差异。广东的日报期印数遥遥领先，居全国第1，占全国日报期印数的1/8强，为12.62%，广东的日报期印数之所以在全国排名第1是因为广东处在我国经济改革的前沿阵地，得风气之先，广东的媒介发展有相对宽松的经济和社会环境，在省会广州诞生了我国第一家报业集团——广州日报报业集团，上演了报业三国（《广州日报》、《南方日报》和《羊城晚报》）鼎立的局面，加上深圳报业集团，广东一个省有4家全国著名的报业集团。广东是我国报业竞争最为白热化的地区，这三份报纸均从2003年到2006年进入世界日报发行量前100强①。广东的报纸份数也是全国最多的，2006年全省报纸为101份，省会广州市民具有良好的读报习惯，央视市场研究有限公司CTR对全国36个中心城市阅读调查的数据显示，2005、2006年广州市的报纸日累计到达率分别为73.50%和69.90%，高于36个城市的平均水平68.80%和65.50%，随着广东经济的快速发展，广东的报业空间规模扩张也很迅速，《南方都市报》、《广州日报》在2003年都加大了对周边城市报业市场的"侵入"，纷纷推出地方版，目前，《南方日报》、《南方都市报》、《广州日报》、《信息时报》、《羊城晚报》和《新快报》在深圳、东莞、佛山等地大都创办了地方版②，这些因素都扩大了广东报纸的发行量。与电视播出时长

---

① 根据下列网络整理：中国国际图书贸易总公司网站，http：//www.cibtc.com.cn/gtweb/upload/news/bkzs2007041703.htm；人民网，http：//www.people.com.cn/GB/14677/14737/22036/2000398.html；和讯网，http：//data.stock.hexun.com/column/detail.aspx？id=1174941；乐趣网，http：//ziqu.netsh.com/bbs/665581/24/11066.htmi.

② 郭全中：《报业市场区域化发展的动力和模式》，《中国记者》2007年第8期。

的分布有所不同，报纸的发行地区主要集中在城市，其读者对象的门槛也比电视高，要具有一定文化水平、能阅读报纸的内容，所以，相对于电视来说，报纸面向的对象更多的是城市市民，报纸的期印数更多的是和人口的集中程度相关。通过 2006 年各省的日报发行量和对应的人口数的相关分析发现两者的相关系数为 0.76，低于电视播出时长与人口的相关系数 0.85。

需要说明的是本统计是按照国际惯例，只统计日报的期印数，并不统计非日报，忽略了教辅类等周报。山西省是教学辅导类出版大省，教辅类报纸 2005 年高速增长，平均期印数增加 10.62%，另外，由于教辅类报纸面向全国，发行量大，2005 年全国平均期印数超过 50 万份的 7 种教辅类报纸中，前 3 位皆分布在山西，而且远远超过其他省的同类报纸，其中《英语周报》（平均期发量 1678.0 万份）、《学英语报》（平均期发量 510.0 万份）、《语文报》（平均期发量 342.7 万份）高居全国各类报纸平均期印数前 3 位，教学辅导类报纸在山西省报业中也占有重要地位。2005 年教学辅导类报纸占山西全省报纸总量的 13.33%，但平均期印数占全省的 89.37%，出版规模在省内举足轻重，而就全国平均来说，教学辅导类报纸占本省的比例为 3.37%，平均期印数占本省报纸的 19.53%[①]。

以电视播出时长作为横坐标，报纸的期印数作为纵坐标做散点图，并且再以日报期印数和电视播出时长的平均值作线，将散点图分成四个象限，如图 5 所示。

从图 5 可以看出，广东、浙江、江苏、山东、河北、湖北、辽宁、河南和四川集中在日报期印数和电视播出时长的第一象限，电视播出时长和日报期印数都处于全国平均水平之上，属于报纸和电视生产能力的"双高"地区，同时这几个省份恰恰是人口大省，吉林、甘肃、广西、

---

① 林江主编《中国报业发展报告 2007：创新成就未来》，社会科学文献出版社，2007，第 67~69 页。

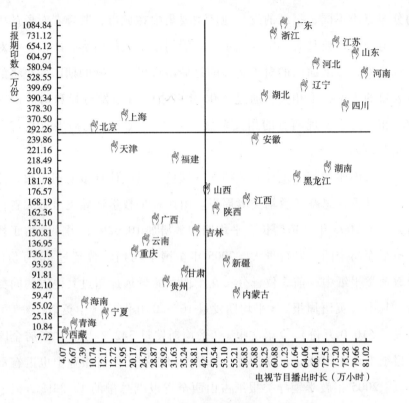

图5 媒介生产能力的四象限图

贵州、宁夏、西藏、青海、海南、重庆和云南等省（区）的日报期印数和电视的播出时长均较低，处于第三象限，属于电视和报纸生产能力的"双低"地区，这些省（区）也大多是人口相对稀少的地区。这进一步说明了媒介的生产能力和人口是密切相关的。当然再进一步分析可以发现，报纸与电视的生产能力和人口的相关程度是不一样的，电视播出时长与人口的相关度要高于报纸期印数与人口的相关程度［上述各省（市区）2006年电视播出时长和当年的人口的相关系数为0.85，而日报期印数与人口的相关系数为0.76］，因为电视播出时长是和各省（市区）人口多少密切相关的，而报纸是和人口的集中程度（也就是城市常住人口）密切相关的。从图5也可以看出，在象限的上半部，是日报期印数居全国平均水平之上的省（市区），这些省（市区）相对来说也是人口比较集中（城市人口比较多、城镇化程度比较高）的省（市区），而处于下半部的省（市区），是城市人口相对较少、城镇化程度比较低的省（市区）。同样，处于象限图右半部的是电视播出时长居平均水平之上的省（市区），也多是人口大省（市区），处于左半部的省（市区）的电视播出时长居全国平均水平之下，相对而言也是人口较少的省（市区）。

2. 媒介盈利能力

自从 20 世纪 90 年代中期以后，中国的媒介产业逐步驶入官方认可的"快行线"，进入市场的中国媒介必须在市场中持续盈利才能保证其生存与发展。而目前媒介盈利的主要来源是广告，2005 年报纸广告占报业总收入的 67.5%[①]，电视广告收入已经成为各电视台的主要经济来源，即使在多种经营比较发达的电视台，广告收入在全部经营收入中所占的比重也高达 90% 以上（个别广播影视集团的总体经营收入比例有例外）[②]。与上述媒介生产能力对应，并考虑广播和电视以及报纸和杂志的相似性，同时基于数据的可获得性，本报告以广告经营额作为衡量一个地区媒体产业发达程度的指标，我们分别按报纸、杂志两类平面媒体广告和广播电视两类广播电视广告进行分析[③]。

（1）报纸杂志（平面媒体）的广告收入：据慧聪的监测数据显示，2005 年全国各省（市区）报纸杂志的广告收入如表 8 所示。

2006 年全国平面媒体广告额的全国平均值 11.17 亿元，标准差是 10.44 亿元，处在中间位置的中位数是湖南省的平面媒体广告额，6.97 亿元。处于上四分位位置的湖北省平面媒体广告额是 16.63 亿元，下四分位的江西省平面媒体广告额是 4.15 亿元，前者是后者的 4 倍。排在

---

① 林江主编《中国报业发展报告 2007：创新成就未来》，第 89 页。

② 谢耘耕、党芳莉：《中国电视广告竞争新格局》，《新闻界》2005 年第 1 期。

③ 需要说明的是，由于两类媒介的数据来源不同，平面媒体的广告数据来源于慧聪国际，广播电视的广告数据来源于国家广电总局的统计资料，所以在统计口径上可能会存在一定的误差，但是在同一指标下用来认识和比较各省（市区）的差别是适合的和有效的。

表 8 2006 年各省（市区）报纸杂志广告经营额

单位：亿元

排　名	省（市区）	报纸杂志广告额	标准化得分	占全国比重(%)
1	广　东	43.64	6.11	12.61
2	北　京	35.29	5.31	10.20
3	上　海	28.11	4.62	8.12
4	江　苏	22.35	4.07	6.46
5	浙　江	20.79	3.92	6.01
6	山　东	20.71	3.91	5.98
7	辽　宁	20.12	3.86	5.81
8	湖　北	16.63	3.52	4.81
9	重　庆	15.16	3.38	4.38
10	四　川	12.85	3.16	3.71
11	天　津	12.19	3.10	3.52
12	福　建	9.04	2.80	2.61
13	云　南	8.73	2.77	2.52
14	河　南	8.29	2.72	2.40
15	黑龙江	7.00	2.60	2.02
16	湖　南	6.97	2.60	2.01
17	安　徽	6.94	2.60	2.01
18	甘　肃	6.87	2.59	1.98
19	吉　林	6.09	2.51	1.76
20	陕　西	5.71	2.48	1.65
21	河　北	5.12	2.42	1.48
22	山　西	4.43	2.35	1.28
23	新　疆	4.24	2.34	1.23
24	江　西	4.15	2.33	1.20
25	贵　州	3.72	2.29	1.08
26	广　西	3.34	2.25	0.97
27	内蒙古	2.21	2.14	0.64
28	海　南	2.03	2.12	0.59
29	青　海	1.70	2.09	0.49
30	宁　夏	1.41	2.07	0.41
31	西　藏	0.29	1.96	0.08

资料来源：慧聪国际媒体研究中心。

说明：本广告数据是根据慧聪原始广告刊例价数据乘以其平均折扣（据专家估计，报纸的实际广告价格为其刊例价基础上折扣4.4，杂志的平均折扣为5.5，两者在一起的折扣为5）所得。

平面媒体广告额前 8 位的省（市）分别是广东、北京、上海、江苏、浙江、山东、辽宁和湖北，其各省（市）平面媒体的平均广告额为 25.96 亿元，排在平面媒体广告总额后 8 位的省（区）依次是江西、贵州、广西、内蒙古、海南、青海、宁夏和西藏，其平均每个省（区）的平面媒体广告额为 2.36 亿元，占前 8 位省（市）平面媒体广告的 9.09%，换言之，排在后 8 位的省（区）的平面媒体广告总额（18.85 亿元）还低于前 8 位的省（市）的平均每个省的广告额（25.96 亿元），从这些数字可以看出，平面媒体广告额在全国各省市区的差距比较大。这主要是由于我国经济发展在区域间不平衡所致，通过 2006 年各省报纸杂志广告与当年各省的 GDP 的相关分析，发现两者的相关系数为 0.74。我国经济最发达的地区，也是平面媒体广告最多的地区——广东、北京和上海，其平面媒体广告占全国的 30.92%，接近1/3，在平面媒体广告额中，广东省以绝对的优势高居第 1，2006 年全年平面媒体广告额为 43.64 亿元，占全国的 1/8 强（12.61%），同样广东省 2006 年的 GDP 也以 26204.47 亿元高居全国第 1。广东报业发达，拥有广州日报、南方日报、羊城晚报和深圳报业 4 家全国著名的报业集团。其中 2002～2006 年连续 5 年，深圳报业集团广告经营额在全国报纸媒介中排名第 1[①]。

另外，广东的杂志期刊发展也位居全国前列，根据中国期刊协会的统计，在杂志发行量前 10 名的杂志中，广东占了 3 家，分别是《家庭》、《第二课堂》和《家庭医生》，广东另有一批在全国颇有影响的政经杂志如《新周刊》、《南风窗》等，其读者多为都市白领，具有较强的广告吸纳能力[②]。

（2）广播电视的广告收入：目前，电视仍然是媒介的领头羊，根据国家工商总局的统计资料显示，电视广告占了传统媒介广告的一半左

---

① 引自 2002～2006 年《现代广告》每年第 7 期。
② 见《中国新闻出版统计汇编 2007》。

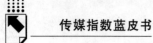

右，加上广播广告，两者占整个传统媒介广告的近60%。根据国家广电总局计划财务司的统计资料，2006年全国广播电视机构广告额如表9所示。

表9 2006年各省（市区）广播电视广告收入

单位：亿元

排　名	省（市区）	广播电视广告额	标准化得分	占全国比重（%）
1	广　东	56.75	6.20	13.61
2	江　苏	40.02	4.96	9.60
3	上　海	38.38	4.84	9.20
4	浙　江	35.45	4.62	8.50
5	山　东	25.92	3.92	6.22
6	北　京	24.01	3.78	5.76
7	湖　南	20.02	3.48	4.80
8	辽　宁	18.37	3.36	4.41
9	河　北	14.45	3.07	3.47
10	安　徽	13.84	3.03	3.32
11	河　南	13.61	3.01	3.26
12	四　川	12.62	2.94	3.03
13	湖　北	12.55	2.93	3.01
14	福　建	11.69	2.87	2.80
15	黑龙江	10.78	2.80	2.59
16	陕　西	9.01	2.67	2.16
17	重　庆	8.57	2.64	2.06
18	吉　林	7.29	2.55	1.75
19	广　西	7.12	2.53	1.71
20	江　西	6.95	2.52	1.67
21	云　南	5.75	2.43	1.38
22	山　西	5.28	2.40	1.27
23	贵　州	4.07	2.31	0.98
24	天　津	3.43	2.26	0.82
25	内蒙古	2.55	2.20	0.61
26	新　疆	2.38	2.18	0.57
27	海　南	2.31	2.18	0.55
28	甘　肃	1.90	2.15	0.46
29	宁　夏	1.39	2.11	0.33
30	青　海	0.29	2.03	0.07
31	西　藏	0.22	2.02	0.05

资料来源：国家广播电影电视总局发展研究中心编《2007年中国广播电影电视发展报告》，新华出版社，2007。

说明：各省（市区）的广告数据不包括中央级广电媒体在各地的广告收入。

2006 年全国广播电视广告各省（市区）平均值是 13.45 亿元，处在中间位置的陕西省的广电媒介广告额是 9.01 亿元，标准差是 13.55 亿元。广播电视广告额排在全国上四分位的省份是辽宁，广电广告额为 18.37 亿元，处于下四分位的是天津市，广电广告额为 3.43 亿元，广电广告前 8 位的省（市）依次是广东、江苏、上海、浙江、山东、北京、湖南和辽宁，平均每省（市）的广告额是 32.37 亿元，广电广告排在后 8 位的依次是天津、内蒙古、新疆、海南、甘肃、宁夏、青海和西藏，平均每省（市区）的广电广告额是 1.81 亿元，前者只占后者的 5.59%。换言之，后 8 个省（市区）的广电广告总额（14.47 亿元）还不及前 8 位的省（市）的平均广电广告额（32.37 亿元）的一半，从广告的地区集中程度看，全国前 3 名——广东、江苏和上海——的广电广告额占全国广电广告额的 32.41%，与平面媒体广告前 3 名在全国的比重相当。而处于后 3 位的是宁夏、青海和西藏，这 3 个地方的广告经营总额为 1.90 亿元，只占全国 31 个省市区的 0.46%。可以看出，广播电视广告在各个省（市区）的差距是很大的，这种差距大于报纸杂志广告的省（市区）差异，从媒介自身的生产能力看，日报期印数的分布比电视播出时长分布的差异要大，虽然电视媒介的播出能力由政府的很多措施加以保障，但是从媒介经营的观念和水平、市场盈利能力看，广电媒介的市场化水平很高，加上其具有电波传播不受空间限制的物理特性，其吸收的广告已经远远超越了广电机构所在的行政区域，从而造成各地电视广告收入差异很大。名列平面媒体广告第 1 的广东省仍然在广播电视的广告额中以绝对优势名列全国第 1，上海广播电视广告收入仍然名列全国第 3，而处于平面媒体广告经收入第 2 位的北京市，其广播电视广告经营额排在全国第 6，名列广东、江苏、上海、浙江和山东之后，相比平面媒体，北京的广播电视媒介是较为落后的。从广播电视广告经营额的排名和平面媒体广告经营额排名看，两者比较近似，因为无论是广播电视广告经营额还是平面媒体广告经营额，都是和各地的宏观经济状况如 GDP 密切相关的，分析 2006 年广播电视广告与当年 GDP 的相关，发现两者的相关系数高于平面媒体广告与 GDP 的相关，达到 0.90（p＜0.01），呈高度相关，比较前面的分析可以看出，广电媒介广告与 GDP 的相关系数高于平面媒介广告与 GDP 的相关系数（r＝0.74），与前所述相对应，广电媒介的广告经营已经超越了地域限制，不同广电媒介的广告额差异巨大，广电媒介经营的门槛也相对较高，表现出与 GDP 更高的相关性。

同样，对于媒介的盈利能力也可以用四象限坐标图来分析（见图6），在以报纸杂志广告为横坐标、广播电视广告为纵坐标的散点图中，用两条平均数线将散点图分成四个象限，可以进一步来描述媒介广告经营在各省（市区）的分布情况。

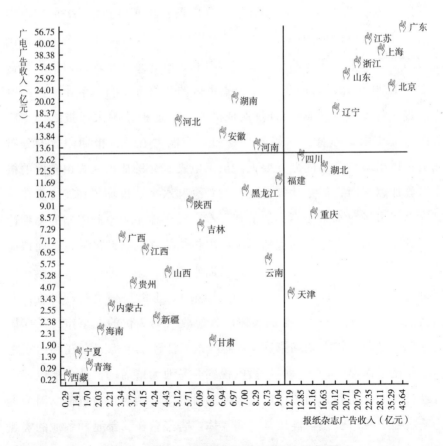

图 6　报纸杂志和广播电视广告的四象限图

从四象限图中可以清楚地看出，广东、上海、北京、江苏、浙江、山东和辽宁7省（市）无论是广播电视的广告经营额还是报纸杂志的广告经营额均高于全国平均水平，处于第一象限，属于广播电视广告和报纸杂志广告的"双发达"地区，同时也是我国经济比较发达的地区，而黑龙江、江西、山西、陕西、广西、吉林、云南、贵州、新疆、甘肃、宁夏、海南、青海、西藏和内蒙古15省（区）的报纸杂志和广播电视的广告经营额均居全国平均水平之下，处于第三象限属于媒介广告"双落后"地区，也是我国经济相对落后的地区，东西部的媒介发展差距由此也可见一斑。处于左上方的湖南、安徽、河北和河南4省的广播电视广告收入居全国平均水平之上，而报纸杂志的广告收入居全国平均水平之下，属于广播电视发达地区，相反，处于右下方的四川、重庆、湖北和天津则属于报纸杂志发达地区。

3. 媒介发展环境

媒体的发展要有一个良好的发展环境，因为本报告有专门论述媒介发展环境面的12个指标，所以在这里，我们所说的媒体的发展环境即指媒体广告的发展空间，它有两个指标，一个指标是广告开发度，即媒体广告占国内生产总值（GDP）的比重，另一指标是广告增长速度。

（1）广告开发度：媒介广告和一个地区的经济发展水平是密切相关的，前面单独分析2006年报纸杂志和广播电视广告与当年GDP的关系发现，它们都呈中度乃至高度的相关。基于前人的研究[①]和本报告的

---

① 在中国大陆，有研究者据1981~2003年的数据分析结果，得出广告经营额与GDP有非常强的相关关系，两者的简单相关系数为0.976［胡春磊：《中国媒介经济与宏观经济的相关分析》，中国人民大学硕士论文（2004）］。我国台湾学者曾正仪在其硕士论文所做的1983~1993年台湾广告市场与宏观经济的相关分析研究发现，台湾媒体的广告市场与宏观经济之间呈现相关性，就历年广告市场总量与各项宏观经济指标（如GDP、GNP等）的相关数值来看，两者之间呈现高度相关（皆大于0.975以上）。在我国台湾还有研究发现，在1983~1993年间，广告量占宏观经济的比值逐年扩大，特别是广告占消费支出的百分比增长最为明显，这与英国、挪威在1970~1980年间所做的研究结果类似。研究还证实了，国内宏观经济确实影响了广告市场，因果关系是存在的（曾正仪：《相对常数原则（PRC）的初探》，台湾传播研讨会论文资料库，http：//news. creativity. edu. tw/papers/）。

经验数据，本报告采用广告经营额占国内生产总值的比例，即广告开发度①，表示一个地区媒介经济的开发程度。

各省（市区）之间 GDP 差别很大，但是广告开发度多在 0.30% ~ 0.40% 之间徘徊，一些省（市区）虽然经济发达（如山东、河北等），但广告开发度与经济水平不相称，广告开发度并不高，广告开发的增量空间还很大（见表10）。

2006 年全国广告额［指全国广告额合计，除表9各省（市区）广告额外，另加国家局广告额 29.88 亿元］为 1573 亿，当年的全国 GDP 为 210871 亿元，广告占 GDP 的比重是 0.75%。媒介经济学中，在衡量媒介经济与国民经济总体的关系时，有一个相对常数假说②，其核心观点是一个国家的媒介消费支出（包括广告客户的媒介广告购买支出和消费者购买媒介产品的支出）占经济总量的百分比会维持一个相对稳定的比例。由于缺乏消费者购买媒介产品的支出这一数据，我们用前述虚高的广告经营额占 GDP 的比重这一指标代表国际上所说的相对常数，国内的一般提法是广告费与 GNP 之比，先进国家在 1.5% ~ 2% 之间，中等国家一般在 0.8% ~ 1.5% 之间，后进国家在 0.3% ~ 0.5% 上下③，通过这种比较可以发现我国的媒介广告开发水平较低，我国只有北京和

---

① 需要指出的是国内的广告经营额计算方法和国外有重大差异，发达国家例如美国，对广告业的统计，用的是广告费用这一指标，指客户直接用在广告投入上的费用，再如日本，统计数据只计算媒体的广告经营额，不包括广告公司经手的广告额。而我国，由于统计的方便性，广告经营额的统计按照经营单位来进行，即一笔广告费用，可能在广告公司和媒体两个单位的广告经营额上都表现出来，4 大传统媒体报纸、电视、广播和杂志加在一起，只占全国广告经营额的一半，其他户外、直投、网络等新兴广告在国内起步不久，占的比重不大，充其量就是几十亿，如国家工商总局统计的数据显示，4 大传统媒体占全国广告总额的比重，2005 年是 47.66%，2006 年是 50.72%，另外约一半由广告公司经营，这另一半里面肯定不只是广告公司收取的代理费部分（这才是广告公司真正的营业收入），而是广告公司代理的媒体广告总额，广告公司和媒体把广告费用重复计算了一遍。所以我国的广告经营额中有虚高的成分，到底虚高了多少，还需要做进一步的测算，不过这并不影响我们对国内的数据做比较。

② McCombs, M. E. (1972). " Mass Media in the Marketplace". *Journalism Monographs*.

③ 宋健武：《媒介经济学——原理及其在中国的实践》，中国人民大学出版社，2006，第 110 页。

表 10 2006 年各省（市区）广告经营额占该省当年 GDP 的比重

排　名	省(市区)	2006 广告经营额(亿元)	2006 年 GDP(亿元)	广告占 GDP 比重(%)
1	北　京	259.00	7870.28	3.29
2	上　海	265.61	10366.37	2.56
3	天　津	61.80	4359.15	1.42
4	广　东	242.90	26204.47	0.93
5	重　庆	27.89	3491.57	0.80
6	浙　江	1.94	291.01	0.67
7	西　藏	108.76	15742.51	0.69
8	江　苏	41.28	7614.55	0.54
8	辽　宁	126.04	21645.08	0.58
9	福　建	51.62	9251.15	0.56
11	安　徽	25.62	6148.73	0.42
12	江　西	19.24	4670.53	0.41
13	新　疆	12.30	3045.26	0.40(0.40391)
14	四　川	34.79	8637.81	0.40(0.40276)
15	云　南	16.09	4006.72	0.40(0.40158)
16	湖　南	30.29	7568.89	0.40(0.40019)
17	吉　林	14.98	4275.12	0.35
18	宁　夏	2.46	710.76	0.35
19	山　西	16.34	4752.54	0.34
20	贵　州	7.64	2282.00	0.33
21	山　东	70.89	22077.36	0.32
22	湖　北	23.58	7581.32	0.31
23	海　南	3.14	1052.85	0.30(0.29824)
24	黑龙江	18.41	6188.90	0.30(0.29747)
25	广　西	14.28	4828.51	0.30(0.29574)
26	青　海	1.57	641.58	0.24
27	河　南	23.45	12495.97	0.19
28	甘　肃	3.65	2276.70	0.16
30	内蒙古	3.72	4523.74	0.08(0.08223)
29	陕　西	4.55	4791.48	0.09
31	河　北	9.27	11660.43	0.08(0.07950)

资料来源：国家工商行政管理总局；《中国统计年鉴》，中国人民大学舆论研究所制作。

说明：各省数据中不包括在国家工商总局登记注册的 29.88 亿元广告额。

上海的广告开发度居发达国家水平之上，广告开发已经相对成熟，天津、广东和重庆的广告开发度居中等发达国家水平，而其余省（区）的广告开发度低于中等国家平均水平，都在0.8%之下（见图7）。与我们的邻国日本相比较，我们的差距也还很大，2004、2005年日本广告占GDP的比重为1.18%[①]，2005年世界上第一位的广告大国美国的广告占GDP的比重为2.18%[②]，与这两个广告大国相比，我国的广告开发空间还挺大。另外，从数据也可以看出，广告开发度在不同的地区差别很大，大部分地区的广告开发度水平较低，远远落后于发达国家甚至是中等国家水平。

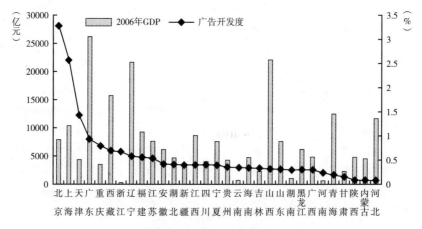

图7　2006 各省 GDP 与广告开发度比较

需要注意的是，用某地广告经营额占该地 GDP 的比重来估算一地的广告开发度只是一个参考，实际情况远远比这复杂。比如浙江、福建等省的产品，出口省外甚至国外较多，或者是来料加工企业较多，这些产品都贡献了当地的 GDP，但是由于消费力的相对欠缺，没有形成对广告的刺激和拉动，所以这些省份的实际广告开发饱和程度要比表中所

---

① 艾瑞咨询集团：《2006 年全球广告市场数据报告》，http：//www. iresearchgroup. com. cn/Consulting/online_ advertising/Graph. asp？Classid =3&id =8179。

② Television Bureau of Adverfising 网站，http：//www. tvb. org/rcentral/mediatrendstrack/gdpvolume/gdp. asp？c =gdp1。

显示的广告开发度略高。

　　4个直辖市中，北京和上海的广告开发度高于发达国家水平，是我国广告开发相对充分的地区，天津和重庆的广告开发度居于中等发达国家的水平。城市是中国经济发展的引擎，也是广告的聚集地，这4座直辖市加上2006年广播电视和平面媒体广告排名全国第1的广东省，成为我国5个广告开发度最高的地区，堪称广告开发的第一梯队地区。浙江、西藏、江苏、辽宁、福建、安徽、江西、新疆、四川、云南和湖南11个省（区）的广告开发度为0.40%～0.80%之间，为广告开发度的第二梯队地区，该梯队中，虽然2006年西藏的广播电视广告和平面媒介广告均居全国倒数第1，但是其广告开发度居全国第7，是因为西藏自治区的GDP同样很小，2006年GDP也居全国倒数第1，拉升了广告开发度，相对其经济发展而言，其广告开发较为充分。

　　吉林、宁夏、山西、贵州、山东、湖北、海南、黑龙江和广西9省区的广告开发度居0.30%～0.40%之间，是广告开发度中的第三梯队地区，而排在广告开发度末尾的青海、河南、甘肃、内蒙古、陕西和河北6省区，其广告开发度均在0.30%以下，最低的河北省广告开发度还不足0.1%，这些省区具有较大的广告开发潜力。

　　进一步分析各地GDP和广告的四象限图（图8）可以发现，广东、山东、江苏、浙江、上海和北京等地属于我国GDP和广告"双高"地区，无疑，这类地区是我国宏观经济和广告都发达的地区，这些省市中，广东尤为突出，无论是广告经营额还是GDP在全国都遥遥领先，而且两者发展均衡，山东、浙江、江苏等省的GDP较广告更为发达，GDP的发展超过广告的发展，广告还有进一步开发的空间，而北京和上海两市的广告较GDP更为突出，这两座城市的广告开发相对已经比较成熟，将来要靠宏观经济的进一步发展来拉动广告。湖北、湖南、河北、河南等省的GDP比广告发达，而天津则是广告相对发达，但是GDP相对落后的地区。更多的剩下的省（市区）

则是广告和 GDP "双低"的地区，这些地区要通过发展自己的经济来带动广告业的发展。因为广告发展和 GDP 是密切相关的，所以在两者的关系中，更多的省（市区）是属于"双高"或"双低"的地区，而"单低"地区较少。考虑到 GDP 对广告的滞后影响，以 2006 年广告额作为因变量 y，2005 年 GDP 作为自变量 x 做回归方程，得到回归方程 y = - 3.765 + 0.008x，也就意味着 GDP 每增加 1 个亿，平均广告额增加 0.008 个亿。

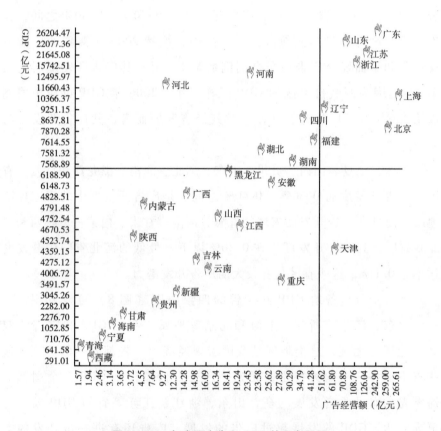

图 8 2006 年我国广告和 GDP 的四象限图

（2）广告增长率：广告增长率反映了广告的成长水平，是标志广告发展健康与否的一个重要指标，国家工商行政管理总局的数据显示，相对于 2005 年，2006 年全国各地的广告增长率如表 11。

表 11 2006 年全国各省（市区）广告增长率

排　名	省（市区）	2005 年广告经营额（亿元）	2006 年广告经营额（亿元）	广告增长率（%）
1	湖　南	20.87	30.29	45.12
2	青　海	1.10	1.57	42.71
3	江　苏	90.63	126.04	39.07
4	广　西	11.54	14.28	23.71
5	甘　肃	3.04	3.65	20.22
6	内蒙古	3.82	4.55	19.06
7	云　南	13.65	16.09	17.82
8	江　西	16.34	19.24	17.80
9	四　川	29.54	34.79	17.75
10	天　津	52.78	61.80	17.09
11	北　京	223.08	259.00	16.10
12	山　东	61.11	70.89	16.01
13	山　西	14.13	16.34	15.67
14	新　疆	10.72	12.30	14.72
15	福　建	36.09	41.28	14.36
16	吉　林	13.14	14.98	14.02
17	浙　江	95.70	108.76	13.65
18	辽　宁	45.54	51.62	13.36
19	安　徽	22.60	25.62	13.36
20	黑龙江	17.19	18.41	7.13
21	河　北	8.74	9.27	6.09
22	西　藏	1.85	1.94	5.26
23	广　东	234.62	242.90	3.53
24	重　庆	27.10	27.89	2.92
25	宁　夏	2.39	2.46	2.65
26	河　南	22.97	23.45	2.12
27	贵　州	7.64	7.64	0.00
28	上　海	266.47	265.61	-0.32
29	海　南	3.26	3.14	-3.60
30	陕　西	3.89	3.72	-4.44
31	湖　北	26.35	23.58	-10.50

资料来源：国家工商行政管理总局，中国人民大学舆论研究所制作。

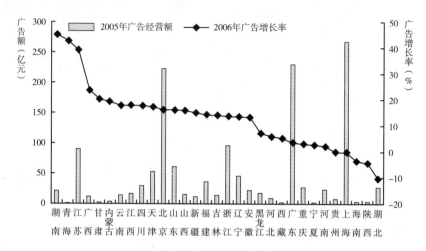

图9　2006年各省（市区）广告增长率

2006 年全国广告增长 11.06%，而两大媒介大国美国和日本 2005 年的广告增长率分别为 2.80%[①]和 0.40%[②]，与其相比，我国的广告增长较快，虽然目前广告增幅已经降低。我国的广告增长曾经创造了辉煌的业绩，增长速度远远高于同期 GDP 的增长，但是从总体趋势看，广告增长速度正在趋缓，2006 年的 GDP 比 2005 年增长 10.7%[③]，2006 年广告比 2005 年增长 11.06%，两者增速相当，相对于 GDP，广告增长的放大效应并不明显（如图 10 所示）。但从数据中可以看出，各省市区的广告增长率极不平衡，广告增长率最高的湖南省（45.12%）和最低的湖北省（-10.50%）相差 55.62 个百分点，处在增长率中位数的吉林省的广告增长率为 14.02%，处于广告增长率前 8 位的省（区）依次是湖南、青海、江苏、广西、甘肃、内蒙古、云南和江西，这些省区的广告平均增长率为 33.99%，处于广告增长后 8 位的省（市

---

① Television Bureau of Advertising 网站，http：//www.tvb.org/rcentral/mediatrendstrack/gdpvolume/gdp.asp? c = gdp1。

② Japan Magazine Advertising Association 网站，http：//www.zakko.or.jp/eng/qa/01/index.html。

③ 《中华人民共和国 2006 年国民经济和社会发展统计公报》，引自国家统计局官方网站，http：//www.stats.gov.cn/tjgb/ndtjgb/qgndtjgb/t20070228_402387821.htm。

区）依次是重庆、宁夏、河南、贵州、上海、海南、陕西和湖北，这些省（市区）的2006年广告平均减少0.72%，增长率最快的第一梯队的湖南、青海、江苏、广西和甘肃的广告增长率均在20%以上，属于广告增长较快的地区，处于2006年广告增长的前5位，实际上，这5个广告增长最快的地区中并不包括我国广告额最多的上海、北京和广东三个地区，2006年广告增长率名列全国第1的湖南省的广告额2005年名列全国第15位，2006年上升到第11位，增长了45.12%，其中一个重要的原因是2005～2006年间，随着湖南省电视湘军的异军突起，拉动了湖南省广告额。处于广告增长率第2的青海省2005年和2006年的广告经营额均排名全国倒数第1，还有很大的有待开发的空间，具有良好的发展势头。实际上从2006年广告增长前10个省（市区）看，有一部分为西部欠发达省（区），在2005年和2006年广告经营额中排名相对靠后，说明西部省（区）虽然广告发展存量空间相对落后，但是增量空间较大，具有良好的成长空间。而广告额一直排名前3位的北京、上海和广东其广告增长率排名并不靠前，北京市广告增长率位居全国第11位，广东省的广告增长率位居全国第23位，上海市的广告增长率则位居全国倒数第4，说明广告发展相对成熟的地区广告开发已经比较充分，广告增长的空间受到限制。另外一个原因是在经济相对发达的地区，网络新媒体的普及程度［以网民数占本省（市区）的人口比例表示］也会高于经济落后的地区，2006年1月公布的互联网调查数据显示，截至2005年12月31日，全国各省（市区）网络普及率中，北京最高为28.7%，上海第2为26.6%，天津22.4%居第3，广东的网络普及率为17.9%居第4[1]，这些地区也正是我国广告经济发达的省（市），而在这些经济发达的地区，网络对传统媒体的冲击也会大于经济落后的地区，网络对传统媒介的影响也会大于落后地区，所以其广告增长速度会比这些广告发展相对欠发达的地区更慢。

---

① 中国互联网络信息中心（CNNIC），《中国互联网络发展状况统计报告》（2006年1月）。

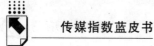
表12和图10列出了1992～2006年我国广告增长率和GDP增长率，分析了1992～2006年的广告增长和GDP增长的关系，发现两者的相关系数是0.72（p<0.001），相关显著。

表12　1992～2006年我国广告增长率和GDP增长率比较

单位：%

年　份	广告增长率	GDP增长率	年　份	广告增长率	GDP增长率
1992	97.57	12.80	2000	14.57	8.00
1993	49.35	13.40	2001	11.54	7.30
1994	36.46	11.80	2002	13.62	8.00
1995	34.17	10.20	2003	19.44	9.10
1996	26.00	9.70	2004	17.24	10.10
1997	16.42	8.80	2005	12.00	9.90
1998	15.66	7.80	2006	11.06	10.70
1999	14.57	7.10			

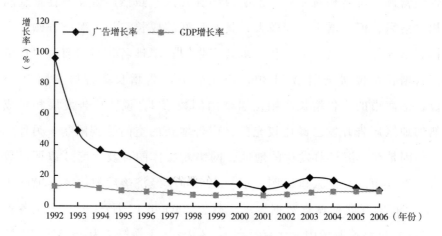

图10　1992～2006年我国广告增长率和GDP增长率比较

横向比较各省（市区）的GDP和广告增长的相关，分析各省（市区）GDP的年增长率与广告额的年增长率之间没有显著相关性，同时考虑到GDP发展对广告增长的延滞影响，分别计算2005年、2004年和2003年的各省（市区）GDP增长率与2006年广告增长率的相关系数，分别是0.16、0.18和0.09，相关系数偏低，而且相关并不显著。相比之下，纵向比较1992～2006年全国的广告增长和全国的GDP增长的关系，发现两者的相关系数是0.72。宏观层面上的广告增长和GDP增长显著中度相关，而微观层面上的各省（市区）广告增长率和GDP增长率并不显著相关，说明我国广告的增长并不仅仅和本省（市区）的经济增长相关，而是超越省（市区）行政疆界的，广告增长的贡献更多的是来自省（市区）外面，市场扩张已经超过行政疆界。因为一个省（市区）的媒介广告的贡献已经不仅仅来自本省（市区）的广告商，尤其是广播电视的收听收视不受地域限制，只要政策允许落地，某一省（市区）的卫视信号上天后就可以在任何一个省（市区）落地收看，获取在该省（市区）的广告费用，而不再仅仅局限于电视台所在的省（市区）。杂志的发行也不再是局限于其行政所在区，同时随着异地办报的可能进一步突破，这种趋势会进一步加强。

同样，对广告增长率和广告开发度的分布也可以做个四象限图（见图11）进行分析。

从图11中可以看出，天津和北京两市明显的处于广告增长率和广告开发度的平均水平之上，属于广告开发和广告增长的"双高"地区。一些东部发达省（市）如广东和上海的广告开发度较高，但是2006年的广告增长率不高。相反有些西部欠发达省（区）如青海、广西、甘肃等的广告开发度虽然不高，但是2006年其广告增长率挺高，这些都是广告开发和广告增长的"单高"地区，看来东部省（市）的广告开发虽然相对成熟但也比较饱和，而西部省（市区）相对较有发展空间。而广告开发度低而且广告增长慢的"双低"地区如河北、河南、贵州、海南、陕西和湖北等，将要从经济和媒介两方面寻求发展和互动。

从一定意义上说，广告开发度和广告增长率是一对此消彼长的指标，某一地区如果广告开发度较高，说明该地的广告开发比较成熟、重复，广告进一步增长的空间就会受到限制，发展速度就会受到一定的影响，所以对比图10和图11就可以发现，广告开发度相对较高的发达地区，其广告增长速度往往较低，而广告开发欠充分的一些落后地区，其

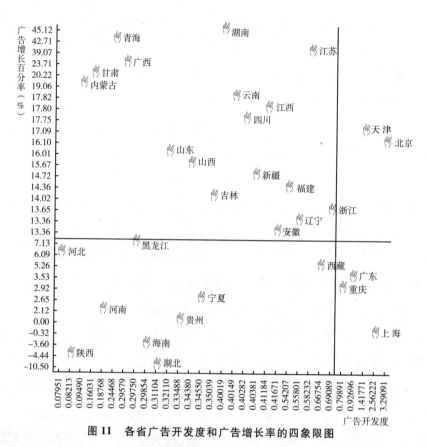

图11　各省广告开发度和广告增长率的四象限图

广告发展具有较大的增长空间。

　　因为城市是广告的聚集地，在讨论媒介广告的时候就不能离开城市广告，据央视市场研究（CTR）的统计结果显示，截至2006年底，全国主要中心城市5大支柱媒体广告刊例额达2275.11亿元，比2005年增长303.75亿元，增长率达15.41%，从表13可以看出，广播的广告增长最快，电视、户外和杂志次之，报纸增长率最低，如果扣除刊例价上涨的因素，这36个中心城市的报纸实际广告收入并没有上涨，甚至略有下降，需要指出的是，国家工商总局广告司、中国广告协会的数据显示，2006年中国报纸广告增长率为22.08%，是因为虽然2005年我国一批报纸出现了广告下滑的局面，但是一些二线城市的报纸表现不俗，给报纸广告注入了一些活力。

表 13   2005~2006 年全国 36 个主要中心城市广告刊例额

媒体 \ 年份	2005 年广告刊例额（亿元）	2006 年广告刊例额（亿元）	增 长 率（%）
报　纸	388.95	406.94	4.63
电　视	1345.14	1606.74	19.45
广　播	25.94	32.24	24.29
杂　志	18.2	19.46	6.92
户　外	193.13	209.73	8.60
合　计	1971.36	2275.11	15.41

说明：在 CTR 监测的期刊、电视、广播、户外 5 大支柱媒体广告刊例额中，各类媒体广告刊例额监测的中心城市数量是：报纸监测 36 座，电视监测 35 座，广播监测 3 座（北京、上海和广州），杂志监测 19 座，户外广告监测 23 座。所有广告数据为刊例额。

（二）环境层面的指标体系

1. 消费结构：恩格尔系数、教育娱乐支出

消费结构是衡量人们生活水准的一个重要概念。我们可以将其定义为：在消费行为过程中，各类（种）消费品和劳务在数量上各自所占的百分比及其相互之间的配合、替代、比例关系[①]。根据《中国统计年鉴》的统计口径，国家将人们的消费类别划分为：食品、衣着、居住、医疗保健、交通和通讯、文化教育娱乐服务、家庭设备用品及服务、杂项商品及服务。根据有关学者的测算，按某项消费支出的收入弹性系数来划分需求的等级，弹性系数越大，则该项消费在整体消费结构中的等级越高。经验性的研究表明，八类消费组成的由低到高的排序为：食品、衣着、家庭设备用品及服务、居住、医疗保健、交通和通讯、文化教育娱乐服务、杂项商品及服务[②]。虽然不同的学者对此有不同排序，但文化教育娱乐消费无疑都处于较高的等级。按照消费需求的满足次序，人们优先满足较低的需求，当消费能力和资源有一定的约束时，不

---

① 郭冬乐：《正确认识我国消费品市场的变化》，《经济学动态》1983 年第 4 期。
② 周长城等：《中国生活质量：现状与评价》，社会科学文献出版社，2003，第 23 页。

同的消费项目之间就构成了竞争性的替代关系。如果低等级消费占的比重大，说明高等级的消费没有得到较好满足；如果处于较高等级的文化教育娱乐消费占的比重大，不仅说明低等级消费得到了较好满足，而且说明人们享有较高的综合生活满意程度。

从消费结构的角度来观察传媒产业发展，其核心连接点在于消费结构对产业结构调整的影响。一般来说，商品的收入价格（指商品价格与收入的比率，即相对购买力）可以起到传递作用：在人们收入水平提高，商品价格保持一定的条件下，高档品的收入价格下降，人们对其购买力上升，购买几率也上升，这种需求传递到生产部门，就会使得产业结构中高档品的比重增加[①]。因此，人们收入的提高，可以抬升消费需求，进而诱导产业结构的调整。随着服务业在产业结构中的变化，传媒业也相应地变化。为了体现消费结构与传媒业发展的关联，我们选取了其中的食品支出（恩格尔系数）和文化教育娱乐支出两个指标来反映各省（市区）的消费背景。这是两项使用频率较高的指标，国家统计局等部门在 1991 年提出了我国"小康水平指标体系"，恩格尔系数和教育娱乐支出比重名列 16 项指标之中。社会学家宋林飞教授为了测量和评估我国小康社会建设的过程，也把恩格尔系数和教育娱乐支出比重列入其"小康社会指标体系"，分属"生活水平"和"生活质量"两个类别。

恩格尔系数是指食品消费占总消费支出的比重。食物是人类最基本的消费需求和生存必需品，因此食物消费的比重代表了一定的消费结构和生活水平。恩格尔系数越大，表明食物支出在居民消费中的比重越大，那么这种生活必然处于偏重于生存型消费的形态，消费水平较低；反之，恩格尔系数低，说明消费结构偏向于发展型消费和享受型消费，消费水平较高。因此，该系数是反映消费结构高度的主要水准之一，联合国也将其采纳为衡量国家贫富状态的核心指标，恩格尔系数在 59%

---

① 伊志宏：《消费经济学》，中国人民大学出版社，2004，第 218 页。

以上为绝对贫困，50%～59%为温饱型消费，40%～49%为小康型消费，20%～39%为富裕型消费，20%以下为极富裕型消费。这是19世纪德国统计学家恩格尔提出的一个概念，他还在此基础上对比利时的生活消费构成情况进行了长期研究，提出了恩格尔定律。即不同收入水平的家庭，其恩格尔系数不同，随着家庭收入的提高，食品消费所占比重逐渐下降。从各国发展的数据看，居民收入发展到一定程度后，消费结构将有明显变化。

2006年我国各省（市区）的恩格尔系数我们经统计计算如表14所示。

表14　我国各省（市区）恩格尔系数对应表

单位：%

省（市区）	恩格尔系数	省（市区）	恩格尔系数	省（市区）	恩格尔系数
内蒙古	30.30	甘　肃	34.50	辽　宁	38.80
北　京	30.80	天　津	34.90	湖　北	38.80
山　西	31.40	湖　南	34.90	福　建	39.30
山　东	32.00	新　疆	35.50	江　西	39.70
浙　江	32.90	上　海	35.60	云　南	42.00
河　南	33.10	江　苏	36.00	广　西	42.10
黑龙江	33.30	广　东	36.20	安　徽	42.40
吉　林	33.40	青　海	36.20	海　南	43.50
河　北	33.90	重　庆	36.30	西　藏	50.20
宁　夏	33.90	四　川	37.70		
陕　西	34.30	贵　州	38.70		

资料来源：《2007中国统计年鉴》，中国统计出版社，2007。

从分布情况可以看到，依据恩格尔系数的区间划分标准，我国有24个省（市区）都已经进入富裕型消费阶段，另外7个省（区）也进入小康型消费。但是我们应该注意到，大多数省（市区）的恩格尔系数在0.3～0.4之间的连续分布，并不表示着各地生活模式的接近，如青海和重庆、新疆和上海是紧挨着的两对省（市区），但经验告诉我们他们两两之间的消费模式差别巨大。换言之，我们要把恩格尔系数的分布与其他指标结合起来一起观察各地的媒介发展环境，这也正是对传媒业进行"综合指标"研究的必要性所在。

事实上，在总消费支出结构中，不仅非耐用品（吃、穿）有逐渐下降的规律，耐用品（用、住、行）和服务性消费也有规律可循。当居民收入由低收入上升到中低收入阶段时，耐用品先是比重上升，随后呈现不规则的变化；服务性消费的比重也随着收入增加、闲暇增多而有上升趋势，特别是在人均国民生产总值达到 2000～3000 美元的时候，表现更突出[①]。促进人的全面发展的文化类消费也会相应增加比重。文化消费的内容十分宽广，涉及文学、艺术、图书、音乐、电影、广播电视、群众文化、健身娱乐（含体育和旅游）等很多方面。看电视、读报刊、听广播、欣赏电影等媒介消费是文化教育娱乐中的一部分，并且随着传播科技的发展，电脑、手机、mp3 等新兴的视听设备全面改变了文化消费的形式和内容，新媒体牵引的消费浪潮从物理设备的销售上和内容产品的购买上都刺激了文化消费的广泛开展。只有文教娱乐在整体消费结构中扩大和增长，媒介消费才有成长的空间，才能从消费者的消费约束中分得一杯羹。因此，我们把文化教育支出这个传媒业发展的"底座"也纳入监测体系中。从目前我国居民的消费结构变化看，住宅、教育、医疗等支出较大的主导消费，随着人们生活条件的改善、精神层面需求的提升将会凸显，文化产业和创意产业在北京、上海、深圳等一些大型城市的蓬勃发展即是最好的注脚。

居民消费结构的变化可以影响产业结构的调整和产业前景的规模。我国 20 多年来的消费结构的变化可从表 15 看出。从绝对值看，食物消费和文教娱乐消费都有大的增长，但从在消费结构中的比重看，食品比重是较快下降的。1995～2005 年我国城市居民家庭恩格尔系数分别为50.1%、48.8%、46.6%、44.7%、42.1%、39.4%、38.2%、37.7%、37.1%、37.7%、36.7%，呈总体下降的趋势[②]。同时，文化教育类的

① 郭守亭：《中国城市化过程中的消费结构研究》，河南人民出版社，2006，第 204 页。
② 张晓明等主编《2007 年中国文化产业发展报告》，社会科学文献出版社，2007，第 57 页。

消费较快地从 1985 年的 8.17% 上升到 2000 年的 12.56%。随着物质
财富的丰富，人们开始转向精神需求的消费和满足，把更多时间用于
购买文化产品和享受文化服务。2004 年，中国人均 GDP 已经达到约
1200 美元，进入 1000～3000 美元的消费转型期，从生存型向发展型、
享受型转变。中国居民消费形态的转变，也给传媒业的发展带来了深
远影响，特别是广告支撑、内容变革和媒介形态变革等方面①。

表 15　1985～2000 年我国城镇居民家庭消费结构动态表

单位：元，%

项　　目	平均每人每年消费							
	1985 年		1990 年		1995 年		2000 年	
	金　额	占生活费支出	金　额	占生活费支出	金　额	占生活费支出	金　额	占生活费支出
生活消费	637.20	100.00	1278.89	100.00	3357.57	100.00	4998	100.00
食　品	351.72	52.25	693.77	54.25	1766.02	49.92	1958.31	39.18
衣　着	98.04	14.56	170.9	13.36	479.2	13.55	500.46	10.01
家庭设备	57.87	8.60	108.45	8.48	296.94	8.39	439.29	8.79
医疗保健	16.71	2.48	25.67	2.01	110.11	3.11	318.07	6.36
交通通信	14.39	2.14	40.51	3.17	171.01	4.83	395.01	7.9
文教娱乐	55.01	8.17	112.26	9.56	312.71	8.84	627.82	12.56
居　住	32.23	4.79	60.86	4.76	250.18	7.07	500.49	10.01
杂　项	47.23	7.01	66.57	5.21	151.39	4.28	258.54	5.17

资料来源：高峰著《生活质量与小康社会》，苏州大学出版社，2003。

从表 16 中的文教娱乐支出的绝对数值来看，北京、上海两地当之
无愧的以越过人均 2000 元的标准排在前两位。浙江、广东等 12 个省
（市区）位于 1000～2000 元之间，其余 17 个省（区）人均 1000 元以
下。文化消费不仅与经济实力相关，也与消费心理和历史传统相关，所
以沿海地区未必比内陆地区更占优势（如山东之于重庆），新兴的开放

①　参见郑保卫主编《媒介产业：全球化 多样性 认同》，中国传媒大学出版社，2007，第 34
页。

区也未必比历史古老的地区占优势（比如海南之于陕西）。落实到具体的消费内容，以家庭入户订阅报纸为例来衡量，假设一年的都市报为200元，则多数省（市区）的每户可消费能力在 3～5 份，而文化消费发达的地区则可以达到每户 10 份，差别还是较为显著的。

表 16　我国居民文教娱乐支出对应表

单位：元/每人每年

省（市区）	教育文化娱乐支出	省（市区）	教育文化娱乐支出	省（市区）	教育文化娱乐支出
北　京	2514.76	内蒙古	1052.65	河　南	847.12
上　海	2431.74	甘　肃	1034.42	宁　夏	846.72
浙　江	1946.15	山　西	1007.92	黑龙江	843.94
广　东	1813.86	湖　北	997.74	河　北	827.72
江　苏	1467.36	四　川	976.33	新　疆	819.72
天　津	1452.17	贵　州	938.37	青　海	793.72
重　庆	1449.49	江　西	894.58	海　南	791.24
福　建	1321.33	吉　林	890.22	云　南	754.69
陕　西	1280.14	安　徽	869.23	西　藏	359.34
山　东	1201.97	辽　宁	853.92		
湖　南	1182.18	广　西	850.90		

资料来源：《2007 中国统计年鉴》，中国统计出版社，2007。

2. 区域活力：区域创新力、媒体市场开放度

传媒发展指数对媒介发展环境中的区域活力也做了考量，开放与创新对传媒业的发展具有越来越显著的作用。

首先，创新日益深入到对传媒业的运作模式的改造。在传播科技的影响下，录音笔、数码相机和电脑排版、卫星传版沟通了信息源和传播者，媒体进行的采编信息活动越来越多的是在数字空间里完成的，但是这些活动所依赖的物质基础设施却是实实在在的，存在于特定的空间场所，各种新闻发布会现场、知名的会议中心和酒店、直播车、转播台、出租车、体育竞技场等等，仍是新闻生产中的敏感节点。同时，由于受着集聚经济的影响，那些对信息要求较高的活动如会展、金融、咨询、

高科技等也会更容易地与媒体集聚的区域相伴生，如北京的 CBD 地区，就是北京的都市媒体、国际传媒驻京机构以及众多知名外企和现代服务业机构丛生的场所。传播技术推动的一批批新的媒介产品，诸如付费频道、网络游戏、手机增值服务、视频点播等，不仅丰富了原有的媒介产品体系，而且对媒体的业务流程、盈利机会和资源补偿方式都有强有力的冲击。

其次，一地的创新文化和创新环境也塑造了传媒的组织文化。湖南的湘军卫视和四川的都市报业都充分体现了"敢为天下先"的地域文化特色和良好的企业家创新精神。进一步讲，在改革开放后，原有的均势化的媒体格局被逐步打破，导致各地域媒体发展速度、规模与质量产生重大的差异，究其内在因素就是各地传媒系统的创新能力。传媒制度创新出现的概率取决于改革成本与潜在收益的对比，全国统一的传媒体制使各地制度改革具有类似的成本，收益成为制约创新的主要变量。而在中国传媒业的收益结构中，广告收入是占据最重要地位的，广告资源的分布也就决定了传媒制度创新的收益/成本比率[1]。实证研究的数据表明[2]，各个地区经济发展的差异导致国内传媒最主要的市场收益——广告收入——呈现长期的非均衡分布。因此，传媒创新制度在中国的不同地区的发展并非齐头并进，而是分区域先后渐进。

从横向看，传媒制度创新一般会首先在北京、上海或广东发生，然后扩散到其他沿海省市，最后才为内陆省区采纳。深圳、浦东和中关村经常被分别作为 20 世纪 80 年代、90 年代和 21 世纪的最具活力的区域代表，其中上海媒体对上海浦东开发区的颇具创意的成功报道和形象建设功不可没。《新民晚报》等曾提出"作为新闻工作者，有责任将浦东发生的重大信息，放在全球视角的位置来传播报道"。并且改变以往的

---

① 陈怀林：《九十年代中国传媒的制度演变》，《二十一世纪》（香港）1999 年第 53 期。

② 陈怀林、郭中实：《省级机关报广告经营滞后现象的政经分析》，《新闻大学》1998 年夏季号；陈中原：《从价格与发行量关系看报纸经营管理策略》，《新闻战线》2004 年第 5 期；吴信训：《中国东西部传媒经济的失衡及其对策》，《新闻记者》2004 年第 1 期。

思维模式，认识到"浦东的新闻点，不在于创造了多少个'史无前例'，而在于如何按照国际惯例办事"。区域发展和对外传播的良好契合，树立了浦东的优质形象，对其招商引资、经济发展起到了独特作用。从纵向看，在同一省（市区），广告资源集中的大城市将比省（市区）内其他地区更先采纳新制度。而位于广告资源稀缺地区的传媒出于自身利益的考虑，可能继续依赖旧制度，尽量推迟接纳新制度。产业创新的内在冲动成为传媒产业布局去行政化的天然努力，这种努力不仅改变了一省一区之内按照行政级别划分传播资源的旧格局，同时也改变了省际、区际之间平均化的传播产业力量对比。

再次，以集聚为趋势走向的新一轮传媒产业升级过程中，传媒业的集聚对所在区域的创新优势有内在的需求。产业集聚（industrial cluster），有时简称集聚、聚集，通常也称为集群、簇群，用来定义在某一特定领域（通常以一个主导产业为主）中，大量产业联系密切的企业以及相关支撑机构在空间上集聚，并形成强劲、持续竞争优势的现象。产业集聚的优势之一就是从技术经济学角度来看，研究集聚如何促进知识和技术的创新和扩散，实现产业和产品创新等[1]。企业集群内的企业既有竞争又有合作，既有分工又有协作。彼此间形成一种互动性的关联，由这种互动形成的竞争压力、潜在压力有利于构成集群内企业持续创新能力，并由此带来一系列的产品创新，促进产业升级的加快[2]。产业集群不但能够利用正式的编码化的知识，而且能利用非正式的、隐含经验类知识，因此，它对于创新和经济增长非常重要。传媒业作为知识型组织的特性[3]，决定了隐性知识对其发展的重要功能；同时，媒体业对各种企业和文化机构进行的地域性创新的培育、归纳、传播和反馈

---

① 王缉慈等：《创新的空间：企业集群与区域发展》，北京大学出版社，2001，第107～115页。

② 胡宇辰、罗贤栋：《企业集群的竞争力分析》，《管理科学文摘》2003年第6期。

③ 王斌：《基于核心竞争力培育的媒介知识管理》，中国人民大学新闻学院硕士生论文（2003）。

发挥着独特作用。

目前，已有诸多机构和组织在从事衡量一地的创新能力的相关研究，其中值得一提的是欧洲的多项有新意的创新指标。如创新指数，是指该地区内高科技专利数、研发投入占 GDP 比重等。宽容指数，旨在通过该地区大多数人对少数人群（如同性恋）或社会问题（如宗教、民族、女权、婚姻等）的态度间接反映一个地区的社会开放性和包容性。波西米亚指数，旨在提供该地区文化和艺术财富创造者规模的直接依据，并暂定这一人群是生活方式丰富、创意活动活跃的代表，操作方式是统计该地区内从事艺术创作的相对人口。还有个性表达指数，指通过调查一定区域内的大学演讲、企业论坛、展览、艺术品拍卖会、选民意识、社区设施等的次数或规模来观察人们自我表达、民主和信任的行为表现。更为重要的是欧洲创意指数、迈克尔·波特的"创新指数"和 IMD 的基于创新的国际竞争力评估，这几个评价体系的结果有很大的相似性，这也间接表明一个地区的创新力是相对客观存在的。

在本次研究的指标选取上，我们选用了区域创新力和媒体市场开放度两个指标，分别体现区域整体的创新活力和该地区媒介市场竞争的开放程度。对于前者，我们直接采用了"中国科技发展战略研究小组"编制的区域创新能力评价体系中各省（市区）的创新能力得分，该项评价是一个设计严密的指标体系，从创新环境、知识创造、知识获取、企业创新能力、创新的经济效益等五个方面来综合评价一个地区的创新能力，包括了很多详细的子项数据。对于后者，我们主要采用"央视－索福瑞媒介研究公司"开发的 2006 年基础研究的收视数据，以某地区电视收视市场中可以接收的外地卫视频道的数目来标识该地媒介市场的竞争壁垒和包容程度。分省域的指标得分和传媒发展指数的对应关系如表 17、表 18 所示。

接受外地频道这个指标跟其他社会经济指标的不同在于，它更多直接地体现了媒介市场的特征，比如媒介产品是内容产品的特性。以我们

表 17　中国分省区域创新力综合排名

省（市区）	区域创新力得分	省（市区）	区域创新力得分	省（市区）	区域创新力得分
上　海	56.97	安　徽	26.97	广　西	21.34
北　京	56.11	湖　北	26.92	海　南	20.84
广　东	50.22	黑龙江	25.26	新　疆	19.81
江　苏	48.41	湖　南	25.16	贵　州	18.16
浙　江	45.29	山　西	24.18	甘　肃	17.24
山　东	37.96	河　北	23.47	宁　夏	16.95
天　津	37.43	四　川	23.37	云　南	16.43
辽　宁	32.05	河　南	23.30	青　海	15.36
福　建	30.74	内　蒙	22.61	西　藏	14.42
重　庆	28.63	吉　林	22.41		
陕　西	27.27	江　西	21.90		

资料来源：《中国区域创新能力报告》，2006。

表 18　我国各地区接受外地卫视频道数目情况表

单位：个

省（市区）	接收外地卫视频道数目①	省（市区）	接收外地卫视频道数目	省（市区）	接收外地卫视频道数目
上　海	28.3	内　蒙	20.6	吉　林	16.4
北　京	26.7	湖　南	19.4	广　西	16.3
西　藏	24.4	天　津	18.7	广　东	15.5
青　海	23.9	河　南	17.8	辽　宁	15.5
新　疆	22.8	湖　北	17.8	安　徽	13.7
浙　江	22.6	陕　西	17.7	福　建	13.1
山　西	21.5	云　南	17.6	海　南	13.1
江　西	21.5	山　东	17.5	黑龙江	12.2
贵　州	21.5	四　川	16.8	江　苏	9.7
宁　夏	21.0	重　庆	16.6		
甘　肃	20.8	河　北	16.5		

资料来源：CSM 基础研究数据，2006。

---

① 此处有两点需做说明："接收"是指入户访问的实际接受情况，例如某个卫视可能在全部电视户中之后 70% 能接受到，所以汇总平均后不是整数；接收到的外地卫视频道数目中，不包括中央电视台的频道。

选取的电视卫视频道为例，它不像一般商品一样需要每次的仓储、运输、零售的环节，其消费形式简便快捷，这样就降低了很多内陆不发达地区在基础设施上的不利条件。如果是服装、日用品、电器等，商家在发达地区和欠发达地区投放商品的品种类别、上货时机甚至价格等会有差异，而对于内容产品的电视节目来讲，各地之间的消费差异更多的是由消费者和当地的广电政策决定的，而非由商家的偏好决定。所以我们可以观察到，在这项排名上青海、新疆、山西、西藏等内陆省（区）也享有较高的开放性。

3. 受众特征：年龄结构、媒介接触

媒介发展指数还纳入了受众层面的统计规律。一方面是受众的人口统计学特征，一方面是受众的媒介接触特征。我们分别选取了人口老龄率和千人日报拥有量两项受众特征指标。

中国未来人口分布的最重要趋势之一是老龄化加快。老龄化不仅关系到社会赡养、劳动保障、家庭结构等方面，更直接影响国民经济的结构和动力。一般认为，老龄化对经济的影响有两个方面：对劳动力资源的影响和对社会消费需求的影响。人口结构的变动会影响产业结构、就业结构和消费结构的变动[1]，因此区域经济发展应当依据人口老龄化进程作出适当的调整。老龄化对经济的负面影响可以从需求的角度来思考：老龄化使得人的感情活动由频繁变为稀疏，而感情活动的剧烈程度与购买是否活跃高度相关，从而老龄化会影响到 GDP、就业及经济增长[2]。对传媒业来讲，人口结构的联动效应还未有实证研究，但我们认为人口变项是传媒产业中很重要的一点，是受众的基本特征，人群的年龄分布、代际分布、流动状况都是媒体的内容设计和运营管理需要考虑的因素。

---

① 杨中新主编《中国人口老龄化与区域产业结构调整研究》，社会科学文献出版社，2005，第 107～108 页。

② 此为北京师范大学贺力平教授的观点，转引自高小勇《中国经济将遇"老龄沉寂"？感情投资衰减影响 GDP》，2004 年 5 月 14 日《国际先驱导报》。

人口老龄化程度采用《中国人口统计年鉴》中的数据，用人口老龄化的衡量标准"老龄人口占该省总人口的比重"来反映该省（市区）的老龄化程度。为利于对数据进行标准化处理，在最终的指数编制时用老龄化的相反指标也即 1 减去老年人比重反映该省的人口年轻化程度。这项指标的分省（市区）数值如表 19 所示。

表 19　我国各地老龄化情况表

单位：%

省　份	老年人口比	省　份	老年人口比	省　份	老年人口比
上　海	14.40	山　东	9.60	内蒙古	7.80
重　庆	11.40	福　建	9.40	云　南	7.50
四　川	11.30	广　西	9.00	甘　肃	7.40
北　京	11.20	陕　西	8.90	广　东	7.10
江　苏	11.10	海　南	8.70	山　西	7.00
辽　宁	10.60	河　北	8.50	青　海	7.00
天　津	10.60	江　西	8.50	新　疆	6.60
湖　南	10.60	吉　林	8.30	西　藏	6.40
安　徽	10.20	河　南	8.10	宁　夏	6.00
浙　江	10.00	黑龙江	8.10		
湖　北	9.80	贵　州	8.10		

资料来源：《2007 中国统计年鉴》，中国统计出版社，2007。

媒介接触也是研究受众特征的一个重要角度。1959 年美国学者卡茨提出颇具代表性的媒介接触行为过程的基本模式：社会因素＋心理因素→媒介期待→媒介接触→需求满足[①]。由此可知，使用与满足的研究途径有二：一是以需求为出发点（受众需求→媒介与其他来源如何满足需求），二是以满足为出发点（受众的满足→重新建构受众的需求）。这两种倾向都离不开媒介接触这一最为实质性的环节。在当下中国的转型社会，媒体和受众都在经历持续的分化演变并且互相影响，人们的媒

---

① 〔美〕Werner J. Severn, James W Tankard：《传播理论：起源、方法与应用》，郭振之等译，华夏出版社，2000，第 321～352 页。

体接触行为和媒体消费日益呈现多样化，最好的注脚就是大量媒介调查机构的兴起，他们依靠测量和分析受众群体的差异来服务于媒体的调适和变革。"除了最简单的社会，在所有的社会之中，由于趣味和财产的不同，不同类型的文化产品与不同的社会阶层联系在一起"①。

1949年以后的一个相当时期，以平均主义意识形态为指导的社会主义经济建设和社会变革，在许多方面都使我国社会经历了一个去阶层化（de-stratification）的过程，社会公众在诸多方面趋同，在媒体领域也产生了仅由几家全国性党报和省级党报、各行业报为主构成的媒介生态。受制于大的稳定的媒介环境，公众的选择空间较小，媒介接触、媒介消费和媒介使用等行为没有明显的分异现象，中国的单位现象和公费订阅的媒体发行制度在很大程度上取代了原来由个体偏好和选择所产生的媒体接触和消费的自然形态。

改革开放以来，经历了"新华体改革"、"周末版大潮"、"都市报现象"、"管办分离"等事件，媒体领域逐渐从单一的宣传功能向传媒本性回归，由"传者本位向受众本位"过渡，媒体市场和传媒专业理念向受众倾斜，社会公众个性化的媒体接触空间持续增大，受众在媒介接触的时间、方式、花费、意图等方面都产生了分异（见表20）。因此，受众的媒介接触特征是一定区域传媒发展的基本约束要素。

在媒介接触这方面，千人日报拥有量是国际上通用的衡量一国报业发展水平的重要标准，也是联合国衡量一国社会信息化发展水平的重要指标。这个指标的内涵是，每一千人中拥有日报的数量，它是衡量报业在读者中密集度及整个报业发达程度的参数，也是估量报业发展趋势的一个非常重要的坐标②。本报告采用的数据来源于新闻出版总署计划财务司组编的《中国新闻出版统计资料汇编》和国家统计局的《中国统计年鉴》，将日报份数和人口数计算后得到如下结果（如表21所示）。

---

① 〔美〕戴安娜·克兰：《文化生产：媒体与都市艺术》，赵国新译，译林出版社，2001，第34页。

② 王积龙：《欧洲报业发展趋势观察》，《中国记者》2006年第12期。

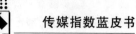

表 20　全国不同区域城市居民的报纸接触频率分布

		报纸(%)				
	一周内	几乎未接触	接触 1~2 天	接触 3~5 天	接触 6~7 天	全部
区域	南部沿海	18.27	17.78	14.52	49.43	100.00
	西　南	10.41	28.50	19.45	41.64	100.00
	东部沿海	13.33	31.87	23.09	31.71	100.00
	东　北	24.63	21.98	14.38	39.01	100.00
	北部沿海	21.69	20.03	27.32	30.96	100.00
	中部六省	29.22	22.04	14.36	34.39	100.00
	西　北	28.50	24.96	12.82	33.73	100.00
	全国情况	20.08	24.20	18.12	37.83	100.00

资料来源：喻国明：《拐点中的传媒抉择》，经济日报出版社，2006。

表 21　中国千人报纸拥有量分省分布表

单位：份/千人

省　份	千人日报拥有量	省　份	千人日报拥有量	省　份	千人日报拥有量
天　津	205.73	福　建	61.41	江　西	38.76
上　海	204.13	河　南	56.28	甘　肃	35.23
北　京	184.86	吉　林	55.38	湖　南	33.13
浙　江	146.81	山　西	52.32	广　西	32.44
广　东	116.60	重　庆	48.49	云　南	30.55
辽　宁	93.58	黑龙江	47.55	西　藏	27.47
江　苏	86.64	四　川	46.31	内蒙古	24.81
河　北	84.22	新　疆	45.82	贵　州	21.85
湖　北	68.57	陕　西	43.47	青　海	19.79
海　南	65.81	宁　夏	41.68		
山　东	64.99	安　徽	39.26		

资料来源：《2007 中国统计年鉴》，中国统计出版社，2007；《中国新闻出版统计资料汇编 2007》，中国 ISBN 中心，2007。

　　需要注意的是，随着报业结构的变动，构成日报主体的党报系统和大型行业报系统虽然占有较多份数，但由于其可读性降低，主要依赖单位订阅和派发，已经在传媒市场中有走向被选择的边缘的趋势，而都市报日益成为被实际消费的日报的主体。构成市场主体的自费订购的报纸中除了一些每日发行的都市报外，非每日发行的报纸如财经类（如《21世纪经济报道》）、生活消费类（如《精品购物指南》）、时政类（如《南方周末》）也逐步成为重量级的被消费对象，但这类报纸有很强的地缘性，分布极为不均衡，如果把日报以外的所有报纸都计算在内，则会与常态的各省（市区）的媒介实力有错位。各省（市区）在日报结构和整个报业结构上有较大不同，如果单纯采用千人拥有的报纸数来看会有较大误差。如地缘接近的河北、山西两省，2005年千人报纸分别为192.9份和587.7份，而当年千人日报拥有量分别为62.28份和67.88份，这样的反差源于山西省拥有非常可观的教辅类周报，显然这样的特殊种类优势会对更具包容性的"千人报纸"拥有量产生放大作用。所以我们采用通行的日报千人拥有量而非全部报纸的千人拥有量来衡量各省（市区）的媒介接触特征，以期更接近于目前我国报纸消费和报业格局的现实。

4. 经济水平：国内生产总值、经济景气指数

一个地区的整体经济发展水平对传媒产业的发展有重要的影响，主要体现在两个方面：首先是经济的发达程度决定了人们对信息的需求程度，进而决定了传媒产业消费市场的规模。传播学者麦库姆斯提出的"相对常数原理"最初就是针对受众媒体消费市场进行研究的结果，他经过实证研究发现，受众用于媒体消费的支出与国民经济的总体发展水平之间总是呈现一个相对稳定的比例关系，经济的发展水平决定着媒体消费市场的规模[①]。其次，目前中国传媒产业大都以广告为重要收入来源，而广告投放往往是以经济的稳步发展为前提的，并随着经济发展而发展，中国人民大学博士丁汉青通过对中国广告市场的实证研究证实了广告与宏观经济之间的密切关系[②]。因此，经济水平是判断一个地区传

---

① Jinok Son and Maxwell E. McCombs："A Look at the Constancy Principle Under Changing Market Conditions"，*Journal of Media Economics*，1993 summer，pp. 23 - 36.

② 丁汉青：《广告流：理论与实证研究》，新华出版社，2005，第23~26页。

媒市场发展潜力空间的一个重要因素。这里我们选取两个指标来衡量一个地区的经济水平：GDP 和经济景气指数，前者是衡量地区经济水平的现实指标，后者是地区经济发展的预期指标。

（1）国内生产总值（GDP）

GDP（gross domestic product）是指一国（地区）经济在核算期内所有常住生产单位在一定时期内（通常是一年）所生产和提供的最终产品和劳务的价值的总和，它常常被看成显示一个国家（地区）经济状况的一个重要指标，最能代表宏观经济的发展状态。用 SPSS 统计分析软件分别对 2006 年全国 31 个省、自治区、直辖市的 GDP 和广告额、媒体面总体得分进行相关分析（见表 22），得出 GDP 与各地广播电视广告额、报刊广告额、报刊期印数、电视播出时长、媒体面总得分的相关系数分别为 0.895、0.744、0.951、0.625、0.886（$p < 0.001$），这在统计学的意义上均属于较显著的正相关关系，说明用 GDP 作为衡量传媒产业发展环境的指标之一是合理的。

表 22　GDP 与各地媒体面主要指标的相关分析

		GDP	广播电视广告	报纸杂志广告	媒体面得分
GDP	Pearson Correlation	1	0.895（＊＊）	0.744（＊＊）	0.886（＊＊）
报刊期印数	Pearson Correlation	0.951（＊＊）	0.883（＊＊）	0.759（＊＊）	0.859（＊＊）
电视播出时长	Pearson Correlation	0.625（＊＊）	0.403（＊）	0.175	0.493（＊＊）
媒体面得分	Pearson Correlation	0.886（＊＊）	0.933（＊＊）	0.874（＊＊）	1

说明：　＊　Correlation is significant at the 0.05 level (2-tailed).
　　　　＊＊　Correlation is significant at the 0.01 level (2-tailed).

那么一个地区整体经济水平究竟怎样对传媒产业产生影响？从静态来看，常被提及的就是上述的相对常数原理，即经济对于传媒产业规模的支持程度是相对稳定的，总体经济水平在一定程度上决定大众传媒市场的发展空间[1]。GDP 对传媒产业的影响突出表现在它与广告经营额之

---

① Jinok Son and Maxwell E. McCombs：“A Look at the Constancy Principle Under Changing Market Conditions”，*Journal of Media Economics*，1993 summer，pp. 23–36.

间的关系，一般来说经济越发达，广告产业也越发达，广告经营额与GDP 会保持一个相对稳定的比例关系（本报告关于"广告开发度"指标部分有详细论述，此处不再赘述）。

当然，从经济的动态发展来看，传媒产业与宏观经济水平之间不仅仅是一个相对稳定的比例关系这么简单，英国传媒经济学家吉莉安·道尔通过对不同发达国家的传媒产业与国民经济的关系的研究发现，传媒产业对国民经济有种"放大效应"，即在国民经济增长的同时，广告并不仅仅随着经济平行地增长，而是以放大的速度更快的增长[①]。因此，一个地区的广告量除了与 GDP 本身的规模有关外，还与 GDP 的增长率有关，随着经济的增长，广告会以更快的速度增长，从而在 GDP 中所占的比重逐渐增加。现在在发达国家，广告占 GDP 的比重平均在1.5%左右；在美国，这个比重超过了 2%，2005 年，美国广告收入达到 2760亿美元，占 GDP 的 2.23%[②]。

不论从静态的相对常数原理，还是从动态的放大效应考量，经济状况对于传媒产业尤其是广告市场的发展都有重要的影响，中国各地区经济状况差异显著，为传媒产业提供的发展空间也各不相同。各地区2006 年的 GDP 水平见表 23。

从表 23 可以看出，广东 GDP 在全国排名第 1，其值为 26204.47 亿元，占全国 GDP 总量的 11.34%，紧随其后的山东、江苏两省，GDP也分别占了全国的 9.56% 和 9.37%，这 3 个省的 GDP 总量约为全国的30%；排名后 3 位的省（区）分别为宁夏、青海、西藏，这 3 个省（区）的 GDP 规模总和不足全国总量的 1%，可见省（区市）之间的差异非常大。从上下四分位看，位于上四分位处的辽宁省，GDP 为9251.15 亿元，上四分位以上各省的 GDP 总和为 129443.34 亿元；位于下四分位处的重庆市，GDP 为 3491.57 亿元，下四分位以下各省的 GDP

① 吉莉安·道尔：《理解传媒经济学》，清华大学出版社，2004，第 34 页。
② 申银万国证券研究所：《中国传媒产业投资价值分析》，内部报告，2006 年 9 月。

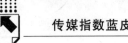

表 23　2006 各省（市区）GDP 及占全国的比重

省（市区）	GDP（亿元）	标准值	占全国百分比（%）	省（市区）	GDP（亿元）	标准值	占全国百分比（%）
广　东	26204.47	5.92	11.34	内蒙古	4791.48	2.59	2.07
山　东	22077.36	5.28	9.56	山　西	4752.54	2.58	2.06
江　苏	21645.08	5.21	9.37	江　西	4670.53	2.57	2.02
浙　江	15742.51	4.29	6.81	陕　西	4523.74	2.54	1.96
河　南	12495.97	3.79	5.41	天　津	4359.15	2.52	1.89
河　北	11660.43	3.66	5.05	吉　林	4275.12	2.51	1.85
上　海	10366.37	3.45	4.49	云　南	4006.72	2.46	1.73
辽　宁	9251.15	3.28	4.00	重　庆	3491.57	2.38	1.51
四　川	8637.81	3.18	3.74	新　疆	3045.26	2.31	1.32
北　京	7870.28	3.06	3.41	贵　州	2282	2.19	0.99
福　建	7614.55	3.03	3.30	甘　肃	2276.7	2.19	0.99
湖　北	7581.32	3.02	3.28	海　南	1052.85	2.00	0.46
湖　南	7568.89	3.02	3.28	宁　夏	710.76	1.95	0.31
黑龙江	6188.90	2.80	2.68	青　海	641.58	1.94	0.28
安　徽	6148.73	2.80	2.66	西　藏	291.01	1.88	0.13
广　西	4828.51	2.59	2.09	全　国	231053.34		100.00

　　资料来源：《中国统计年鉴 2007》，中国统计出版社。

总和为 13791.73 亿元，与上四分位各省 GDP 总和的比值是 10.65%，这也说明了各省之间 GDP 的差异程度非常大。

　　中国各地 GDP 的差异是由多种原因造成的，其差异的整体趋势表现为区位发展不平衡，即东部地区省（市）经济比较发达，广东、江苏、浙江、上海等地的 GDP 在全国都名列前茅，而这些省（市）所处的珠三角、长三角被誉为中国经济发展的两大引擎；中部地区发展水平次之；西部最差，尤其是西藏、青海、宁夏、甘肃、新疆等西北省区，GDP 在全国的排名都在后 10 名。这跟中国传媒产业发展状况的地区差异呈现出高度的一致性。张晓群通过实证分析表明中国传媒产业表现出东部高、中部次之、西部低的地区差异。具体来说，东部地区人均图书出版数量是中部和西部地区的 4~5 倍，人均报纸出版数量是中部和西部地区的 5~10 倍，人均杂志出版数量是中部和西部地区的 5~20 倍。广播电视覆盖率方面，虽然全国各地的差距不大，但是也整体上表现出东部强于中西部的特征①。

当然具体到各省，经济水平与传媒发展水平并不是一一对应的。以 GDP 为横坐标，各省（市区）媒体面得分为纵坐标绘制散点图（见图12），分别用 GDP 的平均值 7453.33 亿元和各省（市区）媒体面得分的平均值 3 作为中线把各省（市区）划分到四个象限中。

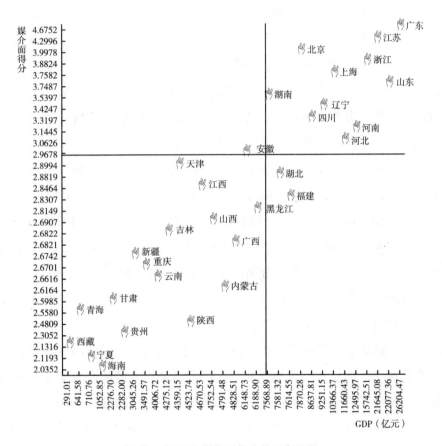

图 12　GDP 和媒体面得分的四象限图

位于第一象限的有广东、江苏、山东、浙江、上海、北京、辽宁、湖南、四川、河北、河南 11 个省（市），这些地区 GDP、媒介面得分

①　张晓群：《中国传媒地区差距实证分析》，转引自论文网，http://www.66wen.com/05wx/xinwen/xinwen/20060501/14337_9.html。

均在全国平均水平以上，表明传媒产业的发展情况与经济发展水平比较适应；湖北、福建 2 省位于第四象限，其 GDP 在全国平均水平以上，但是媒体面得分低于全国平均水平，说明媒体与经济的发达程度还不相称，有进一步挖掘的空间；其余省（市区）都在第三象限，这些地区经济水平和广告额都低于全国平均水平，传媒产业的发展有待经济发展来带动。值得注意的是，位于第一象限的各省（市），分布比较散；而第三象限的各省（市区），分布则相对密集，这说明"不发达的地区，情况往往类似；发达的地区，各有各的不同"，第一象限各省（市）虽然两项指标都较为发达，但是相互之间也有差异，比如广东、山东两省，经济状况分列全国第 1、2 位，但是媒体产业之间还存在较大差距，相比较而言，山东的传媒产业有待进一步发展。

从未来的发展看，东、中、西三大区域的经济发展差距可能进一步扩大。根据中国国家统计局课题组对中国区域经济发展差异的实证研究，东、中、西三大经济区域的差异有不断扩大的趋势。1980 年东部地区人均 GDP 分别相当于中、西部地区的 1.53 倍和 1.8 倍，1990 年则扩大到 1.62 倍和 1.90 倍，分别扩大了 5.9% 和 5.6%。2002 年东、中、西经济发展水平的差距进一步扩大，东部地区人均 GDP 已经相当于中部的 2.08 倍和西部的 2.63 倍。与 1990 年相比，分别扩大了 28.4% 和 38.4%。该课题组根据以 1998～2002 年东、中、西三大区域的 GDP 各年增长速度的加权平均数为基准，推算出未来三大区域经济发展差异的趋势，预计到 2010 和 2020 年三大区域 GDP 占全国的比重将由 2002 年的 57.8：25.2：17.0 变为 2010 年的 59.5：23.8：16.7，2020 年的61.6：22.2：16.2[①]。

由此可见，东部地区由于已经积累了相当的实力和经济增长的惯性，将继续保持较高的增长速度，因此，未来东部地区传媒产业仍将有良好的发展前景；中西部地区也并不悲观，因为其 GDP 占全国的比重

---

① 国家统计局课题组：《我国区域发展差距的实证分析》，《中国国情国力》2004 年第 3 期。

虽然呈现下降的趋势，但可以看出其下降的速度正在减缓，这对于传媒产业的未来发展来说无疑是个好消息。

（2）经济景气指数

宏观经济景气指数（简称"景气指数"）是对经济发展的周期波动进行监测和预测的一种统计调查方法，主要是对企业家定期进行问卷调查，根据企业家对企业外部市场经济环境与宏观政策的认识、看法、判断与预期（通常为对"乐观"、"一般"、"不乐观"的选择）编制相应的指数，综合反映企业家对宏观经济环境的感受与信心，预测经济发展的变动趋势。景气指数以 100 为临界值，取值范围在 0~200 之间。景气指数高于 100，表明经济状态趋于上升或改善，处于景气状态，其中100~110 为微景气区间，110~120 为相对景气区间，120~150 为较景气区间，150~180 为较强景气区间，180 以上为非常景气；景气指数低于 100，表明经济状态趋于下降或恶化，处于不景气状态[①]。

景气指数是对经济状况的主观认知和预测，而这种认知能在一定程度上影响企业的各项经营活动，包括企业的广告投放策略，而企业的广告投放是传媒产业的重要经济来源之一，因此，景气指数也成为研究传媒产业市场潜力的一个重要指标。经济趋向繁荣时，广告投放量比较大，经济面临衰退时，广告投放量会收缩。

这里我们所采用的经济景气指数的数据来源国家统计局网站上关于各地季度经济景气的回报，将 2006 年四个季度的数据连乘再开四次方，得出全年的景气指数。需要指出的是，在对各省（市区）经济景气指数与报刊广告收入、广播电视广告收入和媒体面得分进行相关分析，结果显示（见表 24），相关系数分别为 0.356、0.396、0.418，有正向相关性。

当然也必须注意到，企业景气指数与传媒产业发展状况的相关关系比较复杂。首先，企业景气状况对广告的影响有滞后性。一般来说，企

---

① 国家统计局网站，http：//www. stats. gov. cn/tjsj/ndsj/2006/indexch. htm。

表 24　经济景气指数与广告和媒体面得分的相关分析

		企业景气指数	媒体面得分	报纸杂志广告	广播电视广告
企业景气指数	Pearson Correlation	1	0.418(＊)	0.356(＊)	0.396(＊)
媒体面得分	Pearson Correlation	0.418(＊)	1	0.874(＊＊)	0.933(＊＊)
报纸杂志广告	Pearson Correlation	0.356(＊)	0.874(＊＊)	1	0.873(＊＊)
广播电视广告	Pearson Correlation	0.396(＊)	0.933(＊＊)	0.873(＊＊)	1

说明：　＊　Correlation is significant at the 0.05 level (2-tailed).
　　　　＊＊　Correlation is significant at the 0.01 level (2-tailed).

业家上个季度对经济环境的认知和预测，可能会在下个季度的广告投放计划中体现出来，而不是当季就体现出来。其次，景气指数反映的是企业家对各自行业的景气状况的预测，而不同行业对广告的影响程度不同，各地区的行业结构存在差别，景气状况对广告的影响也自然各不相同。比如钢铁、煤炭等原材料行业的广告投放量不大，其经济景气指数对广告的影响也比较小，以这些行业为支柱行业的省（市区），其经济景气状况高不代表广告投放一定多。食品、饮料等快速消费品行业，属于日常生活必需品，消费弹性较小，因此这些产业的销售量比较稳定，不会因为景气波动大幅度提高或降低，也不会大幅度延长或缩短消费者的消费周期，因此这类产品的广告投放也相应比较稳定。一些广告敏感度高的行业，比如房地产、汽车、高档化妆品、珠宝等，景气指数的波动会使消费市场产生很大波动。而这些行业也恰恰是广告的重点来源行业，一方面是因为这些产品不是生活必需品，必须通过大量的广告来推广产品，刺激消费；另一方面是这些产品的利润率很高，企业有足够实力支持广告投放。以这些行业为支柱性产业的地区，经济景气状况对广告的影响就大一些。

　　尽管宏观经济景气指数与广告收入的关系比较复杂，但作为反映宏观经济状况的指标，对经济景气的预期是与 GDP 这样的反映实际经济状况的指标相呼应的，同时景气指数对广告投放的影响可能有滞后性，而本研究旨在预测各地区未来传媒产业发展潜力，景气指数指标对于这样一个研究目的存在积极意义，因此，我们选择经济景气指数作为衡量传媒产业发展环境指数的指标之一。

如表25显示，西藏经济景气指数最高，为146.08，但是在具体行业的经济景气的表现情况并不一样，以2006年第三季度的情况为例，该季度西藏工业景气指数为180.0，住宿和餐饮业为160.0，信息传输、计算机服务和软件业为100.0，房地产业为124.8。由此可见，在其他市场广告依赖度高的信息传输、计算机服务、软件等行业的景气状况不是很高。事实上在2006年第二季度，该行业的景气指数更低，仅为76[①]，这也证实了前文所说的由于产业结构的问题，经济景气状况会与传媒产业发展有一定程度错位的现象。

表25　全国各省（市区）2006年经济景气状况

省（市区）	企业景气指数	标准值	省（市区）	企业景气指数	标准值
西　藏	146.08	4.95	河　北	130.91	2.79
山　东	143.97	4.65	海　南	130.83	2.78
内蒙古	143.55	4.58	湖　南	130.63	2.75
浙　江	141.61	4.31	天　津	130.57	2.74
广　东	141.20	4.25	河　南	130.47	2.72
辽　宁	140.44	4.14	福　建	128.62	2.46
安　徽	138.58	3.88	重　庆	126.93	2.22
北　京	138.33	3.84	新　疆	126.69	2.19
青　海	137.02	3.66	山　西	126.13	2.11
陕　西	135.14	3.39	湖　北	125.91	2.07
江　苏	134.52	3.30	甘　肃	125.43	2.01
黑龙江	133.84	3.20	云　南	125.20	1.97
江　西	132.76	3.05	宁　夏	124.74	1.91
上　海	132.55	3.02	贵　州	119.16	1.11
四　川	132.50	3.01	广　西	118.51	1.02
吉　林	131.87	2.92			

资料来源：国家统计局网站。

---

① 中国网，http：//www.lianghui.org.cn/economic/txt/2006 – 11/06/content_ 7324344.htm。

尽管存在产业结构的问题，但是整体经济景气指数高对传媒产业的发展肯定还是有正面的作用。对于西藏来说，房地产行业、住宿餐饮业较景气，批发和零售业的景气指数更是高达198.1①，这都会对西藏市场的广告投放产生促进作用。景气指数排在最后两位的是贵州、广西两地，分别为119.16和118.51，是全国唯一两个处于相对景气区间的地方。从全国的整体状况来看，大部分地区都处在120～150的较强景气区间，对传媒产业未来的发展是个正面的消息。各地区之间的差异并不明显，从上下四分位的分析来看，位于上四分位的北京，景气指数为138.33；位于下四分位的新疆，景气指数为126.69。正如前文提到，就这一年的数据而言，景气指数与传媒产业发展状况的相关性并不是特别显著，所以本指标不对各省（市区）的情况进行逐一分析。

5. 经济结构：二、三产业比重、城镇化程度

GDP和经济景气指数是对传媒产业发展的宏观经济环境的总体考察，除了这些总量因素之外，一些结构性因素也同样重要，他们能反映经济的发展状态，从一定程度上决定着经济发展的潜力。本报告选择二、三产业比重和城镇化程度对各地区的经济环境进行结构性考量。

（1）二、三产业比重

把国民经济各个行业划分为第一、二、三产业，是世界多数国家通行的经济核算方式。我国三次产业划分的具体标准和范围为：第一产业，农业；第二产业，工业（包括采掘业、制造业、自来水、电力、蒸汽、热水、煤气）和建筑业；第三产业，除了上述第一、第二产业以外的其他各业②。其中第二、三产业在经济总量中所占的比重（简称"二、三产业比重"），常常也是衡量一个地区经济发展水平和高级化程度的一个重要指标③。

① 中国网，http：//www.lianghui.org.cn/economic/txt/2006-11/06/content_7324344.htm。
② 《中国统计年鉴2006》，国家统计局网站，http：//www.stats.gov.cn/tjsj/ndsj/2006/indexch.htm。
③ 国家统计局课题组：《我国区域发展差距的实证分析》，《中国国情国力》2004年第3期。

二、三产业比重对于传媒产业有间接和直接两个方面的影响。间接影响在于二、三产业比重会影响国民经济发展水平，一般二、三产业比重越高，国民经济的发展水平也越高，而这种影响会被传递到传媒产业，从一定程度上决定着传媒产业的发展空间。直接影响在于传媒产业主要以广告为其收入来源，而三次产业各自的特性决定了其对广告各不相同的亲近程度。有研究发现，在 GDP 既定的情况下，第一产业比重越大，即第二、三产业所占的比重越小，广告市场的潜在空间就越小[①]。这是因为第一产业是基础产业，满足的是人们的基本生活需要，与广告的亲和力较弱，而二、三产业则刚好与之相反，尤其是第三产业，是广告投放非常集中的行业。从具体行业来看，一些广告监测数据显示，药品、食品、家用电器、化妆品、房地产、酒类、医疗服务、服装服饰、汽车、医疗器械、旅游、烟草这 12 大行业长期以来都是广告投放的大户，其广告投放占据了中国广告投放额的 70% 左右，几乎左右着中国传媒产业的命脉，他们的发展状况便直接关系着媒体广告经营的"饭碗"，而这 12 大行业全都属于第二、三产业。总之，二、三产业在经济结构中的比重高，就意味着传媒产业自身的发展空间和广告投放空间的双重提升。

通过 SPSS 软件对各地二、三产业比重与媒体面得分、广播电视广告、报纸杂志广告进行相关分析，结果如表 26 所示，二、三产业比重

表 26　产业结构与媒体面得分和广告的相关分析

		产业结构	广播电视广告额	报纸杂志广告额	媒体面总得分
产业结构	Pearson Correlation	1	0.519（ ** ）	0.622（ ** ）	0.576（ ** ）
广播电视广告额	Pearson Correlation	0.519（ ** ）	1	0.873（ ** ）	0.933（ ** ）
报纸杂志广告额	Pearson Correlation	0.622（ ** ）	0.873（ ** ）	1	0.874（ ** ）
媒体面总得分	Pearson Correlation	0.576（ ** ）	0.933（ ** ）	0.874（ ** ）	1

说明： ** Correlation is significant at the 0.01 level (2-tailed).

---

① 丁汉青：《广告流：理论与实证研究》，新华出版社，2005，第 46 页。

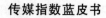

与媒体面得分的相关系数为 0.576（p < 0.001），与广播电视广告和报纸杂志广告的相关系数分别为 0.519 和 0.622（p < 0.001），属于比较显著的相关关系，表明用二、三产业比重作为衡量传媒产业发展指数的指标之一是比较合理的。

我国各省市区二、三产业比重如表 27 所示：

表 27　各省市区二、三产业在产业结构中的比重

单位：%

省市区	二、三产业比重	标准值	省市区	二、三产业比重	标准值
上　海	99.10	4.86	河　北	86.20	2.87
北　京	98.70	4.80	甘　肃	85.30	2.73
天　津	97.30	4.59	湖　北	85.00	2.69
山　西	94.20	4.11	吉　林	84.30	2.58
浙　江	94.10	4.09	河　南	83.60	2.47
广　东	94.00	4.08	安　徽	83.30	2.43
江　苏	92.90	3.91	江　西	83.20	2.41
山　东	90.30	3.51	贵　州	82.80	2.35
辽　宁	89.40	3.37	新　疆	82.70	2.33
陕　西	89.20	3.34	西　藏	82.50	2.30
青　海	89.10	3.32	湖　南	82.40	2.29
宁　夏	88.80	3.27	四　川	81.50	2.15
福　建	88.20	3.18	云　南	81.30	2.12
黑龙江	88.10	3.17	广　西	78.60	1.70
重　庆	87.80	3.12	海　南	67.30	- 0.04
内蒙古	86.40	2.90			

资料来源：《中国统计年鉴 2007》，中国统计出版社。

从数据可以看出，我国各地区按二、三产业比重可以划分为三个梯队，上海（99.1%）、北京（98.7%）、天津（97.3%）、山西（94.2%）、浙江（94.1%）、广东（94.0%）、江苏（92.9%）、山东（90.3%）是第一梯队，其中上海、北京、天津三地的二、三产业比重超过 95%，在全国居于高位，这三个地方都属于直辖市，其农业人口和农业经济在总量中所占的比重较其他地区少，这应该是其二、三产业

在经济中比重高的重要原因；而剩余的浙江、广东等省是全国经济大省，二、三产业比重高与经济发达程度是一致的（山西省是个例外，其经济不如该梯队的其他省份发达，但是煤炭产业作为该省支柱产业，提升了二、三产业的比重）；海南省是第三梯队，二、三产业比重只有67.3%，远远低于其他各地，在全国范围内来看是异常值，有资料显示，海南的支柱产业是"热带高效农业、新兴工业和海岛旅游业"，可见农业在海南经济发展中依然占据重要地位，这是其二、三产业比重偏低的原因；除此之外，其他各地区的二、三产业比重基本在80%～90%之间（广西稍低，为78%），属于第二梯队。

以各地二、三产业在经济中所占的比重为横坐标，以媒体面总得分为纵坐标绘制散点图，并以二、三产业比在31个省（市区）的平均值87%和媒体面总得分平均值3为界线把图分为四个象限，可以清晰地看出二、三产业比重与传媒产业发展状况的关系（见图13）。在图13中，第一梯队的省（市区）除天津、山西外，基本都处在第一象限的位置，表明这些省（市）的传媒产业发展程度与产业结构比较适应，天津、山西处在第四象限，传媒产业的发展程度略低于产业结构水平；第三梯队海南，毫不意外地分布在第三象限，而且是最靠近原点的位置，其媒体面得分和产业结构水平都低于全国其他地区；第二梯队的省（市区）广泛地分布在二、三、四象限，说明在这些省（市区），传媒产业的发展程度与产业结构的发展水平之间的关系比较复杂，这跟景气指数对广告收入影响方式复杂的原因是类似的，解释这个问题，需要在分析整个二、三产业比重对传媒产业的影响的同时，对其所依赖的重点行业进行具体分析。因为在二、三产业内部，尤其是第二产业内部，不同行业对传媒的亲和力也有很大差距。比如同样是第二产业，若按照其与广告关联度疏密的不同，就又可以将其划分为三大类：第一类是原材料领域，如钢铁、煤炭等行业，这些行业广告投放量不大，和广告行业的关联度很低；第二类产业对广告市场影响很大，并且具有明显的波动性，比如房地产、汽车、家电、通讯产品等；第三类行业对市场也有很大影响，但影响较稳定，如日常必需品、食品、饮料等快速消费品①。中西部几个省（市区）如宁夏、青海等，二、三产业的比重高，是因为其支柱性产业大多属于原材料行业，对传媒行业的带动作用并不大，这些地区的传媒产业发展，需要其他消费型第二产业和第三产业逐渐发展来带动。

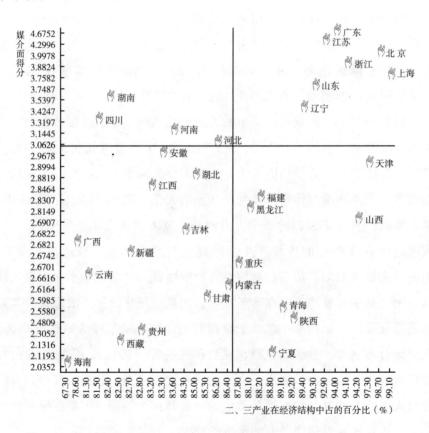

图13 二、三产业比重与媒体面得分关系图

从未来的发展前景看，我国各地一直都在加大结构调整的力度，产业结构升级效果显著。2002年东、中、西部地区的平均二、三产业比重分别达到了90%、82%、80%，与1990年相比，分别提高了12个、

---

① 姚林：《产业景气影响广告业波动》，2005年7月30日《中国经营报》。

14 个和 15 个百分点。东部地区在这个指标的表现要高于中、西部地区，但优势并不突出，而且差距是在持续缩小。1990 年，三大地区的二、三产业比重的比例为 1.16 : 1 : 0.91，2002 年缩小到 1.09 : 1 : 0.97[①]。因此，随着中、西部地区加快结构调整的步伐，重视发展第三产业，特别是西部地区的省（市区）具有资源优势，二、三产业比重不断提高，对于传媒产业来说是一个好消息；相比较而言，东部地区结构调整的空间有限，产业升级对传媒产业的刺激作用比较有限。

（2）城镇化程度

城镇化是经济和社会发展水平的重要指标，一般用城镇人口占总人口的比重来衡量。城镇化有五项基本内涵：一是产业结构和社会结构的转换，劳动力从第一产业向二、三产业转移，人类社会从传统的农业社会向工业化社会转变；二是城乡人口分布结构的转换，越来越多的人口由分散的农村向城镇集中，城镇规模和数量不断增多；三是城镇空间形态的变化，城镇建成区扩大，新的城镇地域、城镇景观涌现，城镇基础设施、服务设施不断完善；四是人们价值观念和生活方式的转换，城市文明、城市生活方式和价值观念向乡村地区渗透和扩散，传统乡村文明走向现代城镇文明，最终实现城乡一体化和"人"的城镇化和现代化；五是经济要素集聚方式的变迁或创新，在技术创新和制度创新的双重推动下，人口、资本等经济要素更健康、高效地在城乡之间流动、重组[②]。

选择城镇化水平作为传媒产业发展指数的指标之一，是因为传媒产业是对城镇化依赖程度很高的产业，城镇化水平高的地区，传媒产业也往往比较发达。这主要是由几个方面的原因造成的。首先，从传媒产业的发展历史来看，城市的出现和城镇化水平的提高是现代报纸产生的必要条件之一。城市里拥有较为完备的交通、运输等设施，为现代传媒提

① 国家统计局课题组：《我国区域发展差距的实证分析》，《中国国情国力》2004 年第 3 期。

② 何开泰：《对城镇化概念和意义的再认识》，中国当红网，2003 年 6 月 25 日，http://www.luckup.net/m/ca34017.htm。

供了基本的物质基础，传媒产业尤其是报业的每一步重大发展，都是随着城镇化水平的不断提升亦步亦趋①。其次，城镇也为传媒产业提供了受众基础。城镇化意味着城市人口数量增加，这类人口生活节奏加快、移动性加强、经济文化水平提高，是传媒业最重要的受众对象。与农村居民相比，城镇居民对传媒消费需求更加多元化，这也意味着传媒产业的潜在机会。以电视产业为例，目前，城市用户对消费与休闲娱乐的满意度相对较低，对更加丰富而且便捷的消费及娱乐方式存在着一定的潜在需求。一项调查表明，对于目前的电视节目，54.8%的数字电视潜在用户表示"满意"及"非常满意"，而表示"不满意"及"一般"的比例占到45.2%，该调查由此得出结论，目前模拟电视节目在很大程度上已不能满足用户的收视需求；5.2%的潜在用户赞同我国应该尽快发展数字电视，近3/4的城市居民潜在用户愿意为数字电视付费，可见数字电视具有较大需求市场②。再次，城镇是传媒产业的利润中心区，由于城镇经济较发达，城镇人口的购买力强，对广告商的吸引力大，相比较而言，广大农村受众由于居住分散，而且购买力差，对广告商的吸引力非常有限③。总之，城镇密集的信息、便捷的信息传受通道以及集中的人口和居民对信息的广泛需要，为传媒业的发展提供了主客观条件④。城镇化水平的高低对传媒产业的发展潜力有着重要影响，可以成为衡量传媒产业发展指数的重要指标。

对城镇化程度与反映广告市场的报刊广告、反映受众市场的千人日报拥有量和媒体面总体得分状况分别进行相关分析，结果显示（见表28），城镇化程度与三者的相关系数分别为0.7、0.897、0.549，相关性比较显著，说明使用这个指标有其合理性。

① 童兵：《城镇化：涉农传媒必须面对的潮流》，《新闻爱好者》2003年第3期。
② "下一代通信技术和计算机技术对广播电视发展的影响"课题组：《文化消费需求与广电业务发展战略》（下），《中国传媒科技》2007年第2期。
③ 张春林：《论传媒产业化过程中的八大关系》，http://news.xinhuanet.com/newmedia/2006-09/29/content_5153076.htm。
④ 童兵：《城镇化：涉农传媒必须面对的潮流》，《新闻爱好者》2003年第3期。

表28 城镇化程度与报刊广告、千人日报拥有量和媒体面得分的相关分析

		城镇化程度	报纸杂志广告	千人日报拥有量	媒体面得分
城镇化程度	Pearson Correlation	1	0.700（**）	0.897（**）	0.549（**）
报纸杂志广告	Pearson Correlation	0.700（**）	1	0.701（**）	0.874（**）
千人日报拥有量	Pearson Correlation	0.897（**）	0.701（**）	1	0.580（**）
媒体面得分	Pearson Correlation	0.549（**）	0.874（**）	0.580（**）	1

说明：** Correlation is significant at the 0.01 level（2-tailed）。

全国2006年各省（市区）城镇化程度见表29。

从表29可以看出，城镇化程度在60%以上的分别有上海（88.7%）、北京（84.3%）、天津（75.7%）、广东（63%）和辽宁（60%）和它们是全国城镇化程度最高的省（市）。而城镇化程度最低的后3位是贵州、西藏、云南，其城镇化程度都在30%左右徘徊。从四

表29 全国2006年各省（市区）城镇化程度

单位：%

省（市区）	城镇化百分率	标准值	省（市区）	城镇化百分率	标准值
上　海	88.70	5.79	宁　夏	43.00	2.77
北　京	84.30	5.50	青　海	39.30	2.53
天　津	75.70	4.93	陕　西	39.10	2.52
广　东	63.00	4.09	湖　南	38.70	2.49
辽　宁	60.00	3.83	江　西	38.70	2.49
浙　江	56.50	3.67	河　北	38.40	2.47
黑龙江	53.50	3.47	新　疆	37.90	2.44
吉　林	53.00	3.43	安　徽	37.10	2.39
江　苏	52.00	3.36	广　西	34.60	2.22
内蒙古	48.60	3.15	四　川	34.30	2.20
福　建	48.00	3.10	河　南	32.50	2.08
重　庆	46.70	3.02	甘　肃	31.10	1.99
海　南	46.10	2.98	云　南	30.50	1.95
山　东	46.10	2.98	西　藏	28.20	1.80
湖　北	43.80	2.83	贵　州	27.50	1.75
山　西	43.00	2.78			

资料来源：《中国统计年鉴2007》，中国统计出版社。

分位数显示出来的离散程度来看，处于上四分位的吉林省，城镇化程度为53%，上四分位以上各省（市）均值为66.83%；位于下四分位的安徽省，城镇化程度为37.1%，下四分位以下各省（区）的均值为31.9%，与上四分位以上各省（市）均值的比例是47.9%，这些数据说明各省（市区）的城镇化程度差异大。

以城镇化程度为横坐标，以媒体面得分为纵坐标绘制散点图，并分别以两个指标的平均值为界限划分四个象限（见图14），可以看出城镇化程度高于全国均值的省（市区）里内蒙古、福建、重庆、黑龙江、天津、吉林6地位于第四象限，说明其媒体发达程度低于全国平均水平，媒体发达程度不及城镇化程度；其他6省都位于第一象限，说明媒体发展状况与城镇化程度相当；城镇化程度低于全国均值的省（区）

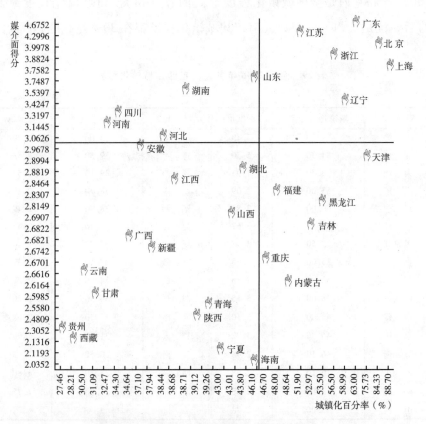

图14　城镇化程度与媒体面得分关系图

中，有山东、湖南、四川、河南等地位于第二象限，表明其媒体发达程度高于城镇化程度，随着这些省份的城镇化程度进一步提高，传媒产业还有很大潜力可以挖掘；其他地区位于第三象限，其城镇化水平和媒体发展状况都有待改进。目前，中国城市化进程已进入加速发展时期，中部和西部地区很多省（市区）都对城镇化进程进行了具体的规划，各地镇市化进程的加快，将带来一批城镇经济的起飞，也将为这些地区传媒产业的发展提供难得的机遇。

6. 居民消费

相对于 GDP 这样宏观的经济指标来说，居民消费水平重视的是相对微观的因素，从一般意义上来说，经济越发达的地区，居民的生活状况也会越好，对传媒产业的发展也越会产生有利的影响。但是这种逻辑关系并不是绝对的，因为宏观经济发展有两个驱动因素，投资和消费，传媒产业本身则主要是消费带动型的，所以，研究居民的消费水平对衡量不同地区的传媒发展潜力也同样重要。这里我们选取城镇人均可支配收入和城镇人均消费支出两个指标来考察居民消费水平，前者代表着居民消费的可能性空间，后者则代表着居民的真实消费状况。

（1）可支配收入

反映居民收入状况的统计指标有两个，分别是城镇居民家庭人均可支配收入（简称"可支配收入"）和农村居民家庭纯收入。正如前文所述，传媒产业的主要消费市场在城镇，所以本研究只选取城镇居民家庭可支配收入作为收入指标。城镇居民家庭可支配收入是指被调查的城镇居民家庭在支付个人所得税、财产税及其他经常性转移支出后所余下的实际收入[①]。从指标的含义上看，它是指城镇居民的实际收入中能用于安排日常生活的收入，是用以衡量城市居民收入水平和生活水平的最重要和最常用的指标。

可支配收入对传媒产业的影响体现在广告和媒介产品本身的消费两

---

① 国家统计局网站，http：//www. stats. gov. cn/tjsj/ndsj/2006/indexch. htm。

个方面。研究表明，收入的增长会对消费产生重要影响，经济学在研究居民消费需求时首先关注的是有效需求，即有货币支付能力的需求。收入水平决定了居民购买力水平的高低，只有收入水平提升，消费水平才有可能提高，而这将对广告投放形成有利的刺激。因此，居民家庭可支配收入高，在一定程度上意味着更大的广告投放量。而同时，收入水平的提升，也会使消费结构发生变化，因为收入的增长会使生活必需品的边际消费倾向降低，更多的收入会流向使生活内容丰富的文化娱乐、外出旅游等更高层次的消费，对传媒产品的消费比重也有随之提高的空间。

使用 SPSS 对居民可支配收入与各地区的广播电视广告收入、报刊广告收入和媒体面得分进行相关分析，结果表明可支配收入与三者的相关系数分别为 0.733、0.801、0.717，相关关系比较显著（见表30），使用该指标作为衡量传媒发展指数的潜力之一比较合理。

表30　居民可支配收入与电视广告、报刊广告、媒体面得分的相关分析

		人均可支配收入	广播电视收入	报纸杂志收入	媒体面得分
人均可支配收入	Pearson Correlation	1	0.733（＊＊）	0.801（＊＊）	0.717（＊＊）
广播电视广告收入	Pearson Correlation	0.733（＊＊）	1	0.873（＊＊）	0.933（＊＊）
报纸杂志广告收入	Pearson Correlation	0.801（＊＊）	0.873（＊＊）	1	0.874（＊＊）
媒体面得分	Pearson Correlation	0.717（＊＊）	0.933（＊＊）	0.874（＊＊）	1

说明：＊＊ Correlation is significant at the 0.01 level (2-tailed)。

我国2005年各省（市区）城镇居民可支配收入如表31所示。

从表31可以看出，2005年我国城镇家庭可支配收入在 1.5 万元以上的地区有 4 个，最高的是上海（20667.91 元），然后是北京、浙江、广东；而低于9000元的省（区）有 3 个，分别是新疆、甘肃和西藏。全国各地区平均城镇家庭可支配收入为 11363.69 元，位于平均值以上的省（市）有 9 个，位于均值以下的省（区）有 22 个，说明全国各省（市区）的居民家庭可支配收入差距很大，发达地区远远领先于普通地

表31　2005年各省（市区）城镇居民家庭人均可支配收入

单位：元

省（市区）	可支配收入	标准值	省（市区）	可支配收入	标准值
上　海	20667.91	5.82	河　南	9810.26	2.53
北　京	19977.52	5.61	湖　北	9802.65	2.53
浙　江	18265.10	5.09	吉　林	9775.07	2.52
广　东	16015.58	4.41	安　徽	9771.05	2.52
天　津	14283.09	3.89	江　西	9551.12	2.45
江　苏	14084.26	3.83	海　南	9395.13	2.40
福　建	13753.28	3.73	四　川	9350.11	2.39
山　东	12192.24	3.25	陕　西	9267.70	2.36
重　庆	11569.74	3.06	黑龙江	9182.31	2.34
湖　南	10504.67	2.74	宁　夏	9177.26	2.34
辽　宁	10369.61	2.70	贵　州	9116.61	2.32
内蒙古	10357.99	2.69	青　海	9000.35	2.28
河　北	10304.56	2.68	西　藏	8941.08	2.26
云　南	10069.89	2.61	甘　肃	8920.59	2.26
山　西	10027.70	2.59	新　疆	8871.27	2.24
广　西	9898.75	2.56			

资料来源：《中国统计年鉴2007》，中国统计出版社。

区。从四分位的区分看，处于上四分位的山东省，居民家庭平均可支配收入为12192.24元，上四分位内各省（市）的均值为16154.87元；位于下四分位的陕西省，可支配收入为9267.7元，下四分位内各省（区）的均值为9059.65元，与上四分位各省（市）均值的比值为0.56，也说明各省（市区）在该项指标上的离散程度很大。

　　以居民家庭可支配收入为横坐标，以媒体面得分为纵坐标绘制各省（市区）的散点图，并分别以两个指标的平均值为界限划分四个象限（见图15），结果显示，人均收入高于全国平均水平的9个省（市），大部分都处在第一象限，说明其传媒产业发展水平与城镇居民家庭可支配收入水平比较相称，但天津、福建两省（市）位于第四象限，说明两地的传媒产业发展水平不及可支配收入水平，两地传媒产业发展在这个指标方面还有上升的空间。

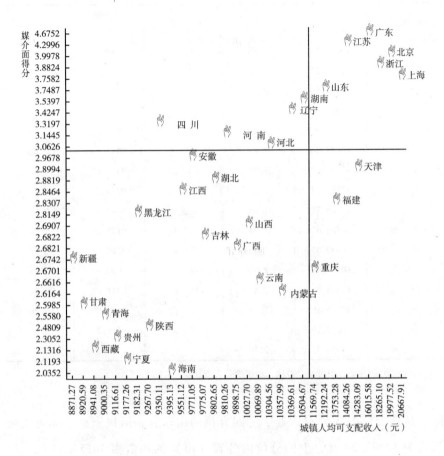

图15 人均可支配收入与媒体面得分关系图

（2）人均消费支出

居民人均消费支出指居民人均用于日常生活的全部支出，包括食品、衣着、家庭设备用品及服务、医疗保健、交通和通讯、娱乐教育文化服务、居住、杂项商品和服务等8大类支出，均按用途划分归类。这是反映经济发展状况的一个重要指标，有关研究表明，消费是经济发展最为重要的因素，可以解释50%以上的经济增长。我国居民消费占总消费的80%左右，构成了消费总量的绝大部分，居民消费是拉动经济增长的中坚力量①。

人均消费支出是反映传媒产业市场状况的一个重要指标，它对传媒市场的影响也体现在广告市场和受众市场两个方面。对于广告市场来说，广告主投放广告的目的是促进消费，消费品广告是广告的主要构成部分，企业在决定广告投入决策时，一般策略是考察一地的消费水平，据此决定广告支出多少。因此，一个地区的人均消费支出越高，其广告投放量也就越大。

而对于受众市场来说，媒介消费属于高层次的消费，随着居民消费水平的提高，消费结构也在不断变化（该理论在本报告的"恩格尔系数"指标中有详细论述），媒介消费份额将不断提高。以四川省的数据为例，1978 年，该省城镇居民文化生活服务消费占消费总额的 8.36%；1988 年，城镇居民文化生活服务消费占消费总额的 9.11%；1998 年，城镇居民文化生活服务消费占消费总额的 22.01%；2004 年，这一比例上升到 22.57%。从长时期看，四川省的居民消费结构中，文化消费比重的增长显著，由此可见居民消费水平对传媒消费的影响（由于单纯媒介消费的数据难以获得，本指标在进行相关评价时会借用文化娱乐消费这一相关概念替代媒介消费）②。

用人均消费支出与代表媒介消费能力的千人日报拥有量和代表媒体发展总体状况的媒体面得分进行相关分析（见表 32），得出消费支出与千人日报拥有量的相关系数为 0.863，与媒体面得分的相关系数为 0.706，与广播电视广告、报刊广告收入的相关系数也分别达到 0.726、0.827，表明消费支出与这些媒体面指标的相关性都比较显著，说明使用这个指标有其合理性。

2006 年全国各省（市区）的人均消费支出的情况如表 33 所示。

---

① 黄华：《广州城镇居民收入、消费与经济增长递进关系的实证分析》，《广州市经济管理干部学院学报》2004 年第 4 期。

② 张立伟：《四川文化产业发展现状与特征》，人民网 http://media.people.com.cn/GB/40628/5582867.html。

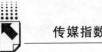

表32　人均消费支出与千人日报拥有量、媒体面得分的相关分析

		人均消费支出	广播电视广告额	报纸杂志广告额
人均消费支出	Pearson Correlation	1	0.726（ ** ）	0.827（ ** ）
媒体面得分	Pearson Correlation	0.706（ ** ）	0.933（ ** ）	0.874（ ** ）
千人日报拥有量	Pearson Correlation	0.863（ ** ）	0.559（ ** ）	0.701（ ** ）

说明：** Correlation is significant at the 0.01 level（2-tailed）。

表33　各省（市区）2006年人均消费支出情况

单位：元

省（市区）	居民人均消费支出	标准值	省（市区）	居民人均消费支出	标准值
北　京	14825.41	5.69	吉　林	7352.64	2.56
上　海	14761.75	5.66	河　北	7343.49	2.56
浙　江	13348.51	5.07	安　徽	7294.73	2.54
广　东	12432.22	4.69	宁　夏	7205.57	2.50
天　津	10548.05	3.90	山　西	7170.94	2.48
福　建	9807.71	3.59	海　南	7126.78	2.47
江　苏	9628.59	3.51	甘　肃	6974.21	2.40
重　庆	9398.69	3.42	贵　州	6848.39	2.35
山　东	8468.40	3.03	广　西	6791.95	2.33
湖　南	8169.30	2.90	新　疆	6730.01	2.30
辽　宁	7987.49	2.83	河　南	6685.18	2.28
内蒙古	7666.61	2.69	黑龙江	6655.43	2.27
陕　西	7553.28	2.64	江　西	6645.54	2.26
四　川	7524.81	2.63	青　海	6530.11	2.22
湖　北	7397.32	2.58	西　藏	6192.57	2.08
云　南	7379.81	2.57			

资料来源：《中国统计年鉴2007》，中国统计出版社。

从表33可以看出，北京以14825.41元的人均消费水平居于全国榜首，上海、浙江、广东、天津紧随其后，这几个地区的人均消费支出都已过万，而人均消费水平在全国靠后的省（区）有西藏（6192.57元）、青海（6530.11元）等地。全国消费支出均值是9806.12元，高于均值的有6个省（市），其他25个省（市区）低于均值，说明了全国各地区间消费支出的差距较大。从四分位的差别来看，位于上四分位的重庆市，消费支出为 9398.69 元，上四分位以上所有省（市）的均值为 11843.87 元；位于下四分位的贵州省人均消费支出为 6848.39 元，下四分位以下所有省（区）的均值为 6634.9 元，相当于上四分位以上所有省（市）均值的 56%，又一次说明了各省（市区）之间的消费支出差异大。

从全国总体看，消费水平的提升带动消费结构的变化，消费结构的变化，又为文化事业与文化产业的发展提供了前所未有的机遇。有研究表明，文化产业在中国 17 个城市已成为支柱产业。如广东省 2004 年文化及相关产业已突破 1000 亿产值，占全省国内生产总值（GDP）近 7% 的份额。据预计，中国的文化消费市场在 5 年内将有 4 万亿~5 万亿的需求量[①]。但是与同等发展水平的国家相比，中国的文化消费总量还偏低，居民文化需求的满足程度不足 1/4[②]。

以人均消费支出为横坐标，以媒体面得分为纵坐标绘制散点图（见图 16），并分别以两个指标的均值为界限划分四个象限，人均消费支出高于全国平均水平的 8 个省（市），大部分位于第一象限，说明其媒体发展水平与人均消费支出水平相当；而天津、福建则位于第四象限，说明媒体发展水平低于人均消费支出水平，还有进一步挖掘的潜力。辽宁、四川、河南、河北、湖南分布在第二象限，这些地区的媒体面发展水平高于全国平均水平，但人均消费支出低于全国水平，考虑到现实情形，这些地区的消费支出情况大都低于其经济发展状况，因此消费支出还有上升的空间，而传媒市场也应该有相应的发展潜力。其他地区位于第三象限，消费支出和媒体产业发展水平都低于全国平均水平，传媒产业发展有待消费水平提高才能改善。

---

① "下一代通信技术和计算机技术对广播电视发展的影响"课题组：《文化消费需求与广电业务发展战略》（上），《中国传媒科技》2007 年第 1 期。

② 黄海燕：《黄金发展期：国民有多少文化消费需求亟待满足》，《半月谈》（内部版）2007 年第 4 期。

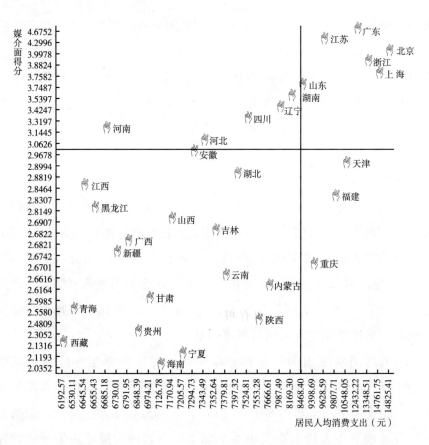

图16　人均消费支出与媒体面得分关系图

中国省市传媒发展指数分析

安徽省传媒发展指数分析

一　省情分析

安徽省面积约 14 万平方公里，2006 年底人口 6110 万，全年实现 GDP 6148.73 亿元。媒介生产能力方面，2005 年安徽全省拥有电台 17 家，电视台 17 家，2006 年拥有报纸 51 份，总印数 404.7 万份；期刊 176 份，平均期印数 444 万册；图书 3258 种，总印数 21531 万册；广播综合人口覆盖率 96.05%，年播出总时长 43.15 万小时；电视综合人口覆盖率 95.38%，年播出总时长 56.88 万小时；网站 11294 个。媒介盈利能力方面，2006 年全省实现广告营业额 25.62 亿元。在全国 31 个省市自治区中，安徽省的传媒发展指数中总得分为 2.74，名列全国第 21 位，处于中等偏低水平。

下面是分指标分析安徽省的传媒发展指数的各个指标的概况。

二　媒介发展状况

安徽传媒发展指数中媒体面的得分为 2.97，在全国位于第 12 位。其中广告占 GDP 的比重、年电视播出时长和 2006 年相对 2005 年的广告增长率、广告收入都处于全国中等水平，从生产能力和创收能力来看，都属于中游（见表 1）。

三　媒介发展环境分析

安徽传媒发展指数中环境层面的得分为 2.51，在全国处于第 26 位，

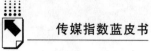
表 1　安徽省媒介发展状况

指标 得分及排名	原始值	标准值	全国排名
年电视播出时长（万小时）	56.88	3.55	12
日报期印数（万份）	239.86	2.85	12
广告占 GDP 比重（%）	0.42	2.75	11
广告增长率（%）	13.36	3.03	19
广播电视广告总收入（亿元）	13.84	3.03	10
报纸杂志广告收入（亿元）	6.94	2.60	17

相对于传媒自身发展状况，传媒发展的环境得分排名偏后。环境指标排名多数处于中下游水平（见表2）。

表 2　安徽省媒介发展环境分析

指标 得分及排名	原始值	标准值	全国排名
人均年文化娱乐教育支出（元）	869.23	2.44	20
千人日报拥有量（份）	39.26	2.43	22
区域创新力	26.97	2.89	12
外地卫视在省会城市落地个数	13.70	1.84	27
食品以外消费占居民消费比重（%）	57.60	1.64	29
65 岁以下人口比例（%）	89.80	2.36	23
城镇居民年人均消费支出（元）	7294.73	2.54	19
城镇居民年人均可支配收入（元）	9771.05	2.52	20
城镇化程度（%）	37.10	2.39	24
企业景气指数	138.58	3.88	7
GDP（亿元）	6148.73	2.80	15
二、三产业在经济中占的比重（%）	83.30	2.43	22

四　传媒发展指数特征分析

图 1 是安徽省的媒介发展指数的 18 个指标在全国的排序图。

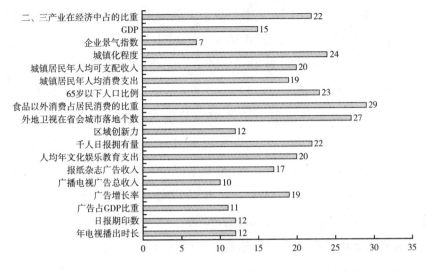

图1 安徽在全国排名

从图1中可以看出安徽省在企业景气指数和广电广告收入跃居前10,年电视播出时长、广告占 GDP 的比重、区域创新力等指标在全国处于中游,而广告增长率、城镇化水平、人口结构、千人日报拥有量的排名较靠后。二、三产业在经济中的比重在全国排名相对落后,说明安徽的传媒生态整体靠后与该地区长期经济发展滞后有关。值得注意的是该地区媒介消费的财力基础缺乏,媒介市场开放度较低。前者的落后表现在人均文教娱乐消费和非食物性消费支出的比重排名非常靠后,后者体现在外地媒体进入安徽很少。这两方面综合在一起,预示着安徽的媒体产业环境较为脆弱和封闭,特别是对外来竞争者而言是良好的目标市场,有很大的开发空间,该省媒体既担负着在目前构筑的壁垒之内加紧培育本地媒介消费市场的角色,又要及时进取外地市场,否则将会内外同失。

五 本省主要城市媒介发展描述

合肥是安徽省的省会城市,据 CTR 的监测数据显示,该市 2006 年报纸日累计到达率72%,在全国 32 个中心城市中排名第 9;电视日累计到达率86%，在全国32个中心城市中名列第30。2006年该市报纸广告刊例额为7.37亿元，居全国36个中心城市第19位，比2005年减少1.47%；电视广告刊例额为48.55亿元，居监测的全国35个中心城市第13位，比2005年增长12.53%；2006年全年该市广告额总计55.92亿元，在36个被监测城市中排名15。另据《2006年中国城市统计年鉴》资料显示，2005年，合肥市实现GDP 853.57亿元，在全国35个城市中名列第27，全市二、三产业比重为93.85%，居民可支配收入9684元，人均消费支出7398元，食品以外消费占总消费的比重为54.26%。跟该市的媒介发展相比，经济环境方面的指标要稍微落后一些。未来合肥市的媒介发展依然需要以经济发展作为出发点，并提高传媒发展与经济发展的匹配程度。

北京市传媒发展指数分析

一 市情分析

北京市作为国家首都，是中国经济、政治、文化等各领域的中心之一，全市土地面积 1.68 万平方公里，2006 年底人口 1581 万，全年实现 GDP 7870.28 亿元。媒介生产能力方面，2005 年北京拥有电台 1 家，电视台 1 家，2006 年拥有报纸 35 份，总印数 408.12 万份；期刊 169 份，平均期印数 205 万册；图书 4642 种，总印数 6054 万册；广播综合人口覆盖率 100%，年播出总时长 10.33 万小时；电视综合人口覆盖率 99.99%，年播出总时长 10.74 万小时；网站 149566 个。媒介盈利能力方面，2006 年全市实现广告营业额 259 亿元。在全国 31 个省市自治区中，北京市的传媒发展指数中总得分为 4.33，名列全国第 2 位，处于发达水平。

下面是分指标分析北京市传媒发展指数的各个指标的概况。

二 媒介发展状况

北京的传媒发展指数中媒体面的得分是 4.00，在全国位于第 3 位。其中广告占 GDP 比重是全国首位，报纸杂志广告总收入和广播电视广告总收入分别位居全国第 2 和第 6 位，日报期印数和 2006 年相对 2005 年的广告增长率都处于全国中游水平，年电视播出时长落后（见表 1）。

表 1　北京市媒介发展状况

指标　　得分及排名	原始值	标准值	全国排名
年电视播出时长（万小时）	10.74	1.65	28
日报期印数（万份）	292.26	3.06	11
广告占 GDP 比重（%）	3.29	6.94	1
广告增长率（%）	16.10	3.24	11
广播电视广告总收入（亿元）	24.01	3.78	6
报纸杂志广告收入（亿元）	35.29	5.31	2

三 媒介发展环境分析

北京的传媒发展指数中环境层面的得分为 4.67，在全国处于第 1 位，除人口结构外，综合来看北京市的传媒发展环境各项指标在全国都处于领先地位（见表 2）。

表 2 北京市媒介发展环境分析

指标 得分及排名	原始值	标准值	全国排名
人均年文化娱乐教育支出(元)	2514.76	5.86	1
千人日报拥有量(份)	184.86	5.26	3
区域创新力	56.11	5.35	2
外地卫视在本市落地个数	26.70	4.89	2
食品以外消费占居民消费比重(%)	69.20	4.33	2
65 岁以下人口比例(%)	88.80	1.82	28
城镇居民年人均消费支出(元)	14825.41	5.69	1
城镇居民年人均可支配收入(元)	19977.52	5.61	2
城镇化程度(%)	84.33	5.50	2
企业景气指数	138.33	3.84	8
GDP(亿元)	7870.28	3.06	10
二、三产业在经济中占的比重(%)	98.70	4.80	2

四 传媒发展指数特征分析

图 1 是北京市的媒介发展指数的 18 个指标在全国的排序图。

从图 1 中可以看出，北京市在广告占 GDP 比重（%）、报纸杂志广告总收入（亿元）两项指数上位于全国第 1、2 位，说明北京市的传媒广告市场发展比较完善，收益丰厚。北京市的千人日报拥有量（份）、人均年文化娱乐教育支出（元）、区域创新力、城镇居民年人均消费支出（元）、城镇居民年人均可支配收入（元）、城镇化程度（%）和二、三产业在经济中占的比重（%）这些指数也都位于全国前 3 位，可以看出北京市整体经济发展良好，居民在文化娱乐教育等方面投入较多，为传媒的发展提供了很好的社会环境和经济基础。

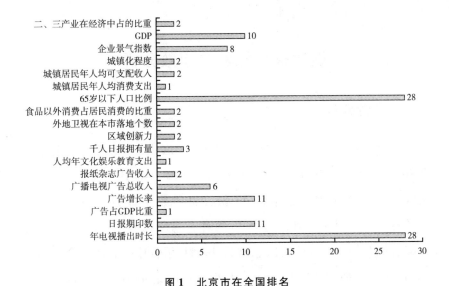

二、三产业在经济中占的比重　2
GDP　10
企业景气指数　8
城镇化程度　2
城镇居民年人均可支配收入　2
城镇居民年人均消费支出　1
65岁以下人口比例　28
食品以外消费占居民消费的比重　2
外地卫视在本市落地个数　2
区域创新力　2
千人日报拥有量　3
人均年文化娱乐教育支出　1
报纸杂志广告收入　2
广播电视广告总收入　6
广告增长率　11
广告占GDP比重　1
日报期印数　11
年电视播出时长　28

图1　北京市在全国排名

北京的传媒发展有两个显著的特点，第一是作为文化城市孕育的高水平的文化消费结构和媒介消费习惯，广告占 GDP 比重第1、人均年文教娱乐消费支出占第1、千人日报拥有量占第3等；第二是媒介本身的经营集约化程度高、收益好，在媒介生产规模显著靠后的情况下，广告收入排名前列（报刊第2、广电第6），说明媒体产品的盈利品质很好，尤其是电视媒体，生产排名第28与创收排名第6形成了极大的反差。

文化的力量不仅在于延续传承、生生不息的一面，也在于积习和固执的一面。我们可以看到北京的媒体市场开放度高，人口老龄化程度严重，这是维持北京传媒业现有模式能稳定发展的两个重要因子，消费者的偏好和媒体的风格共同构筑了北京传媒业的无形市场壁垒，文化的因素在该市媒体市场的渗透力和影响力最强。需要注意的是，面对广告开发程度已经趋于饱和的情况，在媒体产业多点发力、多元支撑的未来，传媒业的扩张能力和开拓能力是实现媒体价值的重要途径，北京市的媒体还需在保持原有范围影响力的同时，创新媒体业的外向策略，把地区环境里培育的文化优势扩散到争取更大的市场份额中去，在参与全国竞争中提高自身的综合水平。

福建省传媒发展指数分析

一 省情分析

福建省面积约 12 万平方公里，2006 年底人口 3558 万，全年实现 GDP 7614.55 亿元。媒介生产能力方面，2005 年福建省拥有电台 8 家，电视台 8 家，2006 年拥有报纸 43 份，总印数 482.04 万份；期刊 178 份，平均期印数 209 万册；图书 2686 种，总印数 9877 万册；广播综合人口覆盖率 96.99%，年播出总时长 48.84 万小时；电视综合人口覆盖率 98.13%，年播出总时长 31.63 万小时；网站 43518 个。媒介盈利能力方面，2006 年全省实现广告营业额 41.28 亿元。在全国 31 个省市自治区中，福建省的传媒发展指数中总得分 2.89，名列全国第 13 位，处于中上游发展水平。

下面是分指标分析福建省的传媒发展指数的各个指标的概况。

二 媒介发展状况

福建传媒发展指数中媒体面的得分 2.83，在全国位于第 16 位。其中广告占 GDP 的比重居于较前列，年电视播出时长排名较靠后（见表 1）。

表 1 福建省媒介发展状况

指标　　得分及排名	原始值	标准值	全国排名
年电视播出时长（万小时）	31.63	2.51	20
日报期印数（万份）	218.49	2.76	14
广告占 GDP 比重（%）	0.54	2.93	10
广告增长率（%）	14.36	3.11	15
广播电视广告总收入（亿元）	11.69	2.87	14
报纸杂志广告收入（亿元）	9.04	2.80	12

三 媒介发展环境分析

福建传媒发展指数中环境层面的得分为 2.95，在全国处于第 11 位，相对于传媒自身发展状况，传媒发展的环境得分排名靠前（见表 2）。

表 2 福建省媒介发展环境分析

指标　　　　得分及排名	原始值	标准值	全国排名
人均年文化娱乐教育支出(元)	1321.33	3.38	8
千人日报拥有量(份)	61.41	2.86	12
区域创新力	30.74	3.21	9
外地卫视在省会城市落地个数	13.10	1.70	29
食品以外消费占居民消费比重(%)	60.70	2.36	25
65 岁以下人口比例(%)	90.60	2.79	19
城镇居民年人均消费支出(元)	9807.71	3.59	6
城镇居民年人均可支配收入(元)	13753.28	3.73	7
城镇化程度(%)	48.00	3.10	11
企业景气指数	128.62	2.46	22
GDP(亿元)	7614.55	3.03	11
二、三产业在经济中占的比重(%)	88.20	3.18	13

四 传媒发展指数特征分析

图 1 是福建省的媒介发展指数的 18 个指标在全国的排序图。

从图 1 中可以看出福建省在人均年文化娱乐教育支出、广告占 GDP 的比重、区域创新力、城镇居民年人均消费支出、城镇居民年人均可支配收入等指标在全国处于中上游，说明福建居民有较强的消费能力，媒体发展空间较大。媒介生产规模不具备领先水平，但广告开发水平较高，说明福建的产业具有集约性的特点。福州和全省在恩格尔系数上的反差说明全省消费结构的地区差异比较明显，要关注文化传媒消费比重较低的地区的媒体市场。年电视播出时长和外地频道落地数靠后是电视业的弱点，要防止竞争者的攻入。整体看，环境方面提供了较好的发展基础，媒介业自身的努力还应该加强。

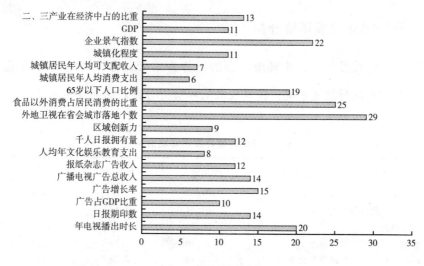

图 1 福建全国排名

五 本省主要城市媒介发展描述

福州是福建省的省会城市，据 CTR 的监测数据显示，福州市 2006年报纸日累计到达率 69%，在全国 32 个中心城市中排名 12；电视日累计到达率 98%，在全国 32 个中心城市中名列第 1，两种媒体日累计接触比例均高于全国主要城市平均水平（65.5% 和 92.9%）。2006 年该市报纸广告刊例额为 9.11 亿元，居全国 36 个中心城市第 17 位，比 2005年增加 38.46%；电视广告刊例额为 47.15 亿元，居监测的全国 35 个中心城市第 14 位，比 2005 年增长 8.25%，报纸媒体的广告增幅明显高于电视媒体；2006 年全年该市广告额总计 59.42 亿元，在 36 个被监测城市中排名 14。另据《2006 年中国城市统计年鉴》资料显示，2005 年，福州市实现 GDP 1476.31 亿元，在全国 35 个城市中名列第 21，全市二、三产业比重为 88.16%，居民可支配收入 12661 元，人均消费支出 8382 元，食品以外消费占总消费的比重为 56.49%。跟该省的 GDP 相比，产业结构、消费支出状况等方面的指标要稍微落后一些。该市的突出特点是报业的高速增长和电视的高到达率，媒介产业在成长之中，但社会经济的统计指标相对落后，可能会出现木桶原理中短板的牵制作用。

　　厦门市是福建省的重要城市，据 CTR 的监测数据显示，厦门市 2006 年报纸日累计到达率 49%，在全国 32 个中心城市中排名 30；电视日累计到达率 87%，在全国 32 个中心城市中名列第 29。2006 年该市报纸广告刊例额为 2.91 亿元，居全国 36 个中心城市第 30 位，比 2005 年减少 1.83%；电视广告刊例额为 6.74 亿元，居监测的全国 35 个中心城市第 34 位，比 2005 年减少 2.89%，两种媒体的广告都在下滑；2006 年全年该市广告额总计 9.65 亿元，在 36 个被监测城市中排名 34。另据《2006 年中国城市统计年鉴》资料显示，2005 年，厦门市实现 GDP 1006.58 亿元，在全国 35 个城市中名列第 25，全市二、三产业比重为 97.92%，居民可支配收入 16403 元，人均消费支出 11849 元，食品以外消费占总消费的比重为 63.02%。与福州不同，厦门的城镇人均可支配收入、居民人均消费支出等指标均位居全国前列，可以看出这里的消费水平活跃，经济较发达，但是媒介发展指数的多项指标在全国主要城市的排名中都十分靠后，这与当地的经济发展状况十分不符，一方面，厦门并非省会城市，在媒介布局上不享有优势，另一方面，当地良好的消费环境也说明厦门市在孕育本地媒介发展方面的空间还很大。

甘肃省传媒发展指数分析

一 省情分析

甘肃省是位于我国西北内陆腹地的一个重要省份。面积 45.5 万平方公里，2006 年底人口 2606 万，全年实现 GDP 2276.7 亿元。媒介生产能力方面，2005 年全省拥有电台 5 家，电视台 5 家，2006 年拥有报纸 56 份，总印数 173.55 万份；期刊 131 份，平均期印数 627 万册；图书 1233 种，总印数 6967 万册；广播综合人口覆盖率 90.73%，年播出总时长 22.26 万小时；电视综合人口覆盖率 91.11%，年播出总时长 35.24 万小时；网站 3684 个。媒介盈利能力方面，2006 年全省实现广告营业额 3.65 亿元。在全国 31 个省市自治区中，甘肃省的传媒发展指数中总得分 2.62，名列全国第 25 位，处于下游发展水平。总体来说是全国经济社会发展都相对落后的地区之一。

下面是分指标分析甘肃传媒发展指数的各个指标的概况。

二 媒介发展状况

甘肃省传媒发展指数中媒体面的得分 2.60，在全国位于第 25 位。其媒介发展状况各项指标基本都处于中下游水平，但 2006 年相对 2005 年的广告增长率却排名第 5 位，这说明甘肃省的传媒产业目前发展不完善，市场发展空间很大（见表 1）。

表 1　甘肃媒介发展状况

指　标　　得分及排名	原始值	标准值	全国排名
年电视播出时长（万小时）	35.24	2.66	19
日报期印数（万份）	91.81	2.25	25
广告占 GDP 比重（%）	0.16	2.38	29
广告增长率（%）	20.22	3.56	5
广播电视广告总收入（亿元）	1.90	2.15	28
报纸杂志广告收入（亿元）	6.87	2.59	18

三 媒介发展环境分析

甘肃省传媒发展指数中环境层面的得分为 2.64，在全国处于第 24位。与传媒自身发展状况各指标相似，传媒发展的环境得分多项指标排名也同样偏后（见表 2）。

表 2　甘肃媒介发展环境分析

指标　　　　　得分及排名	原始值	标准值	全国排名
人均年文化娱乐教育支出（元）	1034.42	2.78	13
千人日报拥有量（份）	35.23	2.35	24
区域创新力	17.24	2.07	27
外地卫视在省会城市落地个数	20.80	3.51	11
食品以外消费占居民消费比重（%）	65.50	3.47	12
65 岁以下人口比例（%）	92.60	3.86	7
城镇居民年人均消费支出（元）	6974.21	2.40	23
城镇居民年人均可支配收入（元）	8920.59	2.26	30
城镇化程度（%）	31.09	1.99	28
企业景气指数	125.43	2.01	27
GDP（亿元）	2276.70	2.19	27
二、三产业在经济中占的比重（%）	85.30	2.73	18

四 传媒发展指数特征分析

图 1 是甘肃省的媒介发展指数的 18 个指标在全国的排序图。

总体看甘肃省传媒产业自身发展水平偏低，传媒发展环境不佳，传媒生态整体靠后与该区地处西部，长期经济发展滞后有关。仔细分析其不佳的指标可以发现，甘肃省对传媒业最不利的要素在于消费结构上，GDP 的落后导致消费者人均的可支配收入和消费支出水平较低，直接制约了媒介消费的规模，千人日报拥有量较低；经济景气和城市化程度低也减弱了市民消费空间的成长。其次需要注意的是该地区创新力指标靠后，对资讯的消费意识还有很大的培育空间。对于媒体业自身来讲，广告的绝对量提升和饱和度开发都还有很大的增长余地。

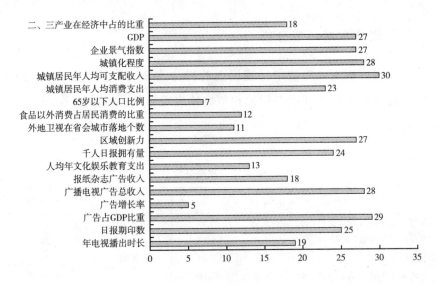

图1 甘肃在全国排名

五 本省主要城市媒介发展描述

兰州市是甘肃省的省会城市,据 CTR 的监测数据显示,该市 2006 年报纸日累计到达率 63%,在全国 32 个中心城市中排名 18;电视日累计到达率 91%,在全国 32 个中心城市中名列第 22。2006 年该市报纸广告刊例额为 9.49 亿元,居全国 36 个中心城市第 16 位,比 2005 年增长 6.34%;电视广告刊例额为 17.25 亿元,居监测的全国 35 个中心城市的第 27 位,比 2005 年增长 40.24%,电视媒体的广告增幅明显;2006 年全年该市广告额总计 27.49 亿元,在 36 个被监测城市中排名 27。另据《2006 年中国城市统计年鉴》资料显示,2005 年,兰州市实现 GDP 567.04 亿元,在全国 35 个城市中名列第 30,全市二、三产业比重为 96.10%,居民可支配收入 8087 元,人均消费支出 6529 元,食品以外消费占总消费的比重为 63.96%。与甘肃省情况类似,兰州市的媒介发展指数的各项指标在全国主要城市的排名中也是相对落后的,尤其是电视媒体的相关指标,同样主要是由于该市主要经济指标在全国居后导致。整体来看甘肃省的媒介发展任重而道远,应该主要从发展经济着手。

广东省传媒发展指数分析

一 省情分析

广东省是中国最早试行对外开放的沿海省份之一，经济、政治、文化等各领域均发展超前。全省土地面积 17.98 万平方公里，2006 年底人口 9304 万，全年实现 GDP 26204.47 亿元。媒介生产能力方面，2005 年全省拥有电台 22 家，电视台 24 家，2006 年拥有报纸 101 份，总印数 1664.52 万份；期刊 379 份，平均期印数 1119 万册；图书 5800 种，总印数 26993 万册；广播综合人口覆盖率 96.41%，年播出总时长 74.65 万小时；电视综合人口覆盖率 96.66%，年播出总时长 61.23 万小时；网站 154130 个。媒介盈利能力方面，2006 年全省实现广告营业额 242.9 亿元。在全国 31 个省市自治区中，广东省的传媒发展指数中总得分为 4.42，名列全国第 1 位。

下面是分指标分析广东传媒发展指数的各个指标的概况。

二 媒介发展状况

广东省的传媒发展指数中媒体面的得分是 4.68，在全国位于第 1 位。其中报纸杂志广告总收入和广播电视广告总收入都位居全国首位，日报期印数位于第 1 位，这说明广东省的传媒产业自身发展状况良好，但增长缓慢（见表 1）。

表 1 广东媒介发展状况

指 标 得分及排名	原始值	标准值	全国排名
年电视播出时长（万小时）	61.23	3.73	9
日报期印数（万份）	1084.84	6.25	1
广告占 GDP 比重（%）	0.93	3.49	4
广告增长率（%）	3.53	2.26	23
广播电视广告总收入（亿元）	56.75	6.20	1
报纸杂志广告收入（亿元）	43.64	6.11	1

三　媒介发展环境分析

广东省的传媒发展指数中环境层面的得分为4.17，在全国处于第4位，仅次于北京、上海和浙江。GDP总量居全国首位，其余各项指标也均处于全国的上中游水平，传媒发展环境良好（见表2）。

表2　广东媒介发展环境分析

指标　　得分及排名	原始值	标准值	全国排名
人均年文化娱乐教育支出(元)	1813.86	4.40	4
千人日报拥有量(份)	116.60	3.94	5
区域创新力	50.22	4.85	3
外地卫视在省会城市落地个数	15.50	2.27	25
食品以外消费占居民消费比重(%)	63.80	3.08	18
65岁以下人口比例(%)	92.90	4.03	6
城镇居民年人均消费支出(元)	12432.22	4.69	4
城镇居民年人均可支配收入(元)	16015.58	4.41	4
城镇化程度(%)	63.00	4.09	4
企业景气指数	141.20	4.25	5
GDP(亿元)	26204.47	5.92	1
二、三产业在经济中占的比重(%)	94.00	4.08	6

四　传媒发展指数特征分析

图1是广东省的媒介发展指数的18个指标在全国的排序图。

从图1中可以看出，广东省在报纸杂志广告总收入和广播电视广告总收入两项指数上都位于全国第1位，说明传媒广告市场发展已比较充分。广东省的千人日报拥有量（份）、人均年文化娱乐教育支出（元）、区域创新力、城镇居民年人均消费支出（元）、城镇居民年人均可支配收入（元）、城镇化程度（%）这些指数也都位于全国前5位，可以看出广东省整体经济发展状况良好，居民在文化娱乐教育等方面投入较多，为传媒业的发展提供了很好的经济基础和社会环境。环境面中有两项指标落后，一是非食物消费比重，鉴于GDP和人均收入的绝对量较高，这一低比重不会影响到居民在媒介消费方面在全国的靠前地位，二

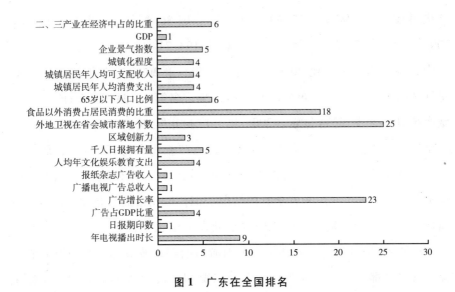

图1 广东在全国排名

是外地频道落地少，这可能与粤语方言形成的区域文化的强有力的反弹有关。

广东省的传媒发展特点是环境优良、媒介充分，二者达到了较好的协调。但是广告增长率的低迷也发出了警报，就是说在媒介业竞争激烈、市场开发充分的地区，在社会环境的各项指标已经快接近最高水平的条件下，传媒业如何突破现有水准。作为排名第1的省份，广东模式不仅表征了传媒与环境协调的发展路径，而且肩负着提升整体中国传媒业发展进程的探路者的作用。广东商业文化的发达造就了报业的数次领先试水行为和媒体市场的创新氛围，但商业文化中重视成熟和稳定的盈利模式的一面也导致了领头羊近几年来的动作趋缓，保持可持续的创新是广东传媒业发展的主题。

五 本省主要城市媒介发展描述

广州市是广东省的省会城市，据 CTR 的监测数据显示，该市 2006 年报纸日累计到达率 70%，电视日累计到达率 92%，两种媒体日累计接触比例均接近于全国主要城市平均水平（65.5% 和 92.9%）。2006 年该市报纸广告刊例额为 37.99 亿元，居全国 36 个中心城市第 3 位，比 2005 年增长 6.72%；电视广告刊例额为 194.71 亿元，居监测的全国 35 个中心城市第 1 位，比 2005 年增长 14.95%；2006 年全年该市广告额总计 253.30 亿元，在 36 个被监测城市中排名第 1。另据《2006 年中国城市统计年鉴》资料显示，2005 年，广州市实现 GDP 5154.23 亿元，在全国 35 个城市中名列第 3，全市二、三产业比重为 97.47%，居民可支配收入 18287 元，人均消费支出 14468 元，食品以外消费占总消费的比重为 62.69%。与广东省全省的情况类似，广州市的媒介发展指数的各项指标在全国主要城市的排名中也是处在上游水平，尤其是国内生产总值（GDP）、电视广告收入都位于全国城市前端，城市整体经济发展和社会发展水平都很高，传媒业自身发展状况和发展环境都十分好。长远来看，能够实现传媒业的可持续发展是广州市传媒业发展的长远大计。

深圳市是中国最早开放的经济特区之一，据 CTR 的监测数据显示，该市 2006 年报纸日累计到达率 53%，在全国 32 个中心城市中排名 25；电视日累计到达率 86%，在全国 32 个中心城市中名列第 31。两种媒体日累计接触比例均低于全国主要城市平均水平（65.5% 和 92.9%）。2006 年该市报纸广告刊例额为 14.97 亿元，居全国 36 个中心城市第 8 位，比 2005 年减少 3.72%；电视广告刊例额为 42.86 亿元，居监测的全国 35 个中心城市第 15 位，比 2005 年增长 33.03%；2006 年全年该市广告额总计 71.36 亿元，在 36 个被监测城市中排名 12。另据《2006 年中国城市统计年鉴》资料显示，2005 年，深圳市实现 GDP 4950.91 亿元，在全国 35 个城市中名列第 4，全市二、三产业比重为 99.8%，居民可支配收入 21494 元，人均消费支出 15912 元，食品以外消费占总消费的比重为 66.64%。可以看出，深圳市的媒介发展指数的各项指标在全国主要城市的排名中总体处于中上水平，尤其是居民人均消费支出、城镇居民人均可支配收入和二、三产业在经济结构中占的比重都处于全国城市首位，非常有利的传媒发展环境为深圳市传媒产业的进一步发展提供了必需的物质保证和社会基础。

广西传媒发展指数分析

一 区情分析

广西壮族自治区面积 23.63 万平方公里，2006 年底人口 4719 万，全年实现 GDP 4828.51 亿元。媒介生产能力方面，2005 年全省拥有电台 9 家，电视台 10 家，2006 年拥有报纸 55 份，总印数 246.87 万份；期刊 184 份，平均期印数 241 万册；图书 4455 种，总印数 18916 万册；广播综合人口覆盖率 88.66%，年播出总时长 25.74 万小时；电视综合人口覆盖率 93.45%，年播出总时长 28.87 万小时；网站 9370 个。媒介盈利能力方面，2006 年全省实现广告营业额 14.28 亿元。在全国 31 个省市自治区中，广西的传媒发展指数中总得分为 2.45，名列全国第 27 位，总的来说是比较落后的地区。

下面是分指标分析广西传媒发展指数的各个指标的概况。

二 媒介发展状况

广西传媒发展指数中媒体面的得分为 2.68，在全国位于第 20 位。其中年电视播出时长、报纸期印数、广告占 GDP 的比重、广播电视和报纸杂志的广告收入都处于全国中下游，而 2006 年广告增长率排名较前，处于第 4 位（见表 1）。

表 1　广西媒介发展状况

指标 得分及排名	原始值	标准值	全国排名
年电视播出时长(万小时)	28.87	2.40	22
日报期印数(万份)	153.10	2.50	20
广告占 GDP 比重(%)	0.30	2.57	25
广告增长率(%)	23.71	3.84	4
广播电视广告总收入(亿元)	7.12	2.53	19
报纸杂志广告收入(亿元)	3.34	2.25	26

三 媒介发展环境分析

广西传媒发展指数中环境层面的得分为 2.23，在全国处于第 30 位，相对来说很落后（见表 2）。

表 2　广西媒介发展环境分析

指标　　　　得分及排名	原始值	标准值	全国排名
人均年文化娱乐教育支出(元)	850.90	2.40	22
千人日报拥有量(份)	32.44	2.30	26
区域创新力	21.34	2.41	23
外地卫视在省会城市落地个数	16.30	2.45	24
食品以外消费占居民消费比重(%)	57.90	1.71	28
65岁以下人口比例(%)	91.00	3.00	18
城镇居民年人均消费支出(元)	6791.95	2.33	25
城镇居民年人均可支配收入(元)	9898.75	2.56	16
城镇化程度(%)	34.64	2.22	25
企业景气指数	118.51	1.02	31
GDP(亿元)	4828.51	2.59	16
二、三产业在经济中占的比重(%)	78.60	1.70	30

四 传媒发展指数特征分析

图 1 是广西壮族自治区的媒介发展指数的 18 个指标在全国的排序图。

从图 1 中可以看出广西壮族自治区在媒介方面的发展状况要好于区域环境的发展状况。媒介指标处于中游，尤其是广告增长急速，成长性好；经济水平偏于落后，尤其是经济景气指数和二、三产业在经济中的比重这两项宏观经济环境指标是倒数第 1 和第 2 位。值得注意的是，该地区 GDP 和人均可支配收入还处于中游，涉及消费的三项指标均跌入 20 名以后，说明生活水平整体偏低，用于基本生活保障的投入较多，而收入中用于消费的乃至在文化娱乐教育方面的支出则相对变少。传媒业的进一步发展依赖于生活水准的阶段性跃升，此外，电视业的特色定位也会带来不少增长的活力。

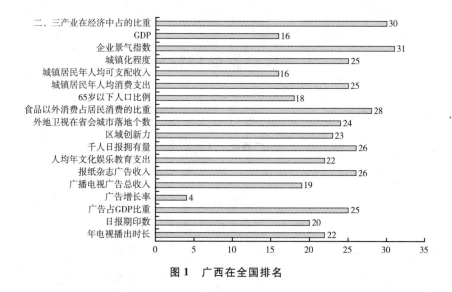

图1　广西在全国排名

五　本区主要城市媒介发展描述

南宁市是广西壮族自治区的政府所在地，据 CTR 的监测数据显示，该市 2006 年报纸日累计到达率 58%，在全国 32 个中心城市中排名 23；电视日累计到达率 94%，在全国 32 个中心城市中名列第 11。2006 年该市报纸广告刊例额为 3.66 亿元，居全国 36 个中心城市第 29 位，比 2005 年增长 17.07%；电视广告刊例额为 35.01 亿元，居监测的全国 35 个中心城市第 21 位，比 2005 年增长 59.64%，两种媒体的广告增幅都很明显，电视媒体更由于卫视改版带来超过 50% 的增长速度，增速为全国城市第 1；2006 年全年该市广告额总计 38.67 亿元，在 36 个被监测城市中排名 22。另据《2006 年中国城市统计年鉴》资料显示，2005 年，南宁市实现 GDP 723.36 亿元，在全国 35 个城市中名列第 29，全市二、三产业比重为 83.45%，居民可支配收入 9203 元，人均消费支出 6883 元，食品以外消费占总消费的比重为 59.63%。可以看出，与广西壮族自治区全区情况类似，南宁市的经济指标在全国主要城市中也是相对落后的，低于全国平均水平，但其电视业的超常规发展也树立了在有限条件下的创新力量的榜样。总的看来，广西地区的媒介发展还有很大潜力待挖掘，要靠加快整体经济发展来带动。

贵州传媒发展指数分析

一 省情分析

贵州省地处西南，在全国属于经济社会发展相对落后的地区，面积17.61万平方公里，2006年底人口3757万，全年实现GDP 2282亿元。媒介生产能力方面，2005年全省拥有电台4家，电视台5家，2006年拥有报纸31份，总印数123.24万份；期刊89份，平均期印数89万册；图书996种，总印数9402万册；广播综合人口覆盖率83.72%，年播出总时长12.38万小时；电视综合人口覆盖率90.65%，年播出总时长28.92万小时；网站4122个。媒介盈利能力方面，2006年全省实现广告营业额7.64亿元。在全国31个省市自治区中，贵州省的传媒发展指数中总得分2.34，名列全国第29位，总的来说是比较落后的地区。

下面是分指标分析贵州省的传媒发展指数的各个指标的概况。

二 媒介发展状况

贵州传媒发展指数中媒体面的得分为2.31，在全国位于第28位。其中日报期印数、报纸杂志广告收入和2006年广告增长率都处于全国下游，只有广告占GDP的比重处于中游。这些与贵州省整体的经济发展速度比较缓慢有关（见表1）。

表1 贵州媒介发展状况

指标 得分及排名	原始值	标准值	全国排名
年电视播出时长（万小时）	28.92	2.40	21
日报期印数（万份）	82.10	2.21	26
广告占GDP比重（%）	0.33	2.63	20
广告增长率（%）	0.00	1.99	27
广播电视广告总收入（亿元）	4.07	2.31	23
报纸杂志广告收入（亿元）	3.72	2.29	25

三 媒介发展环境分析

贵州传媒发展指数中环境层面的得分为 2.38，在全国处于第 28 位，与传媒自身的发展一致（见表 2）。

表 2 贵州媒介发展环境分析

指标 得分及排名	原始值	标准值	全国排名
人均年文化娱乐教育支出(元)	938.37	2.58	17
千人日报拥有量(份)	21.85	2.09	30
区域创新力	18.16	2.15	26
外地卫视在省会城市落地个数	21.50	3.67	9
食品以外消费占居民消费比重(%)	61.30	2.50	22
65 岁以下人口比例(%)	91.90	3.49	12
城镇居民年人均消费支出(元)	6848.39	2.35	24
城镇民民年人均可支配收入(元)	9116.61	2.32	27
城镇化程度(%)	27.46	1.75	31
企业景气指数	119.16	1.11	30
GDP(亿元)	2282.00	2.19	26
二、三产业在经济中占的比重(%)	82.80	2.35	24

四 传媒发展指数特征分析

图 1 是贵州省的媒介发展指数的 18 个指标在全国的排序图。

从图 1 中可以看出贵州省的媒介指标和环境指标都处于全国下游，二者互相制约。城镇化程度低，信息化程度也低；媒体生产能力低下，创收能力也低；经济方面的几项重大指标如 GDP、城镇居民人均可支配收入、人均消费支出、经济景气指数和二、三产业在经济中所占比重等经济层面的指标也很落后，这些又与区域的创新力弱互相影响。只有人口结构较为年轻化。这说明地处西南的贵州省经济发展相对东部地区缓慢，贵州省的媒介发展排名靠后与其整体的经济发展滞后有很大关系，经济滞后影响到媒体业的生产、流通和消费各个环节。

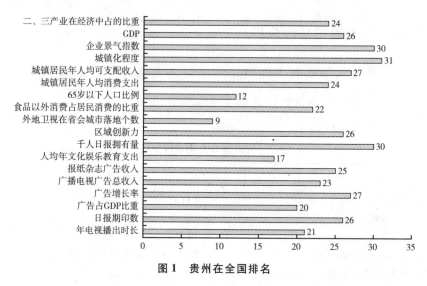

二、三产业在经济中占的比重   24
GDP   26
企业景气指数   30
城镇化程度   31
城镇居民年人均可支配收入   27
城镇居民年人均消费支出   24
65岁以下人口比例   12
食品以外消费占居民消费的比重   22
外地卫视在省会城市落地个数   9
区域创新力   26
千人日报拥有量   30
人均年文化娱乐教育支出   17
报纸杂志广告收入   25
广播电视广告总收入   23
广告增长率   27
广告占GDP比重   20
日报期印数   26
年电视播出时长   21

图1　贵州在全国排名

五　本省主要城市媒介发展描述

贵阳市是贵州省的政府所在地，据 CTR 的监测数据显示，该市 2006 年报纸日累计到达率 50%，在全国 32 个中心城市中排名 28；电视日累计到达率 90%，在全国 32 个中心城市中名列第 26。两种媒体日累计接触比例均低于全国主要城市平均水平（65.5% 和 92.9%）。2006 年该市报纸广告刊例额为 4.81 亿元，居全国 36 个中心城市第 27 位，比 2005 年增长 5.56%；电视广告刊例额为 28.27 亿元，居监测的全国 35 个中心城市第 23 位，比 2005 年增长 29.57%，两种媒体的广告绝对量都处于全国落后位置，但电视广告增幅明显；2006 年全年该市广告额总计 33.11 亿元，在 36 个被监测城市中排名 23。另据《2006 年中国城市统计年鉴》资料显示，2005 年，贵阳市实现 GDP 525.62 亿元，在全国 35 个城市中名列第 32，全市二、三产业比重为 93.34%，居民可支配收入 9928 元，人均消费支出 7693 元，食品以外消费占总消费的比重为 61.71%。可以看出，贵阳的媒介发展指数的主要指标在全国主要城市中也相对落后，低于全国主要城市平均水平，基本上都处于下游，突出特点是报纸日到达率、电视日到达率和 GDP 都处于全国靠末位置，其传媒指数的提升首先应依赖于媒介普及率、接触率的提高。

海南传媒发展指数分析

一　省情分析

海南省位于我国最南端，面积 3.5 万平方公里，2006 年底人口 836 万，全年实现 GDP 1052.85 亿元。媒介生产能力方面，2005 年海南全省电台和电视台数没有统计，2006 年拥有报纸 16 份，总印数 113.55 万份；期刊 40 份，平均期印数 59 万册；图书 1733 种，总印数 4921 万册；广播综合人口覆盖率 96.05%，年播出总时长 9.88 万小时；电视综合人口覆盖率 95%，年播出总时长 7.39 万小时；网站 2238 个。媒介盈利能力方面，2006 年全省实现广告营业额 3.14 亿元。在全国 31 个省市自治区中，海南省的传媒发展指数中总得分为 2.12，名列全国第 31 位。

下面是分指标分析海南省的传媒发展指数的各个指标的概况。

二　媒介发展状况

海南传媒发展指数中媒体面的得分为 2.04，在全国位于最后一位——第 31 位。从媒介的生产到创收都很落后，没有达到基本的盈利规模（见表 1）。

表 1　海南媒介发展状况

指标　　　得分及排名	原始值	标准值	全国排名
年电视播出时长(万小时)	7.39	1.52	29
日报期印数(万份)	55.02	2.10	28
广告占 GDP 比重(%)	0.30	2.58	23
广告增长率(%)	-3.60	1.71	29
广播电视广告总收入(亿元)	2.31	2.18	27
报纸杂志广告收入(亿元)	2.03	2.12	28

三　媒介发展环境分析

海南传媒发展指数中环境层面的得分为 2.20，在全国处于第 31 位，与传媒自身发展状况一样，都处于末位（见表 2）。

表 2　海南媒介发展环境分析

指　　　　标　　得分及排名	原始值	标准值	全国排名
人均年文化娱乐教育支出(元)	791.24	2.28	29
千人日报拥有量(份)	65.81	2.95	10
区域创新力	20.84	2.37	24
外地卫视在省会城市落地个数	13.10	1.70	28
食品以外消费占居民消费比重(%)	56.50	1.39	30
65 岁以下人口比例(%)	91.30	3.16	16
城镇居民年人均消费支出(元)	7126.78	2.47	22
城镇居民年人均可支配收入(元)	9395.13	2.40	22
城镇化程度(%)	46.10	2.98	14
企业景气指数	130.83	2.78	18
GDP(亿元)	1052.85	2.00	28
二、三产业在经济中占的比重(%)	67.30	- 0.04	31

四　传媒发展指数特征分析

图 1 是海南省的媒介发展指数的 18 个指标在全国的排序图。

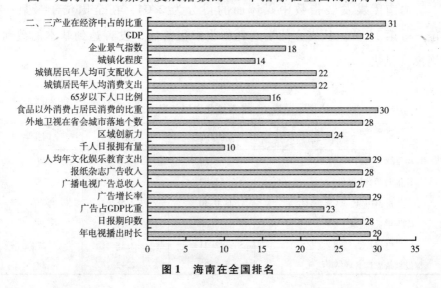

图 1　海南在全国排名

从图 1 中可以看出关于海南省传媒发展 18 项指标中，多数都处于全国的末端，但城镇化程度高、人口较年轻、千人日报拥有量靠前。这些亮点仍无法抵消该地区整体的经济社会欠发达状况。这些与海南的历史变迁和发展模式有关，虽然大规模的建设提高了城镇化程度，但是农业为主的经济结构并未有重大改变，毕竟发展时间较短，地域较小，作为较高层次消费的媒介与文化产业还需要社会环境的成熟和媒介消费意识的积累，经济发展指标的落后也与海南所处的地理位置和总体经济实力不强有很大关系。

五　本省主要城市媒介发展描述

海口市是海南省的政府所在地，据 CTR 的监测数据显示，该市2006 年报纸日累计到达率 49%，在全国 32 个中心城市中排名 29；电视日累计到达率 89%，在全国 32 个中心城市中名列第 28。两种媒体日累计接触比例均低于全国主要城市平均水平（65.5% 和 92.9%）。2006 年该市报纸广告刊例额为 1.64 亿元，居全国 36 个中心城市第 33 位，比2005 年减少 0.13%；电视广告刊例额为 12.64 亿元，居监测的全国 35个中心城市第 30 位，比 2005 年增长 1.15%，两种媒体的广告年度变化幅度较小；2006 年全年该市广告额总计 14.34 亿元，在 36 个被监测城市中排名 30。另据《2006 年中国城市统计年鉴》资料显示，2005 年，海口市实现 GDP 301.35 亿元，在全国 35 个城市中名列第 33，全市二、三产业比重为 92.34%，居民可支配收入 9740 元，人均消费支出 7266元，食品以外消费占总消费的比重为 55.31%。从数据可以看出，海口市的媒介发展水平与当地经济环境在全国都处于落后位置有关。换言之，这是一种整体欠发展的"匹配"。这种媒介发展类型与海南省地域窄，人口少，无法以规模求胜有很大关系。在短期内经济条件和社会发展没有急剧突破的情况下，更多的需要发展较有特色的传媒产业模式。

河北传媒发展指数分析

一 省情分析

河北省是华北地区的大省，面积 19 万平方公里，2006 年底人口 6898 万，全年实现 GDP 11660.43 亿元。媒介生产能力方面，2005 年全省拥有电台 12 家，电视台 12 家，2006 年拥有报纸 66 份，总印数 789.69 万份；期刊 226 份，平均期印数 245 万册；图书 2169 种，总印数 17403 万册；广播综合人口覆盖率 98.63%，年播出总时长 38.12 万小时；电视综合人口覆盖率 98.55%，年播出总时长 66.14 万小时；网站 23765 个。媒介盈利能力方面，2006 年全省实现广告营业额 9.27 亿元。在全国 31 个省市自治区中，河北省的传媒发展指数中总得分为 2.98，名列全国第 11 位，居中上游发展水平。

下面是分指标分析河北省的传媒发展指数的各个指标的概况。

二 媒介发展状况

河北传媒发展指数中媒体面的得分为 3.06，略低于全国平均水平，在全国位于第 11 位。其中年电视播出时长、日报期印数和广播电视广告总收入分别居于第 6、5、9 位，属于上游，但是报纸杂志广告收入和 2006 年广告增长率处于中间偏后，广告占 GDP 比重排名很靠后（见表 1）。

表 1　河北媒介发展状况

指标　　　　　　　得分及排名	原始值	标准值	全国排名
年电视播出时长（万小时）	66.14	3.93	6
日报期印数（万份）	580.94	4.22	5
广告占 GDP 比重（%）	0.08	2.26	31
广告增长率（%）	6.09	2.46	21
广播电视广告总收入（亿元）	14.45	3.07	9
报纸杂志广告收入（亿元）	5.12	2.42	21

三 媒介发展环境分析

河北传媒发展指数中环境层面的得分为 2.89，与媒介面的得分相似，在全国处于第 13 位，与传媒自身发展状况也基本一致，但略微偏后（见表 2）。

表 2　河北媒介发展环境分析

指　标　得分及排名	原始值	标准值	全国排名
人均年文化娱乐教育支出（元）	827.72	2.35	26
千人日报拥有量（份）	84.22	3.31	8
区域创新力	23.47	2.59	17
外地卫视在省会城市落地个数	16.50	2.50	22
食品以外消费占居民消费比重（%）	66.10	3.61	10
65 岁以下人口比例（%）	91.50	3.27	14
城镇居民年人均消费支出（元）	7343.49	2.56	18
城镇居民年人均可支配收入（元）	10304.56	2.68	13
城镇化程度（%）	38.44	2.47	22
企业景气指数	130.91	2.79	17
GDP（亿元）	11660.43	3.66	6
二、三产业在经济中占的比重（%）	86.20	2.87	17

四 传媒发展指数特征分析

图 1 是河北省的媒介发展指数的 18 个指标在全国的排序图。

从图 1 中可以看出河北省的媒介自身发展和经济发展较为匹配，都处于全国的中游水平，与其在中部地区的社会角色和历史地位也较为相符。观察指标可以发现，媒体的生产和创收较好，但增长无力，而广告占 GDP 比重更居倒数第 1，说明媒体业的发展虽然有一定规模，但运营的绩效仍然底下，传媒业的发展模式比较粗放。形成对比的是，该省经济实力较强，GDP 居全国第 6 位，但居民的文化消费包括媒介消费支

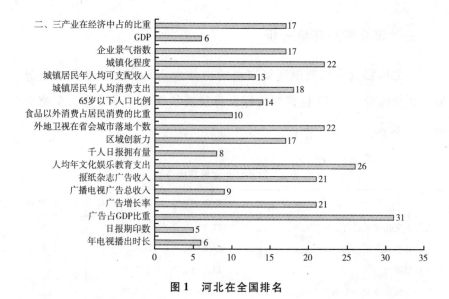

图 1 河北在全国排名

出相对较低，这说明河北省的传媒业革新或许可以从加强传媒产品的人均消费方面来拓展空间。

五 本省主要城市媒介发展描述

石家庄市是河北省的政府所在地，据 CTR 的监测数据显示，该市 2006 年报纸日累计到达率 71%，在全国 32 个中心城市中排名第 10；电视日累计到达率 95%，在全国 32 个中心城市中名列第 6。两种媒体日累计接触比例均高于全国主要城市平均水平（65.5% 和 92.9%）。2006 年该市报纸广告刊例额为 5.61 亿元，居全国 36 个中心城市第 23 位，比 2005 年增长 2.05%；电视广告刊例额为 36.07 亿元，居监测的全国 35 个中心城市第 19 位，比 2005 年增长 14.27%；2006 年全年该市广告额总计 44.77 亿元，在 36 个被监测城市中排名 21。另据《2006 年中国城市统计年鉴》资料显示，2005 年，石家庄市实现 GDP 1786.78 亿元，在全国 35 个城市中名列第 17，全市二、三产业比重为 86.14%，居民可支配收入 10040 元，人均消费支出 7261 元，食品以外消费占总消费的比重为 63.60%。可以看出，石家庄市的媒介发展指数的各项指标在全国主要城市的排名中基本上处于中游，电视到达率和报纸到达率等指标高于全国平均值，比较靠前，但是城镇居民人均可支配收入、人均消费支出和二、三产业在经济结构中占的比重都低于全国平均值，排名落后于该市处于中上游的 GDP 排名。这说明河北省在居民的文化消费包括媒介消费方面有很大的潜力可挖掘，应在发展经济的同时注意产业结构和居民消费结构的调整，使传媒业在自身加速发展的同时为全省经济的良性发展提供动力和支持。

河南传媒发展指数分析

一 省情分析

河南省是我国中部的第一人口大省，面积 16.7 万平方公里，2006 年底人口 9392 万，全年实现 GDP 12495.97 亿元。媒介生产能力方面，2005 年全省拥有电台 18 家，电视台 20 家，2006 年拥有报纸 79 份，总印数 887.22 万份；期刊 244 份，平均期印数 487 万册；图书 3460 种，总印数 31986 万册；广播综合人口覆盖率 96.51%，年播出总时长 59.16 万小时；电视综合人口覆盖率 96.42%，年播出总时长 81.02 万小时；网站 15327 个。媒介盈利能力方面，2006 年全省实现广告营业额 23.45 亿元。在全国 31 个省市自治区中，河南的传媒发展指数中总得分 2.98，名列全国第 10 位，居中上游发展水平。

下面是分指标分析河南省的传媒发展指数的各个指标的概况。

二 媒介发展状况

河南传媒发展指数中媒体面的得分为 3.14，高于全国平均水平，在全国位于第 10 位。其中年电视播出时长位居全国第 1，日报期印数在第 6 位，生产能力较强；广播电视广告总收入和报纸杂志广告收入都居于中游，盈利能力中等；广告占 GDP 的比重和 2006 年广告增长率分列 27、26 位，比较靠后，媒体增长缓慢，且开发程度低（见表 1）。

三 媒介发展环境分析

河南传媒发展指数中环境层面的得分为 2.81，略低于全国平均水平，在全国处于第 17 位，相对于传媒自身发展状况，传媒发展的环境得分排名偏后。发展环境中的亮点是 GDP 和消费结构。但消费结构中

表 1 河南媒介发展状况

指标＼得分及排名	原始值	标准值	全国排名
年电视播出时长(万小时)	81.02	4.55	1
日报期印数(万份)	528.55	4.01	6
广告占 GDP 比重(%)	0.19	2.42	27
广告增长率(%)	2.12	2.15	26
广播电视广告总收入(亿元)	13.61	3.01	11
报纸杂志广告收入(亿元)	8.29	2.72	14

食物之外的消费投入在文化消费领域的并不多，文化产品的吸引力和文化消费的习惯仍需改善（见表2）。

表 2 河南媒介发展环境分析

指标＼得分及排名	原始值	标准值	全国排名
人均年文化娱乐教育支出(元)	847.12	2.39	23
千人日报拥有量(份)	56.28	2.76	13
区域创新力	23.30	2.58	19
外地卫视在省会城市落地个数	17.80	2.81	15
食品以外消费占居民消费比重(%)	66.90	3.80	6
65 岁以下人口比例(%)	91.90	3.49	10
城镇居民年人均消费支出(元)	6685.18	2.28	27
城镇居民年人均可支配收入(元)	9810.26	2.53	17
城镇化程度(%)	32.47	2.08	27
企业景气指数	130.47	2.72	21
GDP(亿元)	12495.97	3.79	5
二、三产业在经济中占的比重(%)	83.60	2.47	21

四 传媒发展指数特征分析

图 1 是河南省的媒介发展指数的 18 个指标在全国的排序图。

从图 1 中可以看出河南省的媒介实力和环境水平均处于中等，但媒介的发展水平相对优势更大一些。媒体的生产能力和创收能力好，但增

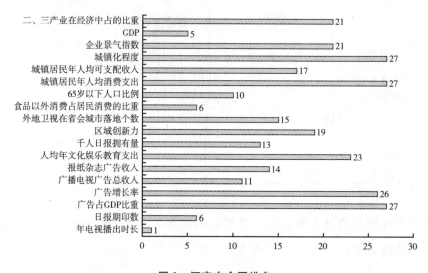

图1　河南在全国排名

长缓慢；环境方面是总量优势，但有人均文化娱乐教育支出、城镇居民人均消费支出、人均可支配收入、城镇化程度都比较落后。说明河南的传媒整体发展不落后，但是由于人口众多，经济绩效的人均指标削弱了整体优势，体现在居民个体上，就是个人媒介消费能力的制约因素对媒介业的发展会有较大影响。

五　本省主要城市媒介发展描述

郑州市是河南省的政府所在地，据 CTR 的监测数据显示，该市2006 年报纸日累计到达率 64%，在全国 32 个中心城市中排名 17；电视日累计到达率 83%，在全国 32 个中心城市中名列第 32。两种媒体日累计接触比例均低于全国主要城市平均水平（65.5% 和 92.9%）。2006 年该市报纸广告刊例额为 6.80 亿元，居全国 36 个中心城市第 22 位，比2005 年增长 21.61%；电视广告刊例额为 39.36 亿元，居监测的全国 35个中心城市第 17 位，比 2005 年增长 19.09%，两种媒体的广告都呈现出强劲的增势；2006 年全年该市广告额总计 52.96 亿元，在 36 个被监测城市中排名第 17。另据《2006 年中国城市统计年鉴》资料显示，

2005 年，郑州市实现 GDP 1660.60 亿元，在全国 35 个城市中名列第 19，全市二、三产业比重为 95.64%，居民可支配收入 10640 元，人均消费支出 7223 元，食品以外消费占总消费的比重为 65.79%。郑州市的媒介发展与经济发展之间较为平衡，绝对量和增幅都处于全国中游，需要注意的是居民人均消费支出和人均可支配收入比较少，传媒业能否继续保持稳定的增长取决于其消费结构的变化，这个变化的快慢影响到郑州市传媒业增长的持续性。

江苏省传媒发展指数分析

一 省情分析

江苏省面积 10.26 万平方公里，2006 年底人口 7550 万，全年实现 GDP 21645.08 亿元。媒介生产能力方面，2005 年江苏全省拥有电台 14 家，电视台 14 家，2006 年拥有报纸 80 份，总印数 966.88 万份；期刊 439 份，平均期印数 436 万册；图书 9539 种，总印数 47383 万册；广播综合人口覆盖率 99.86%，广播播出总时长 65.58 万小时；电视综合人口覆盖率 99.88%，电视播出总时长 73.2 万小时。媒介盈利能力方面，2006 年全省广告经营额 126.04 亿元。在全国 31 个省市自治区传媒发展指数中总得分 3.85，名列全国第 5 位，处于较先进的水平。

下面是分指标分析江苏传媒发展指数的各个指标的概况。

二 媒介发展状况

江苏传媒发展指数中媒体面的得分为 4.30，在全国位于第 2 位。江苏省是全国经济大省，也是人口大省，所以传媒消费市场规模较大，传媒产业发展的各项指标也因此都比较靠前。生产能力方面，电视播出时长和日报期印数分别排在全国第 4 位和第 3 位；而盈利能力方面，广播电视广告收入排在全国第 2 位，报纸杂志广告收入排在第 4 位，这些指标都与江苏的大省的地位相符。两个复合指标，即广告占 GDP 的比重和广告增长率方面的表现状况并不一致，前者跟其他指标比相对靠后，在全国排在第 8 位，说明其广告开发方面还有进一步提升的空间；而广告增长率高，在全国排名第 3，表明江苏传媒产业的发展速度快，这两个指标的表现都说明，江苏的传媒市场仍然有很大的发展空间，未来的市场潜力很大（见表 1）。

表 1 江苏媒介发展状况

指标 \ 得分及排名	原始值	标准值	全国排名
年电视播出时长(万小时)	73.20	4.22	4
日报期印数(万份)	654.11	4.52	3
广告占 GDP 比重(%)	0.58	2.99	8
广告增长率(%)	39.07	5.03	3
广播电视广告总收入(亿元)	40.02	4.96	2
报纸杂志广告收入(亿元)	22.35	4.07	4

三 媒介发展环境分析

江苏传媒发展指数中环境层面的得分为 3.40，在全国处于第 7 位，各项指标在全国的排名差异较大。其中 GDP、创新能力、人均文化娱乐教育支出 3 项指标排在全国前 5 位，说明整体经济和社会环境条件好，有利于传媒产业的发展；但食品以外消费占居民消费的比重、65 岁以下人口比例的排名相对于其他指标来说有些偏后，这是对传媒产业发展不利的一些因素，尤其是外地卫视在省会城市落地个数这个指标，在全国排名最后，表明媒体发展保守，这虽然在短期内能使本地媒体的优势凸现，但从长期来说不利于竞争力的提升（见表 2）。

表 2 江苏媒介发展环境分析

指标 \ 得分及排名	原始值	标准值	全国排名
人均年文化娱乐教育支出(元)	1467.36	3.68	5
千人日报拥有量(份)	86.64	3.35	7
区域创新力	48.41	4.70	4
外地卫视在省会城市落地个数	9.70	0.91	31
食品以外消费占居民消费比重(%)	64.00	3.12	17
65 岁以下人口比例(%)	88.90	1.87	27
城镇居民年人均消费支出(元)	9628.59	3.51	7
城镇居民年人均可支配收入(元)	14084.26	3.83	6
城镇化程度(%)	51.90	3.36	9
企业景气指数	134.52	3.30	11
GDP(亿元)	21645.08	5.21	3
二、三产业在经济中占的比重(%)	92.90	3.91	7

四 传媒发展指数特征分析

图 1 是江苏省的媒介发展指数的 18 个指标在全国的排序图。

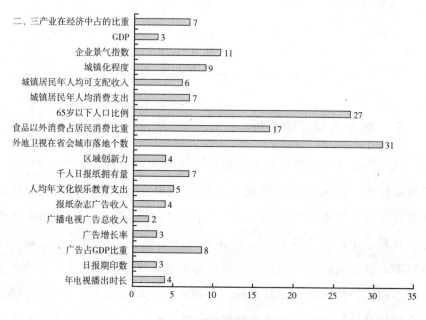

二、三产业在经济中占的比重 7
GDP 3
企业景气指数 11
城镇化程度 9
城镇居民年人均可支配收入 6
城镇居民年人均消费支出 7
65岁以下人口比例 27
食品以外消费占居民消费比重 17
外地卫视在省会城市落地个数 31
区域创新力 4
千人日报纸拥有量 7
人均年文化娱乐教育支出 5
报纸杂志广告收入 4
广播电视广告总收入 2
广告增长率 3
广告占GDP比重 8
日报期印数 3
年电视播出时长 4

图 1　江苏在全国排名

如图 1 所示，江苏传媒产业发展的特点如下：经济社会环境有利于传媒产业的发展，传媒产业本身也比较发达，传媒产业与宏观环境之间已经形成了良好的互动；传媒业不同部门之间的发展比较均衡，即广电媒体与报刊媒体的各项指标在全国的排名比较相当。但江苏省的社会指标有一些结构性的弱势将是未来需要加以应对的，比如老龄化形势较为严峻和居民消费结构中非食物性消费比重较低，这对于该省未来的传媒发展取向与创新有可能产生限制，并有可能对该省传媒在全国的影响力产生一定影响。

未来江苏媒介业的发展空间更大程度上取决于经济状况的进一步提升和社会结构的良性调整，而这需要一定的周期。因此，未来一段时间内，江苏传媒产业的进步都将依赖于行业自身的创新，江苏有多个经济较发达的城市及地区，容易产生极具发展潜力及地方影响力的地市级媒体，整合本省内部传媒结构、增强省际间媒体的合作、提高本地媒体辐射力，将有助于江苏省传媒业在现有的良好环境中获得更加全面长远的发展。

五 本省主要城市媒介发展描述

南京市是江苏省的政府所在地，也是该省传媒产业最发达的城市，据 CTR 的监测数据显示，该市 2006 年报纸日累计到达率 88%，电视日累计到达率 93%，两种媒体日累计接触比例均高于全国主要城市平均水平（65.5% 和 92.9%）。2006 年该市报纸广告刊例额为 22.42 亿元，居全国 36 个中心城市第 4 位，比 2005 年下降 1.7%；电视广告刊例额为 75.91 亿元，居监测的全国 35 个中心城市第 5 位，比 2005 年增长 35.96%，相对于报纸广告收入的下降态势，电视广告增幅明显；2006 年全年该市广告额总计 103.5 亿元，在 36 个被监测城市中排名第 5。另据《2006 年中国城市统计年鉴》资料显示，2005 年，南京市实现 GDP 2411.11 亿元，在全国 35 个城市中名列第 10，全市二、三产业比重为 96.68%，居民可支配收入 12319 元，人均消费支出 8622 元，食品以外消费占总消费的比重为 62.82%，跟该市的 GDP 相比，产业结构、消费支出状况等方面的指标要落后一些，但总体来说，南京市传媒发展指数各项指标状况较好，在全国排名比较靠前，传媒产业发展状况良好。

内蒙古自治区传媒发展指数分析

一 区情分析

内蒙古自治区面积 118 万平方公里，2006 年底人口 2397 万，全年实现 GDP 4791.48 亿元。媒介生产能力方面，2005 年内蒙古自治区拥有电台 13 家，电视台 14 家，2006 年报纸 61 份，总印数 144.32 万份；期刊 148 份，平均期印数 79 万册；图书 2497 种，总印数 8404 万册；广播综合人口覆盖率 92.84%，年播出时长 52.71 万小时；电视综合人口覆盖率 91.23%，年播出时长 55.21 万小时；网站 4590 个。媒介经营收入方面，2006 年全区广告经营额 4.55 亿元。在全国 31 个省市自治区传媒发展指数中总得分为 2.88，全国名列第 14 位，处于中游。

下面是分指标分析内蒙古自治区的传媒发展指数的各个指标的概况。

二 媒介发展状况

内蒙古自治区传媒发展指数中媒体面的得分为 2.62，在全国位于第 24 位，传媒产业发展状况比较落后。内容生产能力方面，电视播出时长排名全国 14，在全国处于中上游位置，但日报期印数在全国排名相对靠后，排在全国倒数第 5；盈利能力方面，报纸杂志广告收入、广播电视广告收入、广告占 GDP 的比重等多项指标在全国的排名都比较靠后，说明内蒙古的广告基础比较薄弱，但是值得注意的是其广告增长率在全国排名第 6，说明其发展势头良好（见表 1）。

三 媒介发展环境分析

内蒙古自治区传媒发展指数中环境层面的得分为 3.14，在全国处于第 8 位。从表 2 可以看出，内蒙古的城镇居民消费结构和企业景气状

表1 内蒙古媒介发展状况

指 标 得分及排名	原始值	标准值	全国排名
年电视播出时长(小时)	55.21	3.48	14
日报期印数(万份)	59.47	2.12	27
广告占 GDP 比重(%)	0.09	2.28	29
2006 年广告增长率(%)	19.06	3.47	6
广播电视广告总收入(亿元)	2.55	2.20	25
报纸杂志广告收入(亿元)	2.21	2.14	27

况都很好，说明传媒市场的发展有着较好的物质基础和潜在空间，其他多项指标在全国处于中等水平，如消费状况、城镇化程度等，也为传媒产业的发展提供了有利的条件。但 GDP 发展水平、第二、三产业比重、区域创新力与其他指标比还比较落后，成为传媒产业发展的现实掣肘，这突出表现在与传媒产业直接相关的千人日报拥有量这个指标上，2006年内蒙古的千人日报拥有量为 24.81 份，在全国排名 29 位，是该自治区排名最靠后的一个指标。

表2 内蒙古媒介发展环境分析

指 标 得分及排名	原始值	标准值	全国排名
人均年文化娱乐教育支出(元)	1052.65	2.82	12
千人日报拥有量(份)	24.81	2.14	29
区域创新力	22.61	2.52	20
外地卫视在省会城市落地个数	20.6	3.46	12
食品以外消费占居民消费比重(%)	69.7	4.44	1
65 岁以下人口比例(%)	92.2	3.65	9
城镇居民年人均消费支出(元)	7666.61	2.69	12
城镇居民年人均可支配收入(元)	10357.99	2.69	12
城镇化程度(%)	48.64	3.15	10
企业景气指数	143.55	4.58	3
GDP(亿元)	4791.48	2.59	17
二、三产业在经济中占的比重(%)	86.4	2.90	16

四 传媒发展指数特征分析

图 1 是内蒙古自治区的媒介发展指数的 18 个指标在全国的排序图。

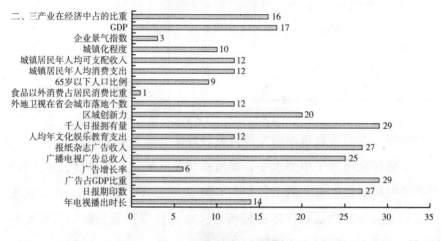

图 1 内蒙古在全国排名

从图 1 中可以看出内蒙古自治区在广告增长率和经济发展等相关指标上处于全国中上游，而在广告占 GDP 中的比重、广告绝对收入，千人日报拥有量等方面仍较为落后。说明内蒙古自治区传媒产业发展势头很好，但是由于经济文化的基础非常薄弱，内蒙古传媒产业的发展还面临着很多困难。

五 本区主要城市媒介发展描述

呼和浩特市是内蒙古自治区的政府所在地，也是该区一个传媒产业发达的城市。据 CTR 的监测数据显示，该市 2006 年报纸广告刊例额为 1.09 亿元，居全国 36 个中心城市第 34 位，但是与 2005 年相比，增长较快，增幅高达 86.47%；电视广告刊例额为 12.75 亿元，居监测的全国 35 个中心城市第 29 位，比 2005 年增长 16.34%；2006 年全年该市广告额总计 14.08 亿元，在 36 个被监测城市中排名第 31，广告经营状况在全国比较靠后。另据《2006 年中国城市统计年鉴》资料显示，2005

年，呼和浩特市实现 GDP 743.66 亿元，在全国 35 个城市中名列第 28，全市二、三产业比重为 93.66%，居民可支配收入 12150 元，人均消费支出 8768 元，食品以外消费占总消费的比重为 66.93%，跟该区的 GDP 相比，产业结构、消费支出状况等方面的指标要靠前一些，分别排在全国 14 位以前，食品外消费支出在整个消费支出中的结构更是排在全国第 5。总体来说，呼和浩特市的一些社会环境方面的指标发展尚可，有利于传媒产业的发展，但是经济基础较差，传媒产业的发展缺乏现实的空间，因此，传媒产业的发展状况落后。

宁夏回族自治区传媒发展指数分析

一 区情分析

宁夏面积 6.6 万平方公里，2006 年底人口 604 万，全年实现 GDP 710.76亿元。媒介生产能力方面，2005 年宁夏全区拥有电台 2 家，电视台 3 家，2006 年拥有报纸 15 份，总印数 48.23 万份；期刊 34 份，平均期印数 23 万册；图书 553 种，总印数 1451 万册；广播综合人口覆盖率 91.42%，年播出总时长 9.59 万小时；电视综合人口覆盖率 93.47%，年播出总时长 12.17 万小时；网站 3409 个。媒介盈利能力方面，2006 年全区广告经营额 2.46 亿元。在全国 31 个省市自治区传媒发展指数中总得分为 2.45，全国名列第 28 位，处于下游。

下面是分指标分析宁夏回族自治区的传媒发展指数的各个指标的概况。

二 媒介发展状况

宁夏传媒发展指数中媒体面的得分 2.12，在全国位于第 30 位。其各项指标在全国的排名都非常靠后，除广告占 GDP 的比重在全国排名 18 位，处于中游水平以外，其他指标都排在 25 名以后，说明宁夏回族自治区的传媒产业发展状况不容乐观（见表 1）。

表 1　宁夏媒介发展状况

指标　得分及排名	原始值	标准值	全国排名
年电视播出时长(万小时)	12.17	1.71	27
日报期印数(万份)	25.18	1.98	29
广告占 GDP 比重(%)	0.34	2.65	18
广告增长率(%)	2.65	2.19	25
广播电视广告总收入(亿元)	1.39	2.11	29
报纸杂志广告收入(亿元)	1.41	2.07	30

三　媒介发展环境分析

宁夏传媒发展指数中环境层面的得分为 2.79，在全国处于第 19 位，与传媒自身发展状况类似，传媒发展环境方面的大部分指标在全国的排名也处于下游，但是宁夏也有一些发展状况相对好一些的指标，如人口结构、城镇化程度、消费结构等，这些会在一定程度上促进传媒产业的发展（见表 2）。

表 2　宁夏媒介发展环境分析

指标　　得分及排名	原始值	标准值	全国排名
人均年文化娱乐教育支出(元)	846.72	2.39	24
千人日报拥有量(份)	41.68	2.48	21
区域创新力	16.95	2.04	28
外地卫视在省会城市落地个数	21	3.55	10
食品以外消费占居民消费比重(%)	66.1	3.61	9
65 岁以下人口比例(%)	94	4.61	1
城镇居民年人均消费支出(元)	7205.57	2.45	20
城镇居民年人均可支配收入(元)	9177.26	2.34	26
城镇化程度(%)	43	2.77	17
企业景气指数	124.74	1.91	29
GDP(亿元)	710.76	1.93	29
二、三产业在经济中占的比重(%)	88.8	3.27	12

四　传媒发展指数特征分析

图 1 是宁夏的媒介发展指数的 18 个指标在全国的排序图。

从图 1 中可以看出，宁夏的传媒产业发展落后，经济也比较贫困，各类经济发展、媒介发展指标排名大都排在全国下游。说明宁夏亟须经济的发展，改善媒介生态环境的任务艰巨；同时也应该注意到，宁夏传媒产业环境的总体排名比传媒产业自身发展状况的总体排名靠前，环境层面的部分指标排名相对靠前，为传媒产业发展提供了一些有利条件，

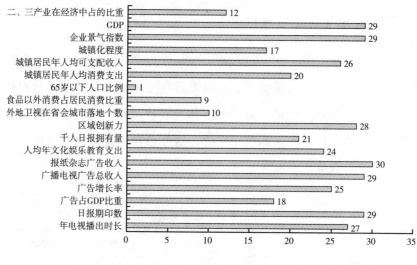

图1　宁夏在全国排名

因此媒体产业自身应该充分利用这些条件，进行多方面的改革和探索，打开发展局面。

五　本区主要城市媒介发展描述

从宁夏的政府所在地银川的传媒产业发展看，在全国各中心城市中也很落后。2006年报纸的广告刊例额为6693万元，并且处于下降趋势，比2005年下降27.66%；相比较报纸而言，电视广告的表现稍好，2006年刊例额为10.69亿，但也处于下降趋势，比2005年下降9.1%；2006年全年的广告额为13.36亿。另据《2006年中国城市统计年鉴》资料显示，2005年，银川市实现GDP 288.50亿元，在全国35个城市中名列第34，全市二、三产业比重为93.4%，居民可支配收入8852元，人均消费支出7311元，食品以外消费占总消费的比重为64.23%。总体来说，银川市的一些社会环境方面的指标发展较差，不利于传媒产业的发展，也有一些促进因素，比如产业结构、消费结构等，在全国基本上能排在中等水平。

青海省传媒发展指数分析

一 省情分析

青海面积 72 万平方公里，2006 年底该省有人口 548 万，全年实现
GDP 641.58 亿元。媒介生产能力方面，2005 年青海全省拥有电台 4 家，
电视台 8 家，2006 年拥有报纸 25 份，总印数 21.06 万份；期刊 43 份，
平均期印数 20 万册；图书 571 种，总印数 828 万册；广播综合人口覆
盖率 87.5%，年播出总时长 4.41 万小时；电视综合人口覆盖率 93%，
年播出时长 6.67 万小时，网站 835 个。媒介盈利能力方面，2006 年全
省广告经营额 1.57 亿元。在全国 31 个省市自治区传媒发展指数中总得
分 2.68，全国名列第 24 位，处于下游。

下面是分指标分析青海省的传媒发展指数的各个指标的概况。

二 媒介发展状况

青海传媒发展指数中媒体面的得分 2.56，在全国位于第 26 位。大
部分指标在全国的排名都非常靠后，其中电视播出时长、日报期印数、
广播电视广告收入、报纸杂志广告收入 4 个指标都排在全国最后 3 位；
但是广告的增长率很高，排在全国第 2 位，这说明青海省的传媒产业虽
然发展基础差，但是这种现状正在好转（见表 1）。

表 1　青海媒介发展状况

指　标　得分及排名	原始值	标准值	全国排名
年电视播出时长（万小时）	6.67	1.49	30
日报期印数（万份）	10.84	1.93	30
广告占 GDP 比重（%）	0.24	2.50	26
广告增长率（%）	42.71	5.31	2
广播电视广告总收入（亿元）	0.29	2.02	30
报纸杂志广告收入（亿元）	1.70	2.09	29

三 媒介发展环境分析

青海传媒发展指数中环境层面的得分为 2.80，在全国处于第 18 位，相对于青海传媒产业自身的发展状况来看，传媒发展的环境得分排名比较靠前。从分项指标的排名可以看出，把青海环境面得分拉高的主要是外地卫视在省会城市落地个数、65 岁以下人口比例、企业景气指数等指标，这些因素说明青海省的社会经济环境方面存在的一些结构性的要素对传媒产业的发展比较有利。除此之外，其他一些指标的得分情况并不乐观，比如 GDP、人均可支配收入、人均消费支出这些直接反映经济水平和消费水平的指标等，青海省在全国的排名都比较靠后，这说明青海省传媒产业发展的环境还需要改善（见表 2）。

表 2 青海媒介发展环境分析

指标 得分及排名	原始值	标准值	全国排名
人均年文化娱乐教育支出(元)	793.72	2.28	28
千人日报拥有量(份)	19.79	2.05	31
区域创新力	15.36	1.91	30
外地卫视在省会城市落地个数	23.9	4.24	4
食品以外消费占居民消费比重(%)	63.8	3.08	18
65 岁以下人口比例(%)	93	4.08	4
城镇居民年人均消费支出(元)	6530.11	2.22	30
城镇居民年人均可支配收入(元)	9000.35	2.28	28
城镇化程度(%)	39.26	2.53	18
企业景气指数	137.02	3.66	9
GDP(亿元)	641.58	1.94	30
二、三产业在经济中占的比重(%)	89.1	3.32	11

四 传媒发展指数特征分析

图 1 是青海的媒介发展指数的 18 个指标在全国的排序图。

从图 1 中可以看出青海省与宁夏类似，位于西部，经济非常贫困，

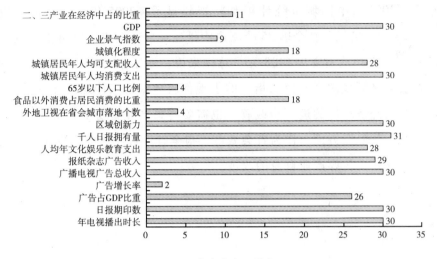

图1　青海在全国排名

传媒产业的发展情况也比较落后，除了65岁以下人口比例、外地卫视在省会城市落地个数、广告增长率等几个指标排名比较靠前外，大部分排在全国中等水平以后，其中更是有7个指标排在全国最后两名。这说明青海省的社会经济条件现在还比较差，与之相适应的媒介产业也不发达，未来青海省的媒介产业发展面临着较大的困境，需要经济社会条件进一步改善和人们的消费水平、广告投放的空间的提高。

五　本省主要城市媒介发展描述

西宁是青海省的政府所在地，西宁市传媒产业也比较落后，其传媒发展指数各项指标在全国的排名均较靠后，根据 CTR 的监测数据，2006 年西宁市报纸刊例额为 2.28 亿，在全国被监测的 36 个城市中排名第 31 位；电视广告刊例额为 6.43 亿元，在全国被监测的 35 个城市中排在最后一位；而且与全省广告额高速增长的趋势相比，西宁市的广告经营呈下降趋势，与 2005 年相比，2006 年的报纸广告和电视广告刊例额分别下降 7.74% 和 16.09%，在全国被监测的城市中均排在最后一名，由此可见西宁市的传媒产业发展极度落后。社会经济环境层面上，

根据《2006 年中国城市统计年鉴》资料显示，2005 年，西宁市实现
GDP 237.57 亿元，在全国 35 个城市中排在最后，全市居民可支配收入
8397 元，人均消费支出 6408 元。总体来说，西宁市一些传媒产业自身
和社会经济环境两个方面的指标的表现都较差，未来传媒产业的发展，
需要社会经济环境的进一步改善，也需要传媒产业自身努力寻求突破，
尤其是广告经营方面，作为省会城市，与全省广告经营增长情况有很大
差距，这需要传媒产业自身的改进。

黑龙江省传媒发展指数分析

一 省情分析

黑龙江省面积 45 万平方公里，2006 年底人口 3823 万，全年实现 GDP 6188.9 亿元。媒介生产能力方面，2005 年黑龙江全省拥有电台 14 家，电视台 14 家，2006 年拥有报纸 72 份，总印数 363.83 万份；期刊 314 份，平均期印数 254 万册；图书 2667 种，总印数 5520 万册；广播综合人口覆盖率 98.53%，年播出总时长 36.76 万小时；电视综合人口覆盖率 98.73%，年播出总时长 61.64 万小时；网站 8353 个。媒介盈利能力方面，2006 年全省实现广告经营额 18.41 亿元。在全国 31 个省市自治区中，黑龙江省的传媒发展指数中总得分 2.81，名列全国第 16 位，处于中等水平。

下面是分指标分析黑龙江省的传媒发展指数的各个指标的概况。

二 媒介发展状况

黑龙江省传媒发展指数中媒体面的得分 2.81，在全国位于第 17 位。其中年电视播出时长在全国处于前列，报纸期印数、广告收入处在中游，从指标排名看，媒介生产能力与媒介盈利能力比较均衡；但是两项复合指标的排名相对落后，其中广告增长率排名 20，广告占 GDP 的比重排名 24，这说明传媒产业的增长态势和对宏观经济的开发程度还比较落后，说明传媒产业的发展潜力很大（见表 1）。

表 1 黑龙江媒介发展状况

指标 得分及排名	原始值	标准值	全国排名
年电视播出时长(万小时)	61.64	3.75	8
日报期印数(万份)	181.78	2.61	16
广告占 GDP 比重(%)	0.30	2.58	24
广告增长率(%)	7.13	2.54	20
广播电视广告总收入(亿元)	10.78	2.80	15
报纸杂志广告收入(亿元)	7.00	2.60	15

三 媒介发展环境分析

黑龙江省传媒发展指数中环境层面的得分为 2.81，在全国处于第 16 位，与媒体发展状况相比，媒介发展环境方面的指数在排名上差异较大。其中城镇化程度、食品以外消费占居民消费的比重等反映社会结构、消费结构的指标排名比较靠前；GDP 和第二、三产业比重、企业景气指数等直接反映宏观经济状况的指标在全国排在中等水平；而人均消费支出、人均可支配收入、人均年文化娱乐教育支出等反映人们生活水平和消费水平的指标在全国的排名则很靠后。总体看来，宏观经济状况从理论上来说，为传媒产业的发展提供了相对好的条件，但是由于受生活水平、消费水平过低的不良影响，这种条件没有实际地体现出来。黑龙江省传媒产业发展环境的改善，有待于人民生活水平、消费水平的改善（见表 2）。

表 2　黑龙江媒介发展环境分析

指标 得分及排名	原始值	标准值	全国排名
人均年文化娱乐教育支出(元)	843.94	2.39	25
千人日报拥有量(份)	47.55	2.59	17
区域创新力	25.26	2.74	14
外地卫视在省会城市落地个数	12.2	1.49	30
食品以外消费占居民消费比重(%)	66.7	3.75	7
65 岁以下人口比例(%)	91.9	3.49	11
城镇居民年人均消费支出(元)	6655.43	2.27	28
城镇居民年人均可支配收入(元)	9182.31	2.34	25
城镇化程度(%)	53.5	3.47	7
企业景气指数	133.84	3.20	12
GDP(亿元)	6188.9	2.8	14
二、三产业在经济中占的比重(%)	88.1	3.17	14

四 传媒发展指数特征分析

图 1 是黑龙江省的媒介发展指数的 18 个指标在全国的排序图。

正如之前的分析，黑龙江省的各指标排名并不均衡，总体来说经济

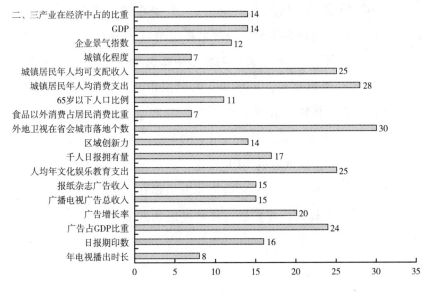

图1 黑龙江在全国排名

发展势头好,但居民的消费水平和生活水平制约了传媒产业的发展;这种影响也可从传媒产业的指标中看出来:黑龙江省的媒介生产能力和广告收入排名都在全国中游,但是广告增长速度缓慢,且广告占 GDP 的比重相对偏低,说明广告发展空间较大。总之,黑龙江省的传媒产业发展的有利条件在于其一些基础条件好,如人口结构、非食物的消费支出、经济景气、城镇化,提升传媒发展水平的任务在于把基础条件的优势转接到传媒业发展上来,增进人们的传媒消费意识和优化传媒产品的收益水平。

五 本省主要城市媒介发展描述

哈尔滨市是黑龙江省的政府所在地,也是该省传媒产业比较发达的城市。据 CTR 的监测数据显示,该市 2006 年报纸日累计到达率 52%,电视日累计到达率 90%,两种媒体日累计接触比例均低于全国主要城市平均水平(65.5% 和 92.9%)。2006 年该市报纸广告刊例额为 9.11亿元,居全国 36 个中心城市第 18 位,比 2005 年增长 17%;电视广告刊例额为 42.43 亿元,居监测的全国 35 个中心城市第 16 位,比 2005 年增长 34.28%,两种媒体的广告增幅都很明显;2006 年全年该市广告额总计 54.77 亿元,在 36 个被监测城市中排名 16。另据《2006 年中国城市统计年鉴》资料显示,2005 年,哈尔滨市实现 GDP 1830.45 亿元,在全国 35 个城市中名列第 16,全市二、三产业比重为 83.61%,居民可支配收入 10065 元,人均消费支出 7897 元,食品以外消费占总消费的比重为 65.59%,跟该省的 GDP 相比,产业结构、消费支出状况等方面的指标要稍微落后一些。未来哈尔滨市的媒介发展依然需要以经济发展作为出发点,并提高传媒发展与经济发展的匹配程度。

湖北省传媒发展指数分析

一 省情分析

湖北省面积 18.59 万平方公里，2006 年底人口 5693 万，全年实现 GDP 7581.32 亿元。媒介生产能力方面，2005 年湖北全省拥有电台 11 家，电视台 12 家，2006 年拥有报纸 74 份，总印数 584.54 万份；期刊 417 份，平均期印数 998 万册；图书 6157 种，总印数 21150 万册；广播综合人口覆盖率 96.29%，年播出总时长 40.29 万小时；电视综合人口覆盖率 96.76%，年播出总时长 58.25 万小时；网站 18554 个。媒介盈利能力方面，2006 年全省实现广告营业额 23.58 亿元。在全国 31 个省市自治区中，湖北省的传媒发展指数总得分 2.78，名列全国第 17 位，处于中等偏下的水平。

下面是分指标分析湖北省的传媒发展指数的各个指标的概况。

二 媒介发展状况

湖北省传媒发展指数中媒体面的得分 2.88，在全国位于第 14 位。湖北省媒介生产能力和媒介广告收入绝对额方面的指标都比较靠前，尤其是报纸产业。日报印数与报纸杂志广告收入都排在全国第 8 位。但是广告增长率与广告占 GDP 的比重两个指标在全国的排名比较靠后，尤其是广告增长方面，2006 年广告收入比 2005 年下降 10.5%，增长率排在全国最后一名。这说明虽然湖北省的传媒发展基础较好，但 2006 年状况不容乐观（见表 1）。

三 媒介发展环境分析

湖北省传媒发展指数中环境层面的得分为 2.68，在全国处于第 22 位。各指标在全国的排名比较均衡，企业景气指数的排在 26 位，是湖

表1 湖北媒介发展状况

指 标 \ 得分及排名	原始值	标准值	全国排名
年电视播出时长(万小时)	58.25	3.61	11
日报期印数(万份)	390.34	3.46	8
广告占GDP比重(%)	0.31	2.60	22
广告增长率(%)	-10.5	1.17	31
广播电视广告总收入(亿元)	12.55	2.93	13
报纸杂志广告收入(亿元)	16.63	3.52	8

北传媒发展环境各指标中排名最靠后的,除此之外其他排名较落后的指标还有食品以外消费占居民消费比重和二、三产业在经济中所占的比重等指标,分别排在全国23位和19位。但是反映整体经济水平的指标GDP和反映人们消费水平的指标人均消费支出、人均文化娱乐教育支出等指标在全国都排在15名以前,这是传媒产业发展的有利因素(见表2)。

表2 湖北媒介发展环境分析

指 标 \ 得分及排名	原始值	标准值	全国排名
人均年文化娱乐教育支出(元)	997.74	2.71	15
千人日报拥有量(份)	68.57	3.00	9
区域创新力	26.92	2.88	13
外地卫视在省会城市落地个数	17.8	2.81	15
食品以外消费占居民消费比重(%)	61.2	2.47	23
65岁以下人口比例(%)	90.2	2.57	21
城镇居民年人均消费支出(元)	7397.32	2.58	15
城镇居民年人均可支配收入(元)	9802.65	2.53	18
城镇化程度(%)	43.8	2.83	15
企业景气指数	125.9	2.07	26
GDP(亿元)	7581.32	3.02	12
二、三产业在经济中占的比重(%)	85	2.69	19

四 传媒发展指数特征分析

图1是湖北省的媒介发展指数的18个指标在全国的排序图。

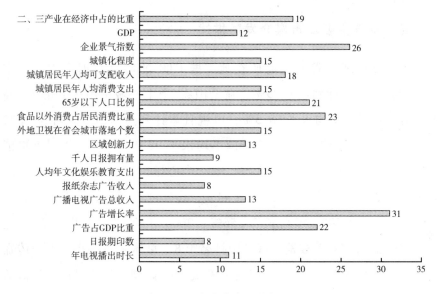

图1　湖北在全国排名

从图1中可以看出湖北省各项指标排名都是中间水平，媒介自身与环境情况比较相符。从整体来说，湖北省传媒产业发展有两大特点：一是传媒产业内部，与电视相比，报纸产业比较发达，与报纸媒体和报纸消费相关的指标在全国的排名相对靠前，比如日报期印数、报纸杂志广告收入分别排在全国第8，千人日报拥有量排在全国第9，这也是该省仅有的3个排进全国前10名的指标；二是与现实相比，未来的增长趋势不容乐观，主要是广告增长率过低，在全国排名最后，而反映对未来经济预期的指标"企业景气指数"在全国的排名也比较靠后，这意味着未来的广告增长情况很可能继续走低。但由于湖北省宏观经济发展态势相对进入一个平稳期，同时由于经济以及媒介发展基础较深厚，传媒本身尚能保持在全国中等偏上的水平。

传媒发展指数与湖北省目前的整体发展有共同的特点，即基于成熟发展模式上的平稳，媒介规模和媒介消费水平均达到了中部地区较好的位置，但缺乏新的增长点，尤其是人口结构的偏老龄化和经济景气的低落，传媒业跨越平稳期的发展需要新的增长模式和创新机制。

五 本省主要城市媒介发展描述

武汉市是湖北省的政府所在地。据 CTR 的监测数据显示，该市 2006 年报纸日累计到达率 75%，在全国 32 个中心城市中排名第 7，高于全国主要城市平均水平 65.5%；电视日累计到达率 90%，在全国 32 个中心城市中名列第 24，低于全国平均水平 92.9%。2006 年该市报纸广告刊例额为 20.48 亿元，居全国 36 个中心城市第 5 位，比 2005 年增加 3.06%；电视广告刊例额为 56.41 亿元，居监测的全国 35 个中心城市第 10 位，比 2005 年增长 25.56%；2006 年全年该市广告额总计 91.39 亿元，在 36 个被检测城市中排名第 8。总体来说，武汉市的传媒产业发展水平高于全省的发展水平，但是具有跟湖北省传媒产业类似的特点，即报纸的发展状况要优于电视的发展状况。另据《2006 年中国城市统计年鉴》资料显示，2005 年，武汉市实现 GDP 2238 亿元，在全国 35 个城市中名列第 12，全市二、三产业比重为 95.10%，居民可支配收入 10850 元，人均消费支出 8234 元，食品以外消费占总消费的比重为 61.23%，跟 GDP 相比，武汉市的产业结构、消费支出状况等方面的指标要落后一些，但总体来说，其传媒发展指数各项指标状况较好，在全国排名比较中等偏前。

湖南省传媒发展指数分析

一 省情分析

湖南省面积 21.19 万平方公里，2006 年底人口 6342 万，全年全省实现 GDP 7568.89 亿元。媒介生产能力方面，2005 年全省拥有电台 13 家，电视台 15 家，2006 年拥有报纸 50 份，总印数 456.36 万份；期刊 246 份，平均期印数 481 万册；图书 4102 种，总印册 27921 万册；广播综合人口覆盖率 88.38%，年播出时长 30.57 万小时；电视综合人口覆盖率 94.01%，年总播出时长 72.55 万小时；网站 12447 个。媒介盈利能力方面，2006 年全省实现广告经营额 30.29 亿元。在全国 31 个省市自治区传媒发展指数中总得分 3.15，名列第 9 位。

下面是分指标分析湖南省的传媒发展指数的各个指标的概况。

二 媒介发展状况

湖南省传媒发展指数中媒体面的得分 3.54，位居全国第 7。其中 2006 年广告增长率排名第 1，年电视播出时长、广电广告总收入均进入前 10，湖南电视业取得了令人瞩目的发展，主要上星频道的知名栏目在全国形成了较大影响，为传媒发展指数的良好排名贡献了主要力量。但广告占 GDP 的比重依然较低，从广告市场开发度的角度，湖南传媒业依然具有较大的发展潜力（见表 1）。

表 1 湖南媒介发展状况

指标　　　　得分及排名	原始值	标准值	全国排名
年电视播出时长(万小时)	72.55	4.20	5
日报期印数(万份)	210.13	2.73	15
广告占 GDP 比重(%)	0.40	2.73	16
广告增长率(%)	45.12	5.5	1
广播电视广告总收入(亿元)	20.02	3.48	7
报纸杂志广告收入(亿元)	6.97	2.6	16

三 媒介发展环境分析

湖南省传媒发展指数中环境层面的得分为 2.75，在全国处于第 20 位，相对于传媒自身发展状况，传媒发展的环境得分排名偏后，湖南省传媒业本身对于本省经济发展产生着拉动作用，但如果经济社会环境长期维持现在的这种水平，传媒产业的发展也将缺乏后劲，其长远发展将受到负面影响（见表 2）。

表 2 湖南媒介发展环境分析

指标 得分及排名	原始值	标准值	全国排名
人均年文化娱乐教育支出(元)	1182.18	3.09	11
千人日报拥有量(份)	33.13	2.31	25
区域创新力	25.16	2.74	15
外地卫视在省会城市落地个数	19.40	3.18	13
食品以外消费占居民消费比重(%)	65.10	3.38	13
65 岁以下人口比例(%)	89.40	2.14	24
城镇居民年人均消费支出(元)	8169.30	2.90	10
城镇居民年人均可支配收入(元)	10504.67	2.74	10
城镇化程度(%)	38.71	2.49	20
企业景气指数	130.63	2.74	19
GDP(亿元)	7568.89	3.02	13
二、三产业在经济中占的比重(%)	82.40	2.29	27

四 传媒发展指数特征分析

图 1 是湖南省的媒介发展指数的 18 个指标在全国的排序图。

湖南省传媒产业的发展特点主要有两个方面：传媒产业内部，电视产业的发展要强于报纸产业的发展，报纸各项指标虽排名在中游之前，却明显不具备电视业的优势，湖南的电视媒体与印刷媒体形成了较大的发展差距，传媒业内部的发展不均衡，电视本身易传播、易接收的特点和湖南城市化程度低培育了湘军电视的发达和媒介消费的空间，但代表印刷文化的千人报纸拥有量仍然排名靠后，也说明传媒发展的不成熟。

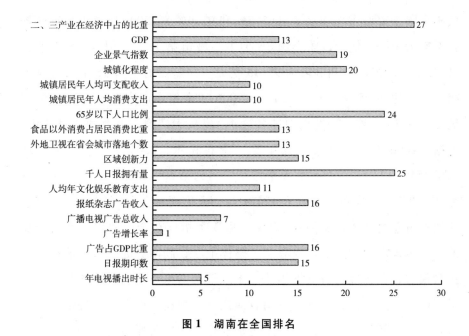

图1 湖南在全国排名

总体而言，湖南省传媒业特别是广电业的发展与该省的经济环境尤其是居民消费习惯密切相关，也日渐成为拉动湖南省经济发展的主要动力之一。

在传媒产业和经济社会环境的关系方面，传媒产业的发展要优于经济社会发展，突出表现在广告增长速度快，广告占 GDP 的比重较高这两个指标上。但湖南省经济社会环境在全国并不落后，GDP、人均消费水平较高，且文娱教育方面的支出较高，这说明湖南省的传媒发展具备较好的经济基础与阅听人基础。尽管如此，未来传媒产业的发展要依赖经济环境的发展。

五 本省主要城市媒介发展描述

长沙市是湖南省的政府所在地，也是湖南省传媒产业最发达的城市，其发展状况如下：据 CTR 的监测数据显示，该市 2006 年报纸日累计到达率 40%，电视日累计到达率 90%，两种媒体日累计接触比例均

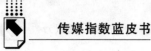

低于全国主要城市平均水平（65.5%和92.9%）。2006年该市报纸广告刊例额为10.87亿元，居全国36个中心城市第13位，比2005年增长11.75%；电视广告刊例额为99.45亿元，居监测的全国35个中心城市第3位，比2005年增长20.31%；2006年全年该市广告额总计116.45亿元，在36个被检测城市中排名第4，仅次于广州、上海和北京3市。另据《2006年中国城市统计年鉴》资料显示，2005年，长沙市实现GDP 1519.9亿元，在全国35个城市中名列第20，全市二、三产业比重为92.50%，居民可支配收入12434元，人均消费支出9660元，食品以外消费占总消费的比重为66.56%，后3个指标在全国的排名都比较靠前，对传媒产业的发展比较有利。整体上看，湖南省的媒介环境在全国排名偏后，但传媒自身发展迅速，本地消费与来自全国各地的收入加速了湖南传媒业的迅猛发展。湖南省应当继续保持广电业的优势地位，着力发展报业及经济环境，以构筑更加稳定坚实的传媒生态结构。

吉林省传媒发展指数分析

一 省情分析

吉林省面积 18.74 万平方公里, 2006 年底人口 2723 万, 全年实现 GDP 4275.12 亿元。媒介生产能力方面, 2005 年吉林全省拥有电台 9 家, 电视台 9 家, 2006 年拥有报纸 50 份, 总印数 317.10 万份; 期刊 236 份, 平均期印数 495 万册; 图书 4800 种, 总印数 13203 万册; 广播综合人口覆盖率 97.59%, 年播出时长 32.50 万小时; 电视综合人口覆盖率 98%, 年总播出时长 38.81 万小时; 网站 7834 个。媒介盈利能力方面, 2006 年全省实现广告经营额 14.98 亿元。在全国 31 个省市自治区传媒发展指数中总得分 2.75, 名列第 18 位。

下面是分指标分析吉林省的传媒发展指数的各个指标的概况。

二 媒介发展状况

吉林省传媒发展指数中媒体面的得分 2.68, 在全国位于第 19 位。各项指标比较均衡, 均处于全国 19 名左右 (见表 1)。

表 1 吉林媒介发展状况

指 标 得分及排名	原始值	标准值	全国排名
年电视播出时长(万小时)	38.81	2.81	18
日报期印数(万份)	150.01	2.49	21
广告占 GDP 比重(%)	0.35	2.65	17
广告增长率(%)	14.02	3.08	16
广播电视广告收入(亿元)	7.29	2.55	18
报纸杂志广告收入(亿元)	6.09	2.51	19

三 媒介发展环境分析

吉林省传媒发展指数中环境层面的得分为 2.82, 在全国处于第 14

位，相对于传媒自身发展状况，传媒发展的环境得分排名偏前。但从各个指标分析，带动环境面得分总体提升的是食品以外消费占居民消费的比重和城镇化程度两个指标，他们均排在全国第8，远高于其他各指标的排名，因此从整体上来说，吉林的经济社会环境条件比较落后，不利于传媒产业的发展（见表2）。

表 2　吉林媒介发展环境分析

指　　标　　　得　分　及　排　名	原始值	标准值	全国排名
人均年文化娱乐教育支出(元)	890.22	2.48	19
千人日报拥有量(份)	55.38	2.74	14
区域创新力	22.41	2.50	21
外地卫视在省会城市落地个数	16.4	2.48	23
食品以外消费占居民消费比重(%)	66.60	3.73	8
65 岁以下人口比例(%)	91.70	3.38	13
城镇居民年人均消费支出(元)	7352.64	2.56	17
城镇居民年人均可支配收入(元)	9775.07	2.52	19
城镇化程度(%)	52.97	3.43	8
企业景气指数	131.86	2.92	16
GDP(亿元)	4275.12	2.51	22
二、三产业在经济中占的比重(%)	84.30	2.58	20

四　传媒发展指数特征分析

图 1 是吉林省的媒介发展指数的 18 个指标在全国的排序图。

吉林省各项指标大多处于全国中游，其中城镇化程度、食品以外消费在消费中所占的比例进入全国前 10，其他大部分指标则分布在中游偏后的水平上。传媒发展指数总得分与传媒环境得分以及传媒自身得分也都是全国中游偏后的水平。由此可见，吉林省的传媒发展在全国位于中等偏后的水平，这与全省的经济环境以及产业结构的落后直接相关，尽管传媒自身尚能保持一定的发展速度，但全省创新能力的弱势及传媒自身影响力的局限将继续限制吉林省传媒业的步伐。在当下有限的宏观

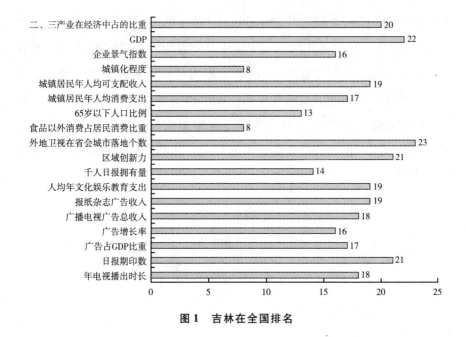

二、三产业在经济中占的比重 20
GDP 22
企业景气指数 16
城镇化程度 8
城镇居民年人均可支配收入 19
城镇居民年人均消费支出 17
65岁以下人口比例 13
食品以外消费占居民消费比重 8
外地卫视在省会城市落地个数 23
区域创新力 21
千人日报拥有量 14
人均年文化娱乐教育支出 19
报纸杂志广告收入 19
广播电视广告总收入 18
广告增长率 16
广告占GDP比重 17
日报期印数 21
年电视播出时长 18

图1 吉林在全国排名

环境中,吉林省传媒产业的发展只有从进一步加速培养知名传媒品牌、创造多元化的收入来源等方面获得机会。未来传媒产业的发展,传媒业的规模和效益的提升,需要以其整体经济状况、产业结构的调整和经济景气的回升为前提。

五　本省主要城市媒介发展描述

长春市是吉林省的政府所在地,据 CTR 的监测数据显示,该市2006 年报纸日累计到达率60%,在全国32 个中心城市中排名21,低于全国平均水平65.5%;电视日累计到达率95%,在全国 32 个中心城市中名列第6,高于全国平均水平92.9%。2006 年该市报纸广告刊例额为5.4 亿元,居全国 36 个中心城市第 25 位,比 2005 年下降 6.41%;电视广告刊例额为 38.18 亿元,居监测的全国 35 个中心城市第 18 位,比2005 年增长 5.23%,跟其他城市比,广告经营的增长比较缓慢;2006年全年该市广告额总计 45.67 亿元,在 36 个被监测城市中排名第 22。另据《2006 年中国城市统计年鉴》资料显示,2005 年,长春市实现

GDP 1678.47 亿元，在全国 35 个城市中名列第 18，全市二、三产业比重为 89.27%，居民可支配收入 10064 元，人均消费支出 8231 元，食品以外消费占总消费的比重为 63.86%。跟吉林市的整体情况类似，长春的传媒经济社会环境层面的指标都排在全国中等偏后的位置，难以为传媒业的发展提供强有力的经济支撑。这种影响反映到传媒产业的发展上，表现为其广告增长率缓慢，未来传媒产业的发展还需要经济状况的改善作为支撑。

辽宁省传媒发展指数分析

一 省情分析

辽宁面积 15 万平方公里，2006 年底人口 4271 万，全年实现 GDP 9251.15亿元。媒介生产能力方面，2005 年辽宁全省拥有电台 15 家，电视台 16 家，2006 年拥有报纸 81 份，总印数 663.38 万份；期刊 322 份，平均期印数 620 万册；图书 5424 种，总印数 11218 万册；广播综合人口覆盖率 98.23%，年播出总时长 69.37 万小时；电视综合覆盖率 98.29%，年总播出时长 64.06 万小时；网站 25787 个。媒介盈利能力方面，2006 年全省广告经营额 51.62 亿元。在全国 31 个省市自治区传媒发展指数中总得分 3.22，名列全国第 8 位，总的来说是较好的地区。

下面是分指标分析辽宁省的传媒发展指数的各个指标的概况。

二 媒介发展状况

辽宁传媒发展指数中媒体面的得分 3.42，在全国处于第 8 位。除广告增长率排名全国中等水平外，其他各项指标的排名都比较靠前，包括广告占 GDP 的比重、年电视播出时长、报纸期印数、电视期刊的广告收入都处于全国第 8 名前后。这说明辽宁省的媒介生产能力和盈利能力的现状都比较好，但是从未来趋势看，增长势头稍有欠缺，该省传媒产业总体特点可以概括为：总量比较发达，但是增长活力有些不足（见表 1）。

三 媒介发展环境分析

辽宁传媒发展指数中环境层面的得分为 3.02，在全国处于第 10 位，相对于传媒自身发展状况各指标表现均衡的状况相比，传媒发展的环境得分有较大差异。环境层面的指标得分主要集中在两个区域，其中

表 1 辽宁媒介发展状况

指标 \ 得分及排名	原始值	标准值	全国排名
年电视播出时长(万小时)	64.06	3.85	7
日报期印数(万份)	399.69	3.49	7
广告占 GDP 比重(%)	0.56	2.96	9
广告增长率(%)	13.37	3.03	18
广播电视广告收入(亿元)	18.37	3.36	8
报纸杂志广告收入(亿元)	20.11	3.86	7

与经济状况相关的各个指标的排名都比较靠前,比如景气指数排名全国第 6、GDP 总量排名全国第 8;但是与社会发展状况相关的一些指标相对落后,尤其是 65 岁以下人口比例、食品以外消费在消费中所占的比重、人均教育文化娱乐支出等指标都排在全国下游。这说明辽宁的经济发展状况为媒体产业的发展提供了较好的环境,但是由于社会老龄化程度高、消费层次比较低,媒体产业又受到了一定程度的抑制(见表 2)。

表 2 辽宁媒介发展环境分析

指标 \ 各省得分及排名	原始值	标准值	全国排名
人均年文化娱乐教育支出(元)	853.92	2.41	21
千人日报拥有量(份)	93.58	3.49	6
区域创新力	32.05	3.32	8
外地卫视在省会城市落地个数	15.5	2.27	25
食品以外消费占居民消费比重(%)	61.2	2.48	24
65 岁以下人口比例(%)	89.4	2.14	25
城镇居民年人均消费支出(元)	7987.49	2.83	11
城镇居民年人均可支配收入(元)	10369.61	2.70	11
城镇化程度(%)	58.99	3.83	5
企业景气指数	140.44	4.14	6
GDP(亿元)	9251.15	3.28	8
二、三产业在经济中占的比重(%)	89.4	3.37	9

四 传媒发展指数特征分析

图 1 是辽宁省的媒介发展指数的 18 个指标在全国的排序图。

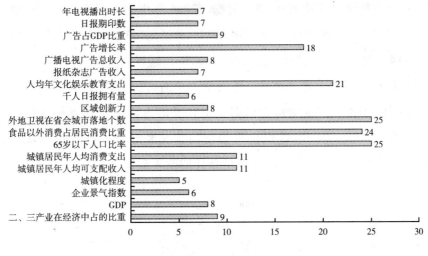

图1 辽宁在全国排名

从图1中可以看出，辽宁省的媒体发展指数的大部分指标表现比较均衡，大都排在全国中上游。但是由于人口结构趋向老龄化，人均文化娱乐教育支出上则较落后，成为辽宁媒体产业发展的瓶颈所在，从媒体面指标显示出的广告增长率低很大程度上应该是这方面的原因造成的，因此辽宁省媒体产业的进一步发展，需要这些方面条件的进一步改善。

五 本省主要城市媒介发展描述

沈阳市是辽宁省政府所在地，该市传媒发展状况如下：据CTR的监测数据显示，该市2006年报纸日累计到达率62%，在全国32个中心城市中排名19，低于全国平均水平65.5%；电视日累计到达率93%，在全国32个中心城市中名列第13，高于全国主要城市平均水平92.9%。2006年该市报纸广告刊例额为12.71亿元，居全国36个中心城市第12位，比2005年增长14.01%；电视广告刊例额为52.85亿元，居监测的全国35个中心城市第11位，比2005年增长28.78%，报纸电视广告额的增长幅度都很快；2006年全年该市广告额总计68.07亿元，

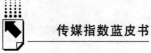

在 36 个被监测城市中排名 13。另据《2006 年中国城市统计年鉴》资料显示，2005 年，沈阳市实现 GDP 2084.13 亿元，在全国 35 个城市中名列第 14，全市二、三产业比重为 93.94%，居民可支配收入 10098 元，人均消费支出 7863 元，食品以外消费占总消费的比重为 63.14%，跟该市的 GDP 相比，产业结构、消费支出状况等方面的指标要稍微落后一些，总体来说，沈阳市传媒自身的发展状况要好于传媒产业环境的发展，未来传媒产业的发展需要环境条件的改善提供动力。

江西传媒发展指数分析

一 省情分析

江西面积 17 万平方公里，2006 年底人口 4339 万，全年江西实现 GDP 4670.53 亿元。媒介生产能力方面，2005 年江西全省拥有电台 12 家，电视台 12 家，2006 年拥有报纸 40 份，总印数 252.61 万份；期刊 162 份，平均期印数 248 万册；图书 2506 种，总印数 15340 万册；广播综合人口覆盖率 94.49%，年播出总时长 32.68 万小时；电视综合人口覆盖率 96.17%，年播出总时长 56.83 万小时，网站 9751 个。在全国 31 个省市自治区传媒发展指数中总得分 2.75，全国名列第 19 位，总的来说是中等偏后的地区。

下面是分指标分析江西省传媒发展指数的各个指标的概况。

二 媒介发展状况

江西传媒发展指数中媒体面的得分 2.85，在全国位于第 15 位。6 个指标反映出了江西传媒产业发展的三个特点：其一，传媒产业发展的量要高于质，表现在其媒介生产能力强于盈利能力，电视年播出时长和日报期印数分别排在全国 13 位和 18 位，而广播电视广告收入和报纸杂志广告收入分别排在全国 20 位和 24 位；其二，电视产业的发展略强于报纸产业的发展；其三，传媒产业的增长趋势好，其中广告增长率排名全国第 8 （见表 1）。

三 媒介发展环境分析

江西传媒发展指数中环境层面的得分为 2.65，在全国处于第 23 位，相对于传媒自身发展状况，传媒发展的环境得分排名偏后，但各项指标之间还比较均衡（见表 2）。

表1　江西媒介发展状况

指标　　得分及排名	原始值	标准值	全国排名
年电视播出时长(万小时)	56.83	3.55	13
日报期印数(万份)	168.19	2.56	18
广告占GDP比重(%)	0.41	2.74	12
广告增长率(%)	17.8	3.37	8
广播电视广告总收入(亿元)	6.95	2.52	20
报纸杂志广告收入(亿元)	4.15	2.33	24

表2　江西媒介发展环境分析

指标　　得分及排名	原始值	标准值	全国排名
人均年文化娱乐教育支出(元)	894.58	2.49	18
千人日报拥有量(份)	38.76	2.42	23
区域创新力	21.9	2.46	22
外地卫视在省会城市落地个数	21.5	3.67	8
食品以外消费占居民消费比重(%)	60.3	2.27	26
65岁以下人口比例(%)	91.5	3.27	14
城镇居民年人均消费支出(元)	6645.54	2.26	29
城镇居民年人均可支配收入(元)	9551.12	2.45	21
城镇化程度(%)	38.63	2.49	21
企业景气指数	132.76	3.05	13
GDP(亿元)	4670.53	2.57	19
二、三产业在经济中占的比重(%)	83.2	2.41	23

四　传媒发展指数特征分析

图1是江西省的媒介发展指数的18个指标在全国的排序图。

从传媒产业与环境面的各个指标来看，各指标的表现相对均衡，但媒体面的各指标要好于环境面的指标，这说明江西的传媒生态整体排名靠后与该区经济基础较弱、发展滞后有关。现在江西省的企业景气指数、人口结构等个别指标在全国的排名比较靠前，有利于促进传媒业发展，但是从根本上提升传媒产业的发展空间，需要经济水平和人民生活水平的提高。

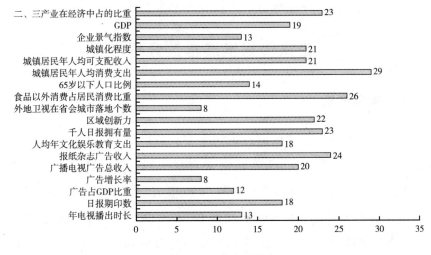

图1 江西在全国排名

五 本省主要城市媒介发展描述

南昌市是江西省政府所在地，该市传媒发展状况如下：据 CTR 的监测数据显示，该市 2006 年报纸日累计到达率 83%，在全国 32 个中心城市中排名第 4；电视日累计到达率 95%，在全国 32 个中心城市中名列第 6（与石家庄、长春、济南并列）；两种媒体日累计接触比例均高于全国主要城市平均水平（65.5% 和 92.9%）。2006 年该市报纸广告刊例额为 5.56 亿元，居全国 36 个中心城市第 24 位，比 2005 年增长 17.94%；电视广告刊例额为 22.96 亿元，居监测的全国 35 个中心城市第 25 位，比 2005 年增长 9.89%，相对于报纸广告收入的强劲增长态势，电视广告增幅偏低；2006 年全年该市广告额总计 28.52 亿元，在 36 个被监测城市中排名第 26。另据《2006 年中国城市统计年鉴》资料显示，2005 年，南昌市实现 GDP 1007.7 亿元，在全国 35 个城市中名列第 24，全市二、三产业比重为 92.8%，居民可支配收入 10301 元，人均消费支出 7064 元，食品以外消费占总消费的比重为 55.22%，总体来说，南昌市的各项指标都排在全国重要城市的中下等水平。虽然该市的报纸和电视日均到达率比较高，但是总体广告收入并不乐观，南昌传媒产业的发展瓶颈，还是在于经济社会发展状况落后。

山东传媒发展指数分析

一 省情分析

山东省位于中国东部沿海、黄河下游，总面积 15.71 万平方公里。2006 年底全省总人口 9309 万，全省有汉、回、满、壮、朝鲜、苗、藏、彝、瑶、白等 56 个民族，2006 年山东实现 GDP 22077.36 亿元。2005 年全省拥有电台 18 家，电视台 18 家，2006 年该省出版报纸 85 份，总印数 902.97 万份；期刊 263 份，平均期印数 431 万册；图书 6122 种，总印数 28637 万册；广播综合人口覆盖率 95.93%，年播出时长 71.84 万小时；电视综合人口覆盖率 96.32%，年播出时长 79.66 万小时；网站 37718 个。媒介盈利能力方面，2006 年全省实现广告营业额 70.89 亿元。在全国 31 个省市自治区传媒发展指数中总得分 3.63，名列全国第 6 位。

下面是分指标分析山东省的传媒发展指数的各个指标的概况。

二 媒介发展状况

山东传媒发展指数中媒体面的得分 3.75，在全国位于第 6 位。由于山东省是全国第 2 人口大省，其媒介内容生产能力较强，排名更为靠前，电视播出时长排名第 2，仅次于河南省，日报期印数排全国第 4，广播电视和报纸杂志的广告收入也分别排在全国第 5、第 6，该省的广播电视相对比平面媒体更为发达。从这些单一指标来看，山东传媒产业的盘子比较大。但是两项复合指标的表现不够理想，广告占 GDP 的比重仅为 0.32%，在全国排名 21，山东强大的经济实力并没有带来相对应的巨大广告创收，当然，也可以说山东省在未来的发展中，广告还有进一步挖掘的空间。该省 2006 年广告增长率 16.01%，在全国的排名为 12。说明山东的广告产业缺乏活力，相对于其经济发展有些滞后（见表 1）。

表1　山东媒介发展状况

指标 各省得分及排名	原始值	标准值	全国排名
年电视播出时长(万小时)	79.66	4.49	2
日报期印数(万份)	604.97	4.32	4
广告占GDP比重(%)	0.32	2.61	21
广告增长率(%)	16.01	3.24	12
广播电视广告总收入(亿元)	25.92	3.92	5
报纸杂志广告收入(亿元)	20.71	3.91	6

三　媒介发展环境分析

山东传媒发展指数中环境层面的得分为3.50，在全国处于第6位，该省的传媒发展指数、媒介面和环境面的得分排名均为第6名，媒介和环境的发展相对比较平衡。但各项指标在全国的排名差异较大。其中GDP、经济景气状况、人均可支配收入和二、三产业的比重、创新能力等指标排名较靠前，特别是GDP和企业经济指数都名列全国第2，说明山东的经济实力强大；但由于山东是农业大省，农业在经济中所占的分量、农村人口在总人口中的比重相对其他经济发达的省份来说还偏大，城镇化率在全国排名处于中等水平，这是山东经济发达，但是传媒产业相对落后的重要原因。因为媒介是和都市化的发展密切相关的（见表2）。

表2　山东媒介发展环境分析

指标 各省得分及排名	原始值	标准值	全国排名
人均年文化娱乐教育支出(元)	1201.97	3.13	10
千人日报拥有量(份)	64.99	2.93	11
区域创新力	37.96	3.81	6
外地卫视在省会城市落地个数	17.50	2.74	19
食品以外消费占居民消费的比重(%)	68.00	4.05	4
65岁以下人口比例(%)	90.40	2.68	20
城镇居民年人均消费支出(元)	8468.40	3.03	9
城镇居民年人均可支配收入(元)	12192.24	3.25	8
城镇化程度(%)	46.10	2.98	13
企业景气指数	143.97	4.65	2
GDP(亿元)	22077.36	5.28	2
二、三产业在经济中占的比重(%)	90.30	3.51	8

四 传媒发展指数特征分析

图 1 是山东的媒介发展指数的 18 个指标在全国的排序图。

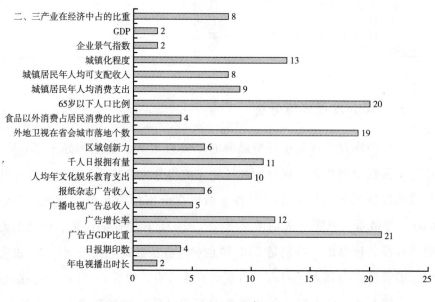

图 1 山东在全国排名

从图 1 中可以看出，山东省传媒发展状况的典型特征是：经济发达，传媒产业也比较发达，但是传媒产业的发达程度要落后于经济的发达程度。与宏观经济相关的指标，如 GDP、企业景气指数、区域创新力、人均消费支出和人均可支配收入等指标，在全国的排名都在前 10 位，尤其是 GDP，在全国排名第 2，仅次于广东省。传媒产业方面，报纸广告收入、广播电视收入、日报期印数、电视播出时长等，在全国的排名在前 6 位，这很大的原因是山东作为全国人口第 2 大省，在媒介生产能力上具有规模优势，但是山东传媒业发展的质量不高，在反映传媒产业和宏观经济关系的一些复合指标方面，如人均文化娱乐教育支出方面、广告占 GDP 的比重方面在全国就排在中等或者下等水平，另外山东省在外地频道的落地数方面排名全国第 19，相对于发达的经济，媒介发展比较封闭。这种情况说明，山东的产业发展环境较好，但是山东省没有很好的利用和开发好这种宏观经济资源，媒介发展还不够充分，传媒产业自身应该充分利用这种优势，内外兼修，争取媒介业进一步的发展。

五 本省主要城市媒介发展描述

济南市是山东省的政府所在地，据 CTR 的监测数据显示，该市 2006 年报纸日累计到达率 82%，在全国 32 个中心城市中排名第 5，电视日累计到达率 95%，在全国 35 个中心城市中名列第 6，报纸电视日累计接触比例高于全国主要城市平均水平（65.5% 和 92.9%）。2006 年该市报纸广告刊例额为 10.46 亿元，居全国 36 个中心城市第 15 位，比 2005 年增长 0.06%，电视广告刊例额为 57.65 亿元，居监测的全国 35 个中心城市第 9 位，比 2005 年增长 34.44%，电视广告绝对额较大，增幅也较快。另据《2006 年中国城市统计年鉴》资料显示，2005 年济南市实现 GDP 1876.61 亿元，在全国 35 个城市中名列第 15，全市二、三产业比重为 92.84%，2005 年居民可支配收入 13578.00 元，人均消费支出 9227.00 元，食品以外消费占总消费的比重为 66.98%。济南市传媒发展指数各项指标状况较好，高于全国主要城市平均水平，济南的传媒产业发展状况在全国也大都高于平均水平。

除省会济南市，青岛是山东省的又一重要城市，国家 5 个计划单列市之一。据 CTR 的监测数据显示，青岛市 2006 年报纸日累计到达率 79%，居全国第 6，电视日累计到达率 91%，位居全国第 22 位，2006 年，报纸的广告刊例额 12.80 亿元，比 2005 年下降 14.46%，在 36 中心城市中排名第 11 位，电视的广告刊例额 14.88 亿元，比 2005 年增长 62.05%，在全国 35 个中心城市中排名第 28 位，从接触率和广告的全国位次比较上看，电视排名都不如报纸，另外考虑到报纸实际广告折扣较电视高（报纸广告折扣一般 4.4 折，而电视广告折扣一般 2 折左右），青岛市的实际报纸广告也比电视广告多，报业经济相对比电视发达。

山西传媒发展指数分析

一 省情分析

山西省位于华北平原以西，黄土高原的东部。全省面积15万多平方公里，2006年底总人口3375万，2006年全省实现GDP 4752.54亿元。2005年山西全省拥有电台9家，电视台11家，2006年该省出版报纸60份，总印数2705.03万份；期刊199份，平均期印数257万册；图书1810种，总印数9337万册；广播综合人口覆盖率92.13%，年播出时长32.30万小时；电视综合人口覆盖率96.34%，年播出时长42.12万小时；网站6766个。媒介经营方面，2006年全省广告经营额16.34亿元。在全国31个省市自治区传媒发展指数中总得分2.87，全国名列第15位，位居全国中等水平。

下面是分指标分析山西省的传媒发展指数的各个指标的概况。

二 媒介发展状况

山西传媒发展指数中媒体面的得分2.69，在全国位于第18位，媒介面的6个指标中，除了广告增长率在全国的排名较前（第13位），其他的5项指标在全国的排名相对靠后，相对于报纸和电视的生产能力，山西省的媒介盈利能力更靠后，说明山西省的媒介盈利能力有待提高。但是可贵的是，山西省的广告增长率相对较快（见表1）。

表1　山西媒介发展状况

指　　标　　各省得分及排名	原始值	标准值	全国排名
年电视播出时长（万小时）	42.12	2.95	17
日报期印数（万份）	176.57	2.59	17
广告占GDP比重（%）	0.34	2.64	19
广告增长率（%）	15.67	3.21	13
广播电视广告总收入（亿元）	5.28	2.40	22
报纸杂志广告收入（亿元）	4.43	2.35	22

三 媒介发展环境分析

山西传媒发展指数中环境层面的得分为 3.05，在全国处于第 9 位，从得分和全国的排名看，相对于媒介自身的发展现状，山西省的媒介发展环境要超前一些。人民生活方面，二、三产业比重和 65 岁以下人口比率在全国的排名都比较靠前，均居第 4 位，但是人均教育文化娱乐消费和千人日报拥有量在全国排名居中，说明该省居民的人均媒介消费水平在全国处于中等，人均消费支出在全国的排名靠后。在经济方面，GDP 和经济景气状况在全国排名中等，但产业结构在全国排名靠前，这些指标的差异化表现说明，山西的媒体产业发展存在很多不确定性，优势劣势并存，各种影响因素的合力最终决定该省传媒产业的发展环境在全国是中等水平（见表2）。

表 2 山西媒介发展环境分析

指标 各省得分及排名	原始值	标准值	全国排名
人均年文化娱乐教育支出(元)	1007.92	2.73	14
千人日报拥有量(份)	52.32	2.68	15
区域创新力	24.18	2.65	16
外地卫视在省会城市落地个数	21.50	3.67	7
食品以外消费占居民消费的比重(%)	68.60	4.19	3
65 岁以下人口比例	93.00	4.08	4
城镇居民年人均消费支出(元)	7170.94	2.48	21
城镇居民年人均可支配收入(元)	10027.70	2.59	15
城镇化程度(%)	43.01	2.78	16
企业景气指数	126.13	2.11	25
GDP(亿元)	4752.54	2.58	18
二、三产业在经济中占的比重(%)	94.20	4.11	4

四 传媒发展指数特征分析

图 1 是山西的媒介发展指数的 18 个指标在全国的排序图。

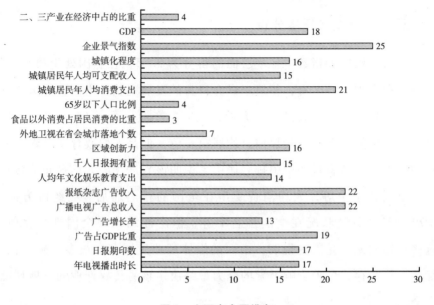

图 1　山西在全国排名

　　山西的传媒产业发展指数构成比较复杂：本省宏观经济欠发达，与宏观经济相关的指标大都排在 16、17 的位次；传媒产业也不发达，与传媒发展相关的指标，大都排在 20 往后的位置。只有广告增长率处在全国中等偏上的水平，还有一些结构化的因素，比如产业结构、消费结构、年龄结构方面山西的排名都比较靠前，对传媒产业发展来说是利好的消息，但是从报纸杂志广告和广电广告看，山西省的媒介盈利能力是比较低下的，媒介质量不高，媒体的开放度方面排名也比较靠前，这可能与山西省自身的媒介发展局限有关。山西省是个内陆偏重工业的省份，传媒业的发展更多的应该和工农业的发展相联系起来，注重发展质量，加强媒介业的经营。

五　本省主要城市媒介发展描述

　　太原市是山西省的政府所在地，也是山西省媒介发展的集中地。据 CTR 监测数据表明，2006 年该市传媒发展的情况如下：报纸的日累计到达率 61%，电视的日累计到达率 92%，报纸和电视的日累计到达率都略低于全国 32 个中心城市的平均水平。2006 年该市报纸广告刊例额为 4.90 亿元，在全国 36 个中心城市位居第 26 位，比 2005 年增长 16.39%；电视广告刊例额 26.68 亿元，在全国 35 个中心城市中位居第 24 位，比 2005 年增长 10.32%。2005 年该市实现 GDP 893.16 亿元，在全国 35 个省会及计划单列市（拉萨市空缺）中排名第 26 位，相对比较靠后。总体看来，太原市的媒介发展现状与该市的宏观经济发展水平比较吻合，都属于欠发达地区，大多低于全国主要城市的平均水平。

陕西传媒发展指数分析

一　省情分析

陕西省位于中国内陆腹地，黄河中游，总面积 20.56 万平方公里，2006 年底全省总人口 3735 万，2006 年全省实现 GDP 4523.74 亿元，2005 年陕西全省拥有电台 9 家，电视台 9 家，2006 年陕西出版报纸 44 份，总印数 243.64 万份；期刊 266 份，平均期印数 366 万册；图书 4675 种，总印数 14983 万册；广播综合人口覆盖率 93.77%，年播出总时长 31.65 万小时；电视综合人口覆盖率 95.18%，年播出时长 50.54 万小时；网站 10867 个。媒介经营方面，2006 年全省广告经营额 3.72 亿元。在全国 31 个省市自治区传媒发展指数中总得分 2.69，全国排名第 22 位，相对比较落后。

下面是分指标分析陕西省的传媒发展指数的各个指标的概况。

二　媒介发展状况

陕西传媒发展指数中媒体面的得分 2.48，在全国位于第 27 位。该省传媒产业的生产和盈利能力处在全国中等水平，但是一些复合指标的排名比较靠后，如广告占 GDP 的比重还不到 1‰，广告呈现 4.40% 的负增长，两者均居全国第 30 位，说明广告发展与经济发展状况不相适应，广告开发并不充分，广告增长缺乏活力（见表 1）。

表 1　陕西媒介发展状况

指标＼得分及排名	原始值	标准值	全国排名
年电视播出时长（万小时）	50.54	3.29	16
日报期印数（万份）	162.36	2.54	19
广告占 GDP 比重（%）	0.08213	2.26	30
广告增长率（%）	-4.40	1.64	30
广播电视广告总收入（亿元）	9.01	2.67	16
报纸杂志广告收入（亿元）	5.71	2.48	20

三 媒介发展环境分析

陕西传媒发展指数中环境面的得分为2.91，在全国处于第12位。从这些指标看，陕西省传媒发展的经济社会环境基本与其传媒自身发展状况相匹配，其中人均文化娱乐教育支出和第二、三产业在经济中的比重、企业景气指数等都处在全国第10，区域创新能力等也处在中上游水平，为传媒产业发展提供了较好的空间（见表2）。

表2　陕西媒介发展环境分析

指标 各省得分及排名	原始值	标准值	全国排名
人均年文化娱乐教育支出(元)	1280.14	3.29	10
千人日报拥有量(份)	43.47	2.51	16
区域创新力	27.27	2.91	11
外地卫视在省会城市落地个数	17.70	2.78	7
食品以外消费占居民消费的比重(%)	65.70	3.52	9
65岁以下人口比例	91.10	3.06	17
城镇居民年人均消费支出(元)	7553.28	2.64	17
城镇居民年人均可支配收入(元)	9267.70	2.36	24
城镇化程度(%)	39.12	2.52	20
企业景气指数	135.14	3.39	10
GDP(亿元)	4523.74	2.54	20
二、三产业在经济中占的比重(%)	89.20	3.34	10

四 传媒发展指数特征分析

图1是陕西的媒介发展指数的18个指标在全国的排序图。

从图1中可以看出陕西省大多数指标在全国处于中游水平，其中，相对于较好的媒体发展的经济社会环境，其媒体自身发展比较落后，媒介业发展的质量不高，尤其值得警惕的是该省媒介发展的两个复合指标

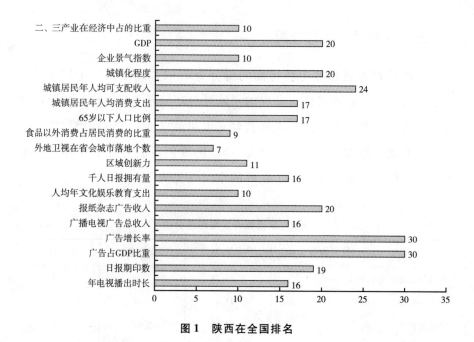

图1 陕西在全国排名

广告开发度和广告增长率皆排名全国倒数第2，可见陕西省传媒业现有的发展潜力还没有充分被挖掘出来，而且传媒产业的发展缺乏活力，需要传媒产业本身做出努力，改变现状。

五 本省主要城市媒介发展描述

西安市是陕西省的政府所在地，该市传媒发展状况如下：从受众对媒介的接触看，2006年报纸的日累计接触率是58%，电视的日累计接触率是91%，两者均低于全国中心城市的平均接触水平。从媒介的盈利能力看，2006年该市报纸广告刊例额为6.82亿元，居全国36个中心城市的第21位，比2005年减少0.49%，电视的广告刊例总额为65.25亿元，居全国35个中心城市的第8位，比2005年增长22.94%，从广告额和增长率都可以看出，西安市的电视媒介比报纸更为发达。

该市传媒发展的环境如下：2005年全市实现GDP 1270.14亿元，

居全国35个省会城市和计划单列市的第22位，比较偏后。总体看来，西安市传媒产业发展与全省情况类似，其中传媒产业本身的发展方面，除电视广告收入以外，其他各项指标均低于全国平均值；产业环境方面，反映经济发达程度的指标，比如GDP、人均可支配收入、人均消费支出等，也低于全国平均水平。这说明西安市的传媒产业环境不好，传媒产业本身也不发达。

上海市传媒发展指数分析

一 市情分析

上海市地处太平洋西岸，亚洲大陆东岸，长江三角洲前缘，东临东海，总面积 0.63 万平方公里。2006 年底全市总人口 1815 万人，全年全市实现 GDP 10366.37 亿元，2005 年上海全市拥有电台 2 家，电视台 3 家，2006 年全市出版报纸 74 份，总印数 814.14 万份；期刊 626 份，平均期印数 1125 万册；图书 18180 种，总印数 25867 万册；广播综合人口覆盖率 100%，年播出总时长 12.97 万小时；电视综合人口覆盖率 100%，年播出时长 15.95 万小时；网站 78982 个。媒介盈利能力方面，2006 年全市实现广告经营额 265.61 亿元。在全国 31 个市自治区传媒发展指数中总得分 4.13，全国名列第 3 位，位居全国前列。

下面是分指标分析上海市的传媒发展指数的各个指标的概况。

二 媒介发展状况

上海市传媒发展指数中媒体面的得分 3.76，在全国位于第 5 位。在传媒产业发展的各项指标中，大部分指标都排在全国前列，只有年电视播出时长和广告增长率的排名靠后，分别是全国第 25、第 28 位。分析原因，前者是因为上海是直辖市，行政单位分层较少，意味着其下属的地方电视台台数少，播出总时长也就相应很少；后者主要是因为上海的广告经营额已经很高，从某种程度上来说，广告经营已经较为成熟和充分，所以增长率自然也就偏低。这两个指标都不能从根本上影响上海传媒产业的整体状况（见表1）。

三 媒介发展环境分析

上海市传媒发展指数中环境层面的得分为 4.49，在全国处于第 2 位，

表1 上海媒介发展状况

指标 各得分及排名	原始值	标准值	全国排名
年电视播出时长(万小时)	15.95	1.87	25
日报期印数(万份)	370.50	3.38	10
广告占GDP比重(%)	2.56	5.88	2
广告增长率(%)	-0.32	1.96	28
广播电视广告总收入(亿元)	38.38	4.84	3
报纸杂志广告收入(亿元)	28.11	4.62	3

发达的经济环境，为传媒产业提供了丰厚的空间，而且环境面的得分和排名均高于媒介面，上海的媒介业应该有更大的发展空间。在传媒产业环境的各项指标中，除了食品以外消费占居民消费的比重和65岁以下人口比例等指标外，其他指标的排名都很靠前。所以，对于上海传媒产业来说，目前需要做的是从制度上创新，使产业发展的空间更加开放，同时上海是一个高度老龄化的社会，要适当调整内容和形式，适应社会老龄化的现状（见表2）。

表2 上海媒介发展环境分析

指标 各得分及排名	原始值	标准值	全国排名
人均年文化娱乐教育支出(元)	2431.74	5.68	2
千人日报拥有量(份)	204.13	5.64	2
区域创新力	56.97	5.42	1
外地卫视在本市落地个数	28.30	5.27	1
食品以外消费占居民消费的比重(%)	64.40	3.22	16
65岁以下人口比例	85.60	0.10	31
城镇居民年人均消费支出(元)	14761.75	5.66	2
城镇居民年人均可支配收入(元)	20667.91	5.82	1
城镇化程度(%)	88.70	5.79	1
企业景气指数	132.55	3.02	14
GDP(亿元)	10366.37	3.45	7
二、三产业在经济中占的比重(%)	99.10	4.86	1

四　传媒发展指数特征分析

图 1 是上海市的媒介发展指数的 18 个指标在全国的排序图。

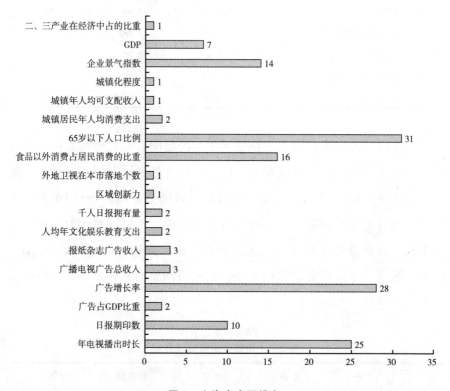

图 1　上海在全国排名

从图 1 中可以看出上海市大多数指标在全国处于前列，在其良好的传媒发展环境下，其媒介发展排全国第 3 名。上海作为国际性的大都市，其媒介发展环境的很多指标是排名全国第 1 的，如二、三产业的比重和城镇化程度、区域创新力、媒介开发度，在如此优越的媒介发展环境下，上海市的传媒业理应还有进一步发展的空间和可能。但从报纸和电视的生产能力排名看，都不是很高，尤其是电视的生产能力排名全国第 25 位，这与上海的这种国际性大都市的定位不大吻合，上海市的报纸电视产业应该还有发展空间和潜力，虽然上海本市人口不多，排名全国倒数第 7，但是上海的流动人口多，针对这种情况，媒介的内容上应该增加种类，形式上也应该更丰富多彩。值得引起注意的是，2006 年上海市的广告增长率全国排名 28 位，这一方面说明上海市的媒介广告开发相对充分，但从另外一个方面也给上海市的传媒业发展提出新的命题，就是扩大上海市传媒业发展的多点支撑，增强与媒介业相关上下游产业的发展，走多元化发展战略。同时上海的媒介业也应该立足上海面向全国甚至全球，并随时根据经济社会的发展现状，比如人口老龄化问题、家庭消费结构，在媒介的内容和形式上做进一步调整，适应变化。

新疆维吾尔自治区传媒发展指数分析

一 区情分析

新疆维吾尔自治区地处西北部，位于欧亚大陆中心，面积 166 万平方公里，是我国面积最大的一个省区，2006 年底人口 2050 万，2006 年全区实现 GDP 3045.26 亿元。媒介生产能力方面，2005 年新疆全区拥有电台 16 家，电视台 9 家，2006 年全区出版报纸 100 份，总印数 186.74 万份；期刊 206 份，平均期印数 94 万册；图书 4428 种，总印数 9031 万册；广播综合人口覆盖率 93.36%，年播出总时长 46.61 万小时；电视综合人口覆盖率 93.11%，年播出时长 53.10 小时；网站 2696 个。媒介盈利能力方面，2006 年全区广告经营额 12.30 亿元。在全国 31 个省市自治区传媒发展指数中总得分 2.69，全国名列第 23 位，是相对落后的地区。

下面是分指标分析新疆维吾尔自治区的传媒发展指数的各个指标的概况。

二 媒介发展状况

新疆传媒发展指数中媒体面的得分 2.67，在全国位于第 21 位。其中广告占 GDP 的比重、年电视播出时长和 2006 年相对 2005 年的广告增长率都处于全国中上游，而广告收入相对处于全国下游（见表 1）。

表 1 新疆媒介发展状况

指 标　各省得分及排名	原始值	标准值	全国排名
年电视播出时长（万小时）	53.10	3.40	15
日报期印数（万份）	93.93	2.26	24
广告占 GDP 比重（%）	0.40	2.73	13
广告增长率（%）	14.70	3.14	14
广播电视广告总收入（亿元）	2.38	2.18	26
报纸杂志广告收入（亿元）	4.24	2.34	23

三 媒介发展环境分析

新疆传媒发展指数中环境层面的得分为 2.71，在全国处于第 21 位，除指标"外地卫视在省会城市落地个数"新疆得分排名全国第 5 外（一个重要的原因是新疆是个少数民族地区，全自治区有几个不同语言的卫视），其他指标均在 15 名以后，相对于传媒自身发展状况，传媒发展的环境得分排名偏后。

表 2　新疆媒介发展环境分析

指标　　　　　各省得分及排名	原始值	标准值	全国排名
人均年文化娱乐教育支出(元)	819.72	2.34	27
千人日报拥有量(份)	45.82	2.56	19
区域创新力	19.81	2.28	25
外地卫视在省会城市落地个数	22.80	3.98	5
食品以外消费占居民消费的比重(%)	64.50	3.24	15
65 岁以下人口百分比(%)	93.40	4.29	15
城镇居民年人均消费支出(元)	6730.01	2.30	24
城镇居民年人均可支配收入(元)	8871.27	2.24	31
城镇化程度(%)	37.94	2.44	23
企业景气指数	126.69	2.19	24
GDP(亿元)	3045.26	2.31	25
二、三产业在经济中占的比重(%)	82.70	2.33	25

四 传媒发展指数特征分析

图 1 是新疆的媒介发展指数的 18 个指标在全国的排序图。

从图 1 中可以看出新疆在年电视播出时长、广告占 GDP 的比重、广告增长率、65 岁以下人口比例、外地卫视在省会城市落地个数、食品以外支出占消费的比例等指标在全国处于中上游，而城镇居民可支配收入在全国排名倒数第 1，二、三产业在经济中的比重和区域创新能

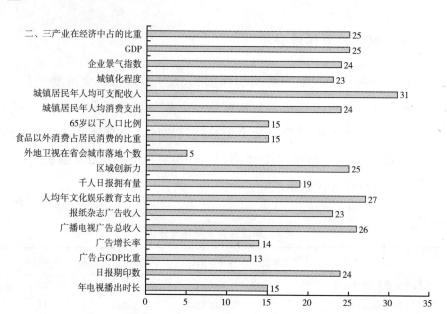

图1　新疆在全国排名

力、广电和报纸杂志的广告等与经济发展相关的指标在全国排名相对落后，由于地域广大，媒介生产能力排名相对较前，而媒介的盈利能力严重靠后，说明新疆的传媒发展指数整体靠后与该区地处西部，长期经济发展滞后有关，而且新疆传媒业发展的质量不高。同时作为祖国边疆的少数民族地区，新疆还应该多发展可以面向全国的具有民族特色的媒介产品。

五　本区主要城市媒介发展描述

乌鲁木齐市是新疆维吾尔自治区的政府所在地，该市2006年报纸的日到达率为65%，电视的日累计到达率为92%，这个水平与全国32个中心城市的平均水平相当。2006年全市报纸广告刊例额为2.08亿元，在36个中心城市中排名第32位，比2005年增长39.09%，电视广告刊例额为11.22亿元，排名35个中心城市的第31位，电视广告刊例额则比2005年减少1.54%，2005年全市实现GDP 562.50亿元，在全国35个省会和计划单列市（拉萨除外）中排名第31位，比较居后，与新疆全区情况类似，乌鲁木齐的媒介发展指数的各项指标在全国主要城市的排名中也是相对落后，尤其是国内生产总值（GDP）、报纸广告和电视广告等指标，同样是由于该市主要经济指标在全国居后导致。看来新疆的媒介发展任重道远，还应该主要从发展经济着手。

四川传媒发展指数分析

一 省情分析

四川省总面积48.5万平方公里。2006年全省总人口8169万，2006年四川实现GDP 8637.81亿元。媒介生产能力方面，2005年四川全省拥有电台20家，电视台21家，2006年全省出版报纸85份，总印数618.08万份；期刊334份，平均期印数509万册；图书4873种，总印数23923万册；广播综合人口覆盖率95.70%，年播出总时长39.53万小时；电视综合人口覆盖率96.77%，年播出总时长75.28万小时；网站16766个。媒介盈利能力方面，2006年全省广告经营额34.79亿元。在全国31个省市自治区传媒发展指数中总得分2.93，全国名列第12位，属于中等偏上省份。

下面是分指标分析四川省的传媒发展指数的各个指标的概况。

二 媒介发展状况

四川传媒发展指数中媒体面的得分3.32，在全国位于第9位。由于是人口大省，幅员广阔，四川传媒产业自身的生产能力居全国前列，电视播出时长排名全国第3，日报期印数位全国第9；但是相对来说其媒介的盈利能力不如生产能力突出，广电广告和报纸杂志广告分别位居全国第12和第10位，广告开发度也很低，均在全国处在中等偏上的位置，说明四川媒介的发展要从提高效益上下工夫，不能走粗放式经营的路子。但是四川省的广告发展态势挺好，广告增长率为17.8%，在全国排名第9。这些指标说明，四川媒介发展前景较好，应走集约化的路子（见表1）。

三 媒介发展环境分析

四川传媒发展指数中环境层面的得分为2.54，在全国处于第25位，

表1　四川媒介发展状况

指　　标 各省得分及排名	原始值	标准值	全国排名
年电视播出时长(万小时)	75.28	4.31	3
日报期印数(万份)	378.30	3.41	9
广告占 GDP 比重(%)	0.40	2.73	14
广告增长率(%)	17.75	3.37	9
广播电视广告总收入(亿元)	12.62	2.94	12
报纸杂志广告收入(亿元)	12.85	3.16	10

从得分和在全国的排名看,四川省的媒介产业自身发展比媒介环境发展要快一些。除 GDP 排名全国第 9 外,其他各项指标都排在全国中等或者偏下的位置,尤其是城镇化程度和二、三产业比重在全国分别排名26、29 位。因此,这些指标显示出四川是一个农业大省,存在着对媒体发展不利的条件,当然四川的媒介可以从内容和形式上多改进,适应农业大省的发展,四川要改善媒体产业的发展环境,四川的经济发展亟待转型,产业结构需要调整,而这种调整的过程,将意味着传媒产业会有很好的发展机会(见表2)。

表2　四川媒介发展环境分析

指　　标 各省得分及排名	原始值	标准值	全国排名
人均年文化娱乐教育支出(元)	976.33	2.66	16
千人日报拥有量(份)	46.31	2.57	18
区域创新力	23.37	2.58	18
外地卫视在省会城市落地个数	16.80	2.57	20
食品以外消费占居民消费的比重(%)	62.30	2.73	21
65 岁以下人口比例	88.70	1.77	29
城镇居民年人均消费支出(元)	7524.81	2.63	14
城镇居民年人均可支配收入(元)	9350.11	2.39	23
城镇化程度(%)	34.30	2.20	26
企业景气指数	132.50	3.01	26
GDP(亿元)	8637.81	3.18	9
二、三产业在经济中占的比重(%)	81.50	2.15	28

四 传媒发展指数特征分析

图 1 是四川的媒介发展指数的 18 个指标在全国的排序图。

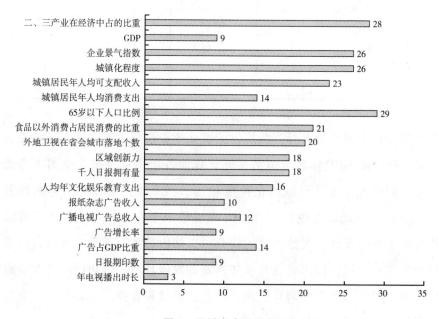

图 1 四川在全国排名

从图 1 中可以看出四川省大多数指标在全国处于中游水平，其中，相对于较差的媒体环境，其媒体自身发展排到了全国前 10 位，媒体面的指标相对于环境面指标排名更为靠前，媒体发展比宏观社会经济环境发展更为超前，说明媒业业的发展质量较高，尤其是四川的报业，曾经一度走在全国的前列。以 1995 年 1 月 1 日《华西都市报》的诞生为标志揭开了都市报的大潮，《成都商报》也一度成为中国首家借壳上市的媒体，直到今天，这两家报纸也是全国都市报业的黑马，媒介川军无论从理念和实践都走在全国的前列。所以，四川传媒产业进一步的发展不能再依靠自身的刚性增长，而必须要倚重于传媒产业环境的改善，比如产业结构的调整、城镇化水平的提高，同时四川传媒业要更多的搞出自己的特色，只有这样，传媒产业才会有更大的发展空间。

五 本省主要城市媒介发展描述

成都市是四川省的政府所在地，也是我国媒介发展比较成熟的一座城市，2006 年该市报纸日累计到达率 67%，电视日累计到达率 95%，均略高于全国 32 个中心城市的平均水平，2006 年成都市报纸广告刊例总额为 13.12 亿元，位居 36 座城市的第 10 位，比 2005 年增长 8.65%，电视广告刊例总额为 52.43 亿元，比 2005 年增长 34.00%。成都市传媒产业自身发展的各项指标在全国 36 个城市中均高于平均水平，成都市的传媒环境也在全国处于中等偏上水平，尤其是 GDP、人均消费支出等指标表现较好。说明成都的传媒产业发展状况良好，随着经济的发展，传媒产业也将会有进一步的增长空间。

天津传媒发展指数分析

一 市情分析

天津市面积 1.1305 万平方公里，2006 年底人口 1075 万，2006 年天津实现 GDP 3663.9 亿元。媒介生产能力方面，2005 年天津全市拥有电台 1 家，电视台 1 家，2006 年天津市有报纸 27 份，总印数 381.65 万份；期刊 245 份，平均期印数 329 万册；图书 3416 种，总印数 5096 万册；广播综合人口覆盖率 100%，年播出总时长 11.48 万小时；电视综合人口覆盖率 99.83%，年播出总时长 12.72 万小时；网站 10800 个。媒介盈利能力方面，2006 年全市广告经营额 61.80 亿元。在全国 31 个省市自治区传媒发展指数中总得分 3.29，全国名列第 7 位，是相对发达的地区。

下面是分指标分析天津市的传媒发展指数的各个指标的概况。

二 媒介发展状况

天津市传媒发展指数中媒体面的得分 2.90，略低于全国平均水平，在全国位于第 13 位。其中广告占 GDP 的比重在全国排名第 3，总的看来天津作为一个直辖市，其广告开发相对比较成熟，而电视播出时长和广播电视广告收入排名相对靠后，说明天津在广播电视的发展上相对落后；此外，2006 年广告增长率、报纸杂志广告收入和日报期印数这 3 项指标在全国排名均处于中上游水平，天津报业发展在全国居中。广电和报业的生产能力和其广告盈利能力的全国排名比较接近，总的情况是报纸杂志市场的发展较广播电视成熟，因此，广播电视还存在较大的可发展空间（见表 1）。

三 媒介发展环境分析

天津市传媒发展指数中环境层面的得分为 3.69，在全国处于第 5 位，相对于传媒自身发展状况，传媒发展的环境得分和排名较为靠前，

表 1   天津媒介发展状况

指标　　各省得分及排名	原始值	标准值	全国排名
年电视播出时长(万小时)	12.72	1.74	26
日报期印数(万份)	221.16	3.49	13
广告占 GDP 比重(%)	1.42	4.21	3
广告增长率(%)	17.09	3.32	10
广播电视广告总收入(亿元)	3.43	2.26	24
报纸杂志广告收入(亿元)	12.19	3.10	11

优越的媒介发展环境为传媒业的进一步发展提供了雄厚的基础。天津市的传媒发展环境指数较为靠前，关键是在于以下几个指标得分较高：千人日报拥有量排名全国第 1，城镇化程度和二、三产业在经济中所占比重均居全国第 3，另外，城镇居民人均消费支出、人均年文化娱乐教育支出和区域创新力等也都比较靠前。这显示出天津市是一个城镇化程度较高、居民人均经济实力较强的城市。但是天津市的 GDP、65 岁以下人口比例、企业景气指数等排名较后，说明作为一个老工业城市，人口老龄化高，经济发展潜力不大，这成为传媒业进一步发展的一个瓶颈，加之天津靠近首都北京，更使其媒介发展受到挤压（见表 2）。

表 2   天津媒介发展环境分析

指标　　各省得分及排名	原始值	标准值	全国排名
人均年文化娱乐教育支出(元)	1452.17	3.65	6
千人日报拥有量(份)	205.73	5.67	1
区域创新力	37.43	3.77	7
外地卫视在本市落地个数	18.70	3.02	14
食品以外消费占居民消费的比重(%)	65.10	3.38	14
65 岁以下人口比例(%)	89.40	2.14	25
城镇居民年人均消费支出(元)	10548.05	3.90	5
城镇居民年人均可支配收入(元)	14283.09	3.89	5
城镇化程度(%)	75.73	4.93	3
企业景气指数	130.57	2.74	20
GDP(亿元)	4359.15	2.52	21
二、三产业在经济中占的比重(%)	97.30	4.59	3

四 传媒发展指数特征分析

图 1 是天津市的媒介发展指数的 18 个指标在全国的排序图。

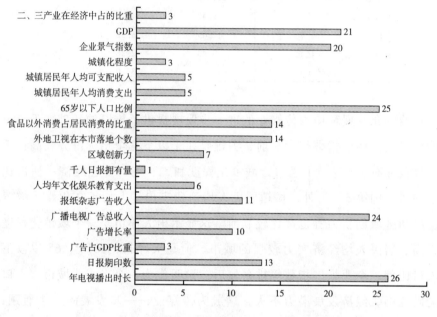

图 1 天津在全国排名

从图 1 中可以看出天津市传媒发展指数中各指标得分排名情况，其中二、三产业所占经济比重和城镇化程度、城镇居民年人均可支配收入、城镇居民人均消费支出、千人日报拥有量、人均年文化娱乐教育支出、广告占 GDP 比重等指标得分排名都比较靠前，这进一步说明天津市是一个无论是经济社会发展还是传媒发展都较为成熟的城市。但是，天津市的 GDP、65 岁以下人口比例、企业景气指数等指标得分排名较为靠后，这也反映了天津市传媒发展环境上有一定的局限，天津市报纸和电视的发展并不平衡，无论从生产能力还是从盈利能力看，天津市的报纸都走在电视的前列，天津市的报纸也有较高的普及率，尤其是天津市的千人日报拥有量全国排名第 1，在这种良好的都市发展环境下，在天津市新一轮的发展中，电视业应该有更大的作为。

西藏传媒发展指数分析

一 区情分析

西藏自治区是全国经济社会发展都相对落后的地区之一，面积122.84万平方公里，2006年底人口281万人，2006年全区实现GDP 291.01亿元。媒介生产能力方面，2005年西藏全区拥有电台1家，电视台5家，2006年全区拥有报纸23份，总印数17.83万份；期刊34份，平均期印数12万册；图书235种，总印数982万册；广播综合人口覆盖率85.8%，年播出总时长3.60万小时；电视综合人口覆盖率86.94%，年播出时长4.07万小时；网站756个。媒介盈利能力方面，2006年全区广告经营额1.94亿元。在全国31个省市自治区传媒发展指数中总得分2.29，全国名列第30位，是比较落后的地区。

下面是分指标分析西藏自治区的传媒发展指数的各个指标的概况。

二 媒介发展状况

西藏传媒发展指数中媒体面的得分2.13，在全国位于第29位，排名较为靠后。但是值得一提的是该区广告占GDP比重指标得分非常高，排名为第7，这说明虽然西藏媒体产业规模小，但是由于西藏本身的经济规模很小，比如2006年全区人口281万、GDP291.01亿元，在有限的宏观经济发展现状下，其广告开发已经比较充分了（见表1）。

表1 西藏媒介发展状况

指 标　　　　各省得分及排名	原始值	标准值	全国排名
年电视播出时长（万小时）	4.07	1.38	31
日报期印数（万份）	7.72	1.91	31
广告占GDP比重（%）	0.67	3.12	7
广告增长率（%）	5.26	2.40	22
广播电视广告总收入（亿元）	0.22	2.02	31
报纸杂志广告收入（亿元）	0.29	1.96	31

三 媒介发展环境分析

西藏传媒发展指数中环境层面的得分为 2.44，在全国处于第 27 位。但是，西藏自治区的外地卫视在省会城市落地个数、65 岁以下人口比例和企业景气指数排名都比较靠前，说明西藏自治区的传媒市场发展环境还是比较乐观的，尤其是西藏作为一个边疆少数民族地区，具有很多来自中央政府的支持，这也给传媒业的发展带来很大潜力。西藏自治区应该从内容和形式上加强少数民族文化等特色节目（见表 2）。

表 2 西藏媒介发展环境分析

指标 各省得分及排名	原始值	标准值	全国排名
人均年文化娱乐教育支出(元)	359.34	1.38	31
千人日报拥有量(份)	27.47	2.20	28
区域创新力	14.42	1.83	31
外地卫视在省会城市落地个数	24.40	4.35	3
食品以外消费占居民消费的比重(%)	49.80	−0.16	31
65 岁以下人口比例(%)	93.60	4.40	2
城镇居民年人均消费支出(元)	6192.57	2.08	31
城镇居民年人均可支配收入(元)	8941.08	2.26	29
城镇化程度(%)	28.21	1.80	30
企业景气指数	146.08	4.95	1
GDP(亿元)	291.01	1.88	31
二、三产业在经济中占的比重(%)	82.50	2.30	26

四 传媒发展指数特征分析

图 1 是西藏自治区的媒介发展指数的 18 个指标在全国的排序图。

从图 1 中可以看出西藏自治区的企业景气指数、65 岁以下人口比例、外地卫视的落地数、广告占 GDP 比重等指标得分排名都较为靠前，这说明西藏自治区有较大的传媒市场发展潜力。但是，由于规模的限制，经济、社会和传媒的其他各项指标得分排名都比较靠后，甚至大多数位列全国最后 1 名。但是西藏是个特殊的地区，不能与全国大部分省

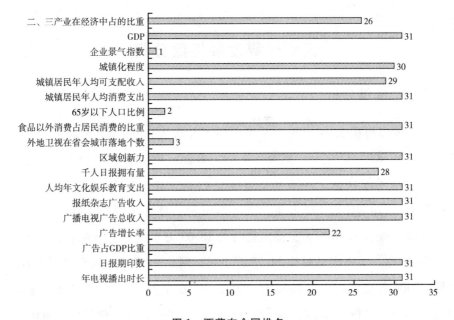

图1 西藏在全国排名

份相比来要求西藏，西藏的传媒业可以在自身发展过程中更多从形式和内容上追求民族特色的媒介产品（见表2）。

五 本区主要城市媒介发展描述

拉萨市是西藏自治区的政府所在地，2006年该市报纸广告刊例额为0.68亿元，由于数据搜集渠道的局限，拉萨市很多指标的原始数据都空缺。从已有的2004年数据来看，拉萨市在报纸广告收入、食品以外消费占居民消费的比重和GDP等指标上的得分排名都在省会城市和计划单列市中的排名很靠后，只有二、三产业在经济结构中所占比重这一指标得分排名稍微靠前一点。拉萨市作为西藏自治区的政府所在地，自然其经济、社会和传媒发展都是与西藏自治区息息相关的。从指标分析的状况来看，鉴于西藏自治区的传媒发展有较大潜力而且近年来发展速度明显，拉萨市必然也会受其影响有所提高。

云南传媒发展指数分析

一 省情分析

云南省面积 39.4 万平方公里，2006 年底人口 4483 万，2006 年全省实现 GDP 4006.72 亿元。媒介生产能力方面，2005 年云南全省拥有电台 15 家，电视台 16 家，2006 年出版报纸 42 份，总印数 200.71 万份；期刊 126 份，平均期印数 192 万册；图书 2426 种，总印数 17396 万册；广播综合人口覆盖率 92.02%，年播出总时长 18.03 万小时；电视综合人口覆盖率 93.68%，年播出总时长 24.78 万小时；网站 6182 个。媒介盈利能力方面，2006 年全省广告经营额 16.09 万元，在全国 31 个省市自治区传媒发展指数中总得分 2.52，全国名列第 26 位，是发展相对落后的地区。

下面是分指标分析云南省的传媒发展指数的各个指标的概况。

二 媒介发展状况

云南省传媒发展指数中媒体面的得分 2.67，低于全国平均水平，在全国位于第 23 位。其中 2006 年广告增长率位列全国第 7 名，报纸杂志广告收入位列 13 位，总体而言云南省是一个传媒市场发展速度较为明显的省份。但是云南省的年电视播出时长、日报期印数和广播电视广告总收入这些指标的得分排名都比较靠后，说明云南省的传媒市场规模不够大，但是相对而言，报业发展较为成熟（见表 1）。

表 1 云南媒介发展状况

指标　　各省得分及排名	原始值	标准值	全国排名
年电视播出时长（万小时）	24.78	2.23	23
日报期印数（万份）	136.95	2.43	22
广告占 GDP 比重（%）	0.42	2.73	15
广告增长率（%）	17.82	3.38	7
广播电视广告总收入（亿元）	5.75	2.43	21
报纸杂志广告收入（亿元）	8.73	2.77	13

三　媒介发展环境分析

云南省传媒发展指数中环境层面的得分为 2.37，同样落后于全国平均水平，在全国处于第 29 位，落后于该省在媒介面的全国排名，媒介自身的发展较其环境有所超前。云南省的城镇居民人均消费和支出情况都较为良好，65 岁以下人口比例较高，说明传媒市场的发展存在一定的物质基础和空间，但是从实际情况看，在教育娱乐文化上的支出并不高，同时其他环境指标都较为靠后，这说明云南省的媒介发展宏观经济社会环境不是很好，以至于影响到其传媒市场的大规模发展（见表 2）。

表 2　云南媒介发展环境分析

指标　　　各省得分及排名	原始值	标准值	全国排名
人均年文化娱乐教育支出(元)	754.69	2.20	30
千人日报拥有量(份)	30.55	2.26	27
区域创新力	16.43	2.00	29
外地卫视在省会城市落地个数(%)	17.60	2.76	18
食品以外消费占居民消费的比重(%)	58.00	1.73	27
65 岁以下人口比例(%)	92.50	3.81	8
城镇居民年人均消费支出(元)	7379.81	2.57	16
城镇居民年人均可支配收入(元)	10069.89	2.61	14
城镇化程度(%)	29.50	1.95	29
企业景气指数	120.38	1.97	28
GDP(亿元)	4006.72	2.46	23
二、三产业在经济中占的比重	81.00	2.12	29

四　传媒发展指数特征分析

图 1 是云南省的媒介发展指数的 18 个指标在全国的排序图。

从图 1 可以看出，相对于其他指标，云南省的广告增长率是比较高的，广告占 GDP 比重也较高，这说明云南省的传媒市场正处于较快发展的状态。但是其他指标都较为落后，影响了云南传媒业及其媒介发展

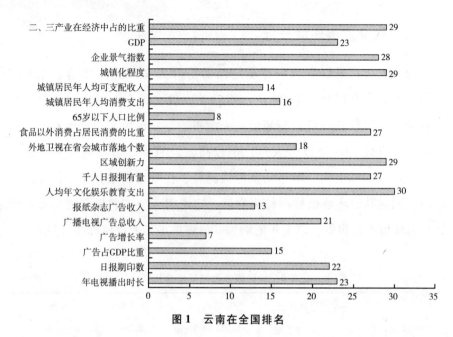

图1 云南在全国排名

环境的整体发展。从图1可以比较明显地看出，媒介发展超前于环境发展，报业发展优于广电发展。作为地处西部的省份，2006年其广告发展保持了较快的速度，加上云南省作为一个农业大省、旅游强省的现状，媒介业还应该有较大的发展空间。

五 本省主要城市媒介发展描述

昆明市是云南省的政府所在地，2006年该市报纸的日累计到达率是52%，电视的日累计到达率为94%，分别低于全国32个中心城市的平均接触率，由此推及的报纸读者规模为117.80万人，电视观众规模为214.25万人。2006年该市报纸广告刊例额为7.17亿元，位居全国36个中心城市的第20位，电视广告刊例额为35.26亿元，位居全国35个中心城市的第20位，分别比2005年增长20.02%和20.73%，增长率高于全国平均水平。2005年昆明市的GDP达1061.55亿元，位居全国36个城市的第23位，这不同于云南省的总体状况，说明在云南省，除昆明外其他地区媒介发展相对落后。

浙江传媒发展指数分析

一 省情分析

浙江省是全国经济社会发展都相对较为发达的地区之一，面积10万平方公里，2006年底人口4719.57万，2006年全省实现GDP 15742.51亿元。媒介生产能力方面，2005年浙江全省拥有电台12家，电视台12家，2006年全省出版报纸70份，总印数993.77万份；期刊218份，平均期印数544万册；图书7087种，总印数26692万册；广播综合人口覆盖率98.56%，年播出总时长65.72万小时；电视综合人口覆盖率98.95%，年播出时长60.88万小时；网站63749个。媒介盈利能力方面，2006年全省广告经营额108.76亿元。在全国31个省市自治区传媒发展指数中总得分4.04，全国名列第4位，是传媒发展指数相对发达的地区。

下面是分指标分析浙江省的传媒发展指数的各个指标的概况。

二 媒介发展状况

浙江传媒发展指数中媒体面的得分3.88，在全国位于第4位。其中年电视播出时长、日报期印数、广告占GDP比重、广播电视广告总收入和报纸杂志广告收入都处于全国前列，但是2006年广告增长率则相对排名较为靠后，一定程度上说明浙江省的广告市场正趋于成熟，增长空间相对有限（见表1）。

三 媒介发展环境分析

浙江省传媒发展指数中环境层面的得分为4.20，在全国处于第3位，相对于于媒介面，浙江省传媒发展的社会经济环境更为优越，只是该省的65岁以下人口比例在全国排名为22，比较靠后，这对于传媒受众市场的开发是不利的（见表2）。

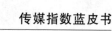
表1　浙江媒介发展状况

指标　　　各省得分及排名	原始值	标准值	全国排名
年电视播出时长(万小时)	60.88	3.72	10
日报期印数(万份)	731.12	4.83	2
广告占GDP比重(%)	0.69	3.15	6
广告增长率(%)	13.65	3.05	17
广播电视广告总收入(亿元)	35.45	4.62	4
报纸杂志广告收入(亿元)	20.79	3.92	5

表2　浙江媒介发展环境分析

指标　　　各省得分及排名	原始值	标准值	全国排名
人均年文化娱乐教育支出(元)	1946.15	4.67	3
千人日报拥有量(份)	146.81	4.52	4
区域创新力	45.29	4.43	5
外地卫视在省会城市落地个数	22.60	3.93	6
食品以外消费占居民消费的比重(%)	67.10	3.84	5
65岁以下人口比例	90.00	2.47	22
城镇居民年人均消费支出(元)	13348.51	5.07	3
城镇居民年人均可支配收入(元)	18265.10	5.09	3
城镇化程度(%)	56.50	3.67	6
企业景气指数	141.61	4.31	3
GDP(亿元)	15742.51	4.29	4
二、三产业在经济中占的比重(%)	94.10	4.09	5

四　传媒发展指数特征分析

图1是浙江省的媒介发展指数的18个指标在全国的排序图。

从图1中可以明显看出，除广告增长率和65岁以下人口比例两个指标的排名较为靠后外，浙江省的其他指标均名列全国前列，经济社会环境的发展超前于媒介自身的发展现状，发达的经济环境给媒介发展提供进一步发展的空间，从发展的质量上看，电视业的发展优于报业的发展，在新时期，浙江省的媒介发展，尤其是发展相对落后的报业应该还会有较大的增长空间。

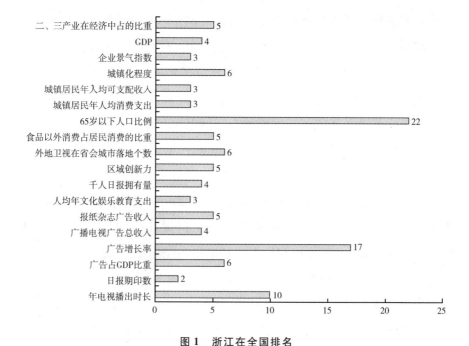

图1 浙江在全国排名

五 本省主要城市媒介发展描述

杭州市是浙江省的政府所在地，2006 年该市报纸日累计到达率达 95%、电视日累计到达率为 97%，均远高于全国中心城市的平均水平，电视和报纸这两大媒介的普及率很高，据此推及的报纸读者数为 194.67 万人，电视观众数为 197.49 万人。全年报纸广告刊例额 14.67 亿元，位居全国 36 城市第 9，电视广告刊例额为 79.89 亿元，位全国 35 城市第 4，相对于 2005 年，报纸广告刊例额减少 1.72%，电视广告刊例额增加 20.63%。和全国一线城市的广告发展现状相类似，杭州市的报纸发展受阻。另外，需要指出的是，相对于报纸电视的强大的实力，该市的杂志广告相对平庸，2006 年杂志广告的刊例额仅 253.20 万元，居 CTR 监测的 19 个城市的第 16 位，低于全国平均水平，并且比 2005 年减少 24.57%，虽然杂志的日到达率为 28%，居 32 个中心城市第 1 位，推及的杂志读者 56.38 万人，居 32 个城市第 2 位，但是杂志

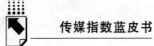

广告并不理想，说明杭州市本土的杂志发展并不充分。另外，从环境上看，2005 年杭州市的 GDP 2942.65 亿元，居全国 35 个城市第 7 位，居民人均消费支出排名 35 个城市第 4，城镇居民人均可支配收入排名 35 个城市第 6，为传媒业的发展提供了良好的环境。

宁波市是浙江省的另一重要城市，国家 5 个计划单列市之一。2006 年该市报纸的日累计到达率为 73%、电视日累计到达率 93%，略高于全国 32 个中心城市的平均水平，由此接触率推及的报纸读者规模 92.24 万人，电视观众规模 117.31 万人。2006 年该市报纸广告刊例额为 3.79 亿元，电视广告刊例额为 18.96 亿元，分别比 2005 年增长 9.41% 和 40.92%，其中电视广告增长率位居全国 35 个城市第 3，发展迅速。2005 年全市 GDP 2449.31 亿元，居全国 35 个城市的第 9 位，居民人均消费支出排名 35 个城市第 7，城镇居民人均可支配收入排名 35 个城市第 5，良好的经济社会环境为媒介发展提供了良好的条件。

重庆市传媒发展指数分析

一 市情分析

重庆市面积 8.24 万平方公里，2006 年底人口 2808 万，2006 年重庆实现 GDP 3491.57 亿元。媒介生产能力方面，2005 年重庆市电视台数和电台数没有统计，2006 年全市出版报纸 26 份，总印数 284.35 万份；期刊 134 份，平均期印数 298 万册；图书 2881 种，总印数 11408 万册；广播综合人口覆盖率 92.57%，年播出总时长 10.74 万小时；电视综合人口覆盖率 96.02%，年播出总时长 20.17 万小时；网站 8857 个。媒介盈利能力方面，2006 年全市广告经营额 27.89 亿元。在全国 31 个省市自治区传媒发展指数中总得分 2.74，全国名列第 20 位，是相对中等偏后的地区。

下面是分指标分析重庆市的传媒发展指数的各个指标的概况。

二 媒介发展状况

重庆传媒发展指数中媒体面的得分 2.67，在全国位于第 22 位。其中广告占 GDP 比重和报纸杂志广告收入排名比较靠前，分别为第 5 和第 9 名。作为一座新设立的直辖市，重庆市的广告开发是比较成熟和充分的，同时从报纸杂志广告收入和广播电视广告收入的比较可以看出，重庆市的平面媒体相对发达。值得注意的是，重庆市 2006 年广告增长率只有 2.92%，在全国排名第 24，说明重庆市的传媒市场发展速度趋缓（见表 1）。

三 媒介发展环境分析

重庆市传媒发展指数中环境层面的得分为 2.82，在全国处于第 15 位，重庆市的环境面得分和排名大都高于媒介面。该市的人均年文化娱

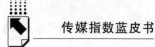

乐教育支出、城镇居民人均消费支出和收入都是比较高的，这些都说明该市的传媒市场发展是存在较大潜力的，还有一定的发展空间（见表2）。

表 1　重庆媒介发展状况

指　　　　标　　　各省得分及排名	原始值	标准值	全国排名
年电视播出时长(万小时)	20.17	2.04	24
日报期印数(万份)	136.15	2.43	23
广告占 GDP 比重(%)	0.80	3.31	5
广告增长率(%)	2.92	2.22	24
广播电视广告总收入(亿元)	8.57	2.64	17
报纸杂志广告收入(亿元)	15.16	3.38	9

表 2　重庆媒介发展环境分析

指　　　　标　　　各省得分及排名	原始值	标准值	全国排名
人均年文化娱乐教育支出(元)	1449.49	3.64	7
千人日报拥有量(份)	48.49	2.61	16
区域创新力	28.63	3.03	10
外地卫视在省会城市落地个数	16.60	2.52	21
食品以外消费占居民消费的比重(%)	63.70	3.05	20
65 岁以下人口比例(%)	88.60	1.71	30
城镇居民年人均消费支出(元)	9398.69	3.42	8
城镇居民年人均可支配收入(元)	11569.74	3.06	9
城镇化程度(%)	46.70	3.02	12
企业景气指数	126.93	2.22	27
GDP(亿元)	3491.57	2.38	24
二、三产业在经济中占的比重(%)	87.80	3.12	16

四　传媒发展指数特征分析

图 1 是重庆市的媒介发展指数的 18 个指标在全国的排序图。

CTR 的监测数据显示，2006 年重庆市的 4 大媒体日累计到达率报纸为 57%、电视为 93%、广播为 6%、杂志为 8%，推及的报纸读者为 190.88 万人、电视观众为 309.59 万人、广播听众为 20.32 万人、杂志

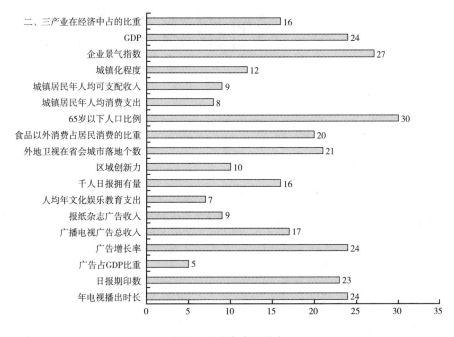

图1 重庆在全国排名

读者为25.26万人，2006年全市报纸广告刊例额为19.99亿元，位居全国36个城市第6，电视广告刊例额为70.01亿元，位居全国35个（拉萨市空缺）城市第7。总体而言，重庆市的传媒发展状态较为奇怪，其广告所占GDP比重达到了0.80%，在全国排名第5，作为西部地区，相对来说其广告开发是比较成熟的，2006年广告增长率在全国排名第24，城镇化程度较高，这在一定程度上说明重庆市的传媒市场正趋于饱和，较为成熟，而该市的GDP和经济景气程度都不够高，这在一定程度上又影响了该市的传媒市场发展。重庆市广播电视的人口总覆盖率也不算低，而广播电视广告收入却不高，广播电视发展还远远不够，而相比较之下，报业发展质量是比较好的。同时该市面临广告开发比较充分、增长空间受到一定限制的瓶颈，在下一步的发展中，媒介发展要加强多点发力，实施集约化经营。

专题报告 ◿

媒体市场开放度：实测与解析[*]

随着传媒业发展的深化，报业寒冬、图书长尾和集纳视频的 YouTube 等新现象展示了传媒发展的曲折、丰富和挑战性，人们逐渐体会到传媒发展的深层逻辑所在：传媒是社会有机体的一分子，传媒发展与社会需求和社会资源的嵌入性、契合度是媒体产业升级的关键所在。当我们的视线转向媒体之外的社会环境，从"传媒发展指数"这个具有生态意味的角度来看媒体产业与社会环境的互动时，首要的任务莫过于检视媒体市场自身的开放程度，也即对多种竞争形态的包容性。只有媒体业本身是具有弹性的，具有包容力和竞争空间时，才能健康持续地吸纳社会元素中的活力部分，进而结合社会需求实现自我的增值。本文即是对这一想法的探索性研究。

一　多样性、集中性和开放性

对媒体市场包容能力的研究最初来自多样性的描述。媒介的多样性是

　＊　本报告的执笔人为中国人民大学新闻学院 2006 级传媒经济学方向博士研究生王斌，感谢央视－索福瑞媒介研究的王兰柱及陈晓洲提供 CSM2006 年数据。

一个内涵丰富的概念，包容了市场竞争、公共利益、传播政策等多个角度的意义，因此研究多样性的动机可以来自于社会关注，如社会弱势群体表达通道的多元；也可以来自于经济发展的角度，如媒介经营的水准和绩效；也可能同时由社会性与经济性的关切来推动多样性的市场格局，如作为消费者的阅听人是否有丰沛的思想、内容、节目和传播渠道可供选择。

简言之，媒介多样性的说法涉及不同层面的论述，包括接触的多样性、选择的多样性、新闻表述的均衡、语言和地理的多样性、内部和外部的多样性等等①。目前这些论述多属价值判断的规范性研究，在实证的测量上遇有很多困难。如果简化其测量过程，但保持结果的一定认知性价值，这些简化后的结果还是有益于决策的②。这一思想引发了近年来兴起的媒体集中度研究。

市场集中度是通过市场参与者的数量和参与程度来反映市场的竞争或垄断程度的基本概念（见表1）。媒体集中度通常是通过对报业和电视媒介广告市场绝对集中度指数的计算，分析报业和电视媒介广告市场的市场结构和竞争状况③。也即以市场上前几位企业的产量（销售额、

表1　媒体的竞争结构和竞争行为

竞　争	结　　构	行　　为
温和的	少数传媒机构拥有较大的市场力量	产品创新
	进入和退出的门槛高	战略基于产品而非价格
	细分市场的传媒运作	努力吸引不同类型的消费者
激烈的	很多传媒机构(有些争夺相同的受众)	流程创新
	进入及退出的门槛低	基于价格的战略
	缺乏细分市场	迎合大众兴趣，与其他媒体争夺相同的(通常是占主导地位的)受众群

资料来源：罗伯特·皮卡德：《传媒管理学导论》，人民邮电出版社，2006，第138页。

---

① Iosifides, Petros. (1999). "Diversity versus concentration in the deregulated mass media domain." *Journalism & Mass Communication Quarterly*, Vol. 76 Issue 1, p. 152 – 163.

② Napoli, P. M.：《传播政策基本原理》，边明道、陈心懿译，台北：杨智文化事业股份有限公司，2001，第175页。

③ 王威：《我国媒介广告市场集中度分析》，《国际新闻界》2007年第4期。

职工人数、资产数额）占特定市场中整个产品的产量（销售总额、职工人数、资产数额）的比重来表示，一般用 CR4 或 CR8 来表示。欧洲各国的研究者通常根据 CR3 来判断传媒集中程度：若 $0 < CR3 \leqslant 35\%$ 为低集中度；若 $36\% \leqslant CR3 \leqslant 55\%$ 为中集中度；若 $CR3 \geqslant 56\%$ 为高集中度[①]。以报业市场为例，欧洲五国中前 3 位日报占有的份额总和情况见表 2。

表 2　欧洲各国全国性报纸（日报）的市场占有率以及集中度（2002）

国　家	第一大集团（%）	第二大集团（%）	第三大集团（%）	CR3（%）	排　名	集中度
法　国	26.1	24.0	20.0	70.0	4	高
德　国	7.4	8.0	7.0	87.4	2	高
意大利	19.1	18.6	7.1	44.8	5	中
荷　兰	54.1	40.6	3.1	98.2	1	高
英　国	32.2	19.5	18.8	70.6	3	高

资料来源：Ward, D. 2004. A Mapping Study of Media Concentration in Ten EEA Member States：A Report for the CVDM. CVDM。

市场集中度本是商业研究中表征竞争程度的工具，与多样化的背景结合后，分析者主要用其解剖媒体市场的内容和意见是否多元，尤其是媒体行业巨头是否构成了市场的垄断，进而侵害民意。艾尔布兰教授的报告指出，欧洲许多国家把传媒业当作民主、言论自由、文化多元化的最重要的基础，所以传媒集中的管制成为欧盟的重要议程，但传媒集中的趋势不可小视[②]。

媒体的集中性和多样性与媒体组织内部的决策有着复杂的勾连，譬如媒介实施的多样化战略。这种情况下，集中化其实是多样性的一种保障。占据高度集中的市场地位的大型媒体集团往往拥有资金、管理人员和研究开发能力，这样能够克服其进入市场和开发新媒介产品

---

① 王艳萍：《欧美传媒集中的测量及启示》，《商业时代》2006 年第 25 期。

② 转引自陈中原《西方传媒的集中垄断》，《新闻记者》2004 年第 11 期。

的障碍。为了增加利润，它们可能也会支持多样性的原则，寻求新的目标群体，使媒体对准不同的公众利益和社会诉求。这时，它们同时扮演集中化的受益者和多样化的推行者两种角色。

当我们细分不同地域的集中化程度、放大不同地域的集中化格局时，可以看到在不同的区域市场，占据市场的媒体并非出身雷同，最基础的类别差异就是本地媒体与外地媒体的份额竞争，在某些地区，具有垄断标识意味的市场的 60% 份额均为本地媒体所占有，当然也可能都被外地媒体占有，在另外的地区，可能是内外媒体各占一半，当然还有更多分配的可能性（见表3），也即不同所有权的媒体参与角逐特定地区的市场空间。

表3　媒体市场竞争构成的地区差异

地区	第一名		第二名		第三名		C3 格局		开放性
	属地	份额（%）	属地	份额（%）	属地	份额（%）	○（%）	△（%）	
A	○	30	○	20	○	10	60	0	低
B	○	30	○	20	△	10	50	10	较低
C	○	30	△	20	○	10	40	20	较低
D	○	30	△	20	△	10	30	30	中
E	△	30	○	20	○	10	30	30	中
F	△	30	○	20	△	10	20	40	较高
G	△	30	△	20	○	10	10	50	较高
H	△	30	△	20	△	10	0	60	高

资料来源：作者自制，表中数据为虚拟。

说明：○表示本地，△表示外地。

这一兼具集中性（市场占有率）和多样性（不同所有权）的市场现象指向一个媒介市场的环境属性问题：特定的区域市场其开放性和流动性如何？本地媒体是否方便"守土有方"，外地媒体是否容易"长驱直入"？从媒体发展与环境承载的勾连来看，我们可以对集中性的含义和测量方式进行开拓：集中性不仅意味着媒体实力的排行榜，跳出媒介中心论的圈子，可以反观发展环境对当地传媒竞争格局的制约和影响。因此我们提出市场开放度的概念，把一定区域的媒介市场看做是本地媒体和外地媒体较量的平台，借用集中度的测量方式，通过描述市场格局中的"内外之别"，旨在体现一地的媒介市场对外地媒介而言的进入难易程度，反映媒介竞争道路的通畅与否，也可以间接折射该地区的媒介环境的友好、包容和开放的程度。

二　媒体市场开放度的测量

本文提出，媒体市场开放度应为在一定区域市场内，外地媒介产品对本地传媒市场的进入程度。这项指标旨在利用媒介多样性的目标指向和借鉴媒介集中度的测量基础，提供一地媒介市场的流通难易程度。

在具体的操作性定义上，有两个问题是必须解决的。

第一是对区域市场的界定。在实际的市场运行中，媒介组织并未寄希望于一网打尽所有的微小市场，以卫视为例，进入某地的目标市场通常为省会城市、副省级城市以及一些重要的二线城市，其他更多的县级和以下的市场份额难以预料和测量，因而存在于概念中，却很少存在于可得的市场数据中。开放度的意义在于对市场核心和重心的争夺，用来作为测量背景的市场应当有比较明晰的范围。因此，我们选择一省的市场结构作为观察的基点，其社会经济指标的统计较为明确，同时基于数据的可得性和可比性，统一用省会城市的数据作为操作指标来指代该省域的开放性状况。

第二是对媒体类型的选择。由于媒介传输渠道的特性，报纸目前在发行、购买和阅读方面的本地化属性较强，且国家的异地办报政策还未足够松动，各地的报业市场普遍是本地产品强势，互相之间对外地报纸的开放性差异不显著，整体上不宜于测试媒体开放度在全国分布的序列；而电波媒体信号传输较为方便的传播特性决定了其在实施跨区域进入时受技术影响的成分比较低，更多依赖于媒介产品的竞争力，更适宜于检验本文所指的市场开放度的概念。

我们采用的数据是央视索福瑞媒介研究提供的 2006 年全国收视基础研究数据。依据可得的数据，我们以该地电视市场所接纳的外地卫视频道为考察对象，包括接纳的外地卫视频道个数及其占有的市场份额。由于市场份额的多少更多反映当地媒体的竞争力水平，我们以外地卫视频道的接收数目为基准，将其标准化后得到该地的市场开放度指数，结果如表 4。

对于表中所用数据，在测量方式和口径上有几个需要说明的地方：其一，"接收"是指入户访问的实际接受情况，例如某个卫视可能在全部电视户中之后 70% 能接受到，所以汇总平均后不是整数。其二，接收到外地卫视频道数目中，不包括中央台频道。其三，"外地卫视频道份额"的计算基础是所有频道，外地卫视份额之外的部分，包括中央电视台、中国教育电视台、本省卫视、本省和本市的地方台以及其他频道。

从两个维度分别看，在外地频道占有的市场份额方面，小于 10% 的有 4 个省（广东、湖南、山东、广西）；有 2 个省的数值较高（青海、陕西），接近或超过 25%；剩余的 25 个省份在 10% ~ 22% 之间较为连续、均匀地分布，各省之间的间隔较小。可能的原因在于前 4 个省都是本地卫视产制能力较强的，限制了外地卫视的份额，但中间的省份需要引入别的因素来解释。

在外地卫视频道数目上，15 个以下的有 5 个省份，15 ~ 20 个外地卫视频道的有 14 个省份，20 ~ 25 个的有 10 个的有 10 个，接收超过 25 个外地卫视频道的有上海、北京 2 个区域，分布呈现橄榄形。京沪两地的产业基础、市民消费需求和文化上的开放性都有助于理解其接受外地频道的广泛，其他区间的省份则需要结合当地的环境特征来看待。

从二维空间的角度来进一步展示各个省份的开放性差异，我们可以通过散点图来观察（如图 1）。

在二维空间中，我们可以看到各省的开放性分布情况。从整体看，分布较为均匀，极值比较少，竖横两线分别为个数和份额的平均值线，天津的坐标点近似于两个维度的均值，我们以天津的坐标点作为近似的中心，可以将其他省划入 4 个象限中。依据外地频道个数和份额的特征，

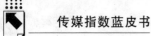

表4 分省（市区）媒体市场开放度指数

省(市区)	代表城市	外地卫视频道接收个数	外地卫视频道份额(%)	开放度指数
上 海	上 海	28.3	14.6	0.52
北 京	北 京	26.7	17.8	0.44
西 藏	拉 萨	24.4	15.2	0.31
青 海	西 宁	23.9	28.2	0.28
新 疆	乌鲁木齐	22.8	19.5	0.23
浙 江	杭 州	22.6	12.6	0.22
江 西	南 昌	21.5	15.5	0.16
山 西	太 原	21.5	13.6	0.16
贵 州	贵 阳	21.5	19	0.16
宁 夏	银 川	21	14.9	0.13
甘 肃	兰 州	20.8	21.4	0.12
内蒙古	呼和浩特	20.6	20.4	0.11
湖 南	长 沙	19.4	7.7	0.04
天 津	天 津	18.7	16.3	0.01
湖 北	武 汉	17.8	21	-0.04
河 南	郑 州	17.8	22.2	-0.04
陕 西	西 安	17.7	24.8	-0.05
云 南	昆 明	17.6	14.8	-0.05
山 东	济 南	17.5	9.4	-0.06
四 川	成 都	16.8	15.1	-0.10
重 庆	重 庆	16.6	20.3	-0.11
河 北	石 家 庄	16.5	19	-0.11
广 西	南 宁	16.3	9.4	-0.12
吉 林	长 春	16.4	22.5	-0.12
辽 宁	沈 阳	15.5	19.3	-0.17
广 东	广 州	15.5	5.7	-0.17
安 徽	合 肥	13.7	18.4	-0.26
海 南	海 口	13.1	18	-0.30
福 建	福 州	13.1	23	-0.30
黑龙江	哈 尔 滨	12.2	14.6	-0.34
江 苏	南 京	9.7	12.7	-0.48

数据来源：CSM，2006。

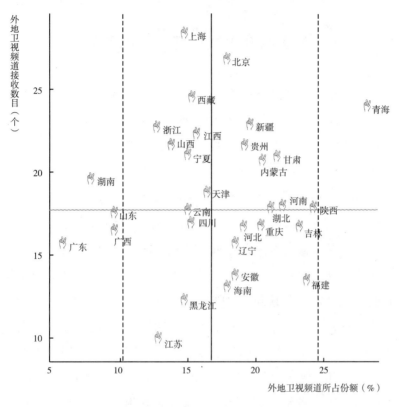

图1 媒介市场开放性分省差异图

可以归纳为"双多""双少""一少一多"三类区域，分别代表开放度高的6个省份，开放度低的9个省份，和开放度中等的15个省份（如表5所示）。

表5 开放度特征分省归类图

类别		特征	省份
"双多"区域 开放度高	右上角	外地频道个数多、外地频道份额也多	青海、新疆、甘肃、贵州、内蒙古、北京
"双少"区域 开放度低	左下角	外地频道个数少、外地频道份额也少	广东、江苏、山东、广西、四川、黑龙江、云南
"一少一多"区域 开放度中等	右下角	外地频道个数少、外地频道份额多	陕西、吉林、海南、河北、湖北、河南、重庆、安徽、福建、辽宁
	左上角	外地频道个数多、外地频道份额少	上海、湖南、浙江、山西、江西、宁夏、西藏

三 基于媒介发展环境差异的开放度

我们可以看到，开放度排名高的省区，内蒙古、甘肃、新疆、青海、贵州，可以联系到其经济的欠发展，进而是当地媒体产业的欠发展，因此外地媒体的相对竞争力更强，造成开放度指数高；但是北京经济发达，本地媒体产业的竞争力也强，为何也位列开放度高的区域？沿用同样的逻辑来看开放度较低的省份，如广东、江苏、山东、广西等，都是当地卫视经营较有特色的省份，对外地频道落地竞争的制约作用强，但卫视经营有特色的不止这些，像东方卫视的资讯、湖南的娱乐、安徽的电视剧在市场上已有成功的业绩，理应也有较强地限制外地卫视的竞争力，但其开放度排列却位于中间，如何理解这一错位？此外，对于各省市区媒体力量在不同区域市场的渗透和流动，还有别的解释逻辑，如基于地域的电视收视"十字架"（除了湖南卫视和安徽卫视等少数几个频道外，基本上南方省份的卫视频道过不了黄河，北方省份的卫视频道跨不过长江），东部地区和西部地区的卫视频道基本上以京广铁路为中线，互相难以逾越[1]。开放度的表现和该省（市区）的哪些地域特征有关，也即媒体市场的开放度与媒体发展环境的关系，是一个值得深入探讨的问题。

媒介产业与发展环境的开放性关系目前还少有理论和实证的研究，与一地媒介开放程度相关的因素是哪些？我们的思考是从 N-R（需求 Need 与资源 Resource）关系模式入手的。改革开放以前，资源一直是我国经济发展的主导型约束因素，改革开放以来，社会内部的消费和生产的有效需求也成为经济发展的约束因素，在转轨过程中资源（R）与需求（N）是我国经济发展的双重约束[2]。而在市场创新中，需求与资

---

① 陆地、蔡颖婕：《中国电视产业区域发展战略刍论》，《声屏世界》2006 年第 7 期。

② 陈乐一：《双重约束：中国商品市场波动的分析》，商务印书馆，1999，第 197～198 页。

源的互相协调也是最主要的关系模式①。对传媒业来讲，社会需求（N）与媒介资源（R）是决定传媒经济发展的两个相互依存、互为条件的主题，传播活动刺激社会需求，社会需求的增长使媒介经营资源紧缺，此时，就会刺激传播活动解决媒介市场资源创新的紧缺问题②。

此外，媒介产业是基于内容产品和服务的，不是刚性消费，而是精神文化消费，与消费者的消费意愿和消费态度有密切联系，因此我们把消费者是否愿意接收新的市场力量和偏好多样化的市场格局也作为考察的一个变量。

与一地的媒体市场开放度有关的因素来自于市场本身和对市场的管制，也即媒介政策。全国性的媒介政策，如是否允许异地办报、节目落地许可等，我们认为在区域层面上是各省共享的默认背景，不再单独提出，区域性的传播政策，譬如对媒体产业或更广泛意义上的文化创意产业有没有鼓励的措施、对外地媒体的落地有无显性或隐性的市场打压，乃至对外地媒体的内容产品如新闻报道中的舆论监督有没有天然的抵触和反感等等，都会影响到外地媒体进入该地区的容易程度，进而影响该地的市场开放情况。由此得到了开放度相关因素的框架，也即由传播需求、媒介资源、受众特征及传媒管制构成的市场环境（如图2）。

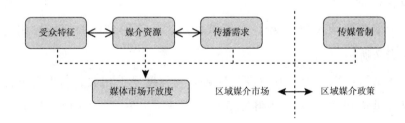

图2 媒体市场开放度相关因素模式图

资料来源：作者自制。

---

① 范如国、陈坤：《技术创新扩散的 N - R 协调模型》，《科技进步与对策》2001 第 3 期。

② 梁昊光：《传媒经济与传媒增长》，《决策参考》2003 年第 4 期。

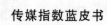

　　我们对媒体市场环境开放程度的考察即基于这三个方面：市场环境的传播需求、本地的媒介资源丰富程度、本地受众接受新媒介产品的特征。假设本地的传播需求越高，媒介资源能力越弱，受众越愿意接受新的媒体，则该地的媒体市场开放度就越高，也即外地媒体越容易进入该地市场。在测量指标的选择和操作上，我们以反映当地的媒介经济活力为总的指向，当地的传播需求选取了广告开发度，也即广告在国民经济中发展的程度，用广告额占 GDP 的百分比表示，因为广告开发的成熟与否跟当地媒介产业的规模和活力联系密切，广告开发度高也就意味着广告活动和媒体经营对传播渠道需求的增加；当地媒体的资源能力选取了当地省级电视台的年电视播出时长，这是表征广电事业发展的一个核心指标，它不仅仅反映了电视台的播出能力，同时也反映了其自身的生产能力或节目购买能力，是一个地区电视机构综合能力的体现，因此可以反映区域市场上当地媒体的实力是否处于强势；受众特征选取了千人日报拥有量，这一数值是国际通用的信息接触和媒介消费的指标，其数值越高意味着人群的媒介接触程度越高，媒介消费意识强，对媒介产品的辨识和接纳也更为容易。三个指标的原始数据经计算整理如表 5 所示。

　　各项指标的原始值在单位及数量级上不同，为便于进行相关分析，我们采用了三项指标的标准值与开放度标准值进行相关分析，各项指标对应分布如表 6 所示。

　　全部数据录入 SPSS 统计分析软件后，运算得到的四项指标相关关系如表 7 所示。

　　从结果可以看到，开放度与广告开发程度呈正相关，与省台电视播出时长呈负相关，皮尔逊相关系数分别为 0.479，−0.414，相关程度为中等，达到统计显著水平；与千人日报拥有量无显著相关。这说明我们设计的指标与开放度是部分相关的，也即当地传播需求越强，当地媒介资源的供给越弱，与之相伴的是当地的媒介市场开放程度越高。但在受众接受新媒介产品的特征方面，则没有得到明显的结论。但作者认为，从逻辑上来讲，受众特征仍应是考虑的一个因素，因千人日报拥有

表5　媒体市场开放度相关因素分省（市区）分布表

相关因素	受众特征	媒介资源	传播需求
指　　标	千人日报拥有量	电视播出时长	广告占 GDP 比率
省（市区）	（份）	（万小时）	（%）
广　　东	116.60	61.23	0.93
北　　京	184.86	10.74	3.29
上　　海	204.13	15.95	2.56
江　　苏	86.64	73.20	0.58
浙　　江	146.81	60.88	0.69
山　　东	64.99	79.66	0.32
辽　　宁	93.58	64.06	0.56
湖　　北	68.57	58.25	0.31
重　　庆	48.49	20.17	0.80
四　　川	46.31	75.28	0.40
天　　津	205.73	12.72	1.42
福　　建	61.41	31.63	0.54
云　　南	30.55	24.78	0.40
河　　南	56.28	81.02	0.19
黑　龙　江	47.55	61.64	0.30
湖　　南	33.13	72.55	0.40
安　　徽	39.26	56.88	0.42
甘　　肃	35.23	35.24	0.16
吉　　林	55.38	38.81	0.35
陕　　西	43.47	50.54	0.08
河　　北	84.22	66.14	0.08
山　　西	52.32	42.12	0.34
新　　疆	45.82	53.10	0.40
江　　西	38.76	56.85	0.41
贵　　州	21.85	28.92	0.33
广　　西	32.44	28.87	0.30
内　蒙　古	24.81	55.21	0.09
海　　南	65.81	7.39	0.30
青　　海	19.79	6.67	0.24
宁　　夏	41.68	12.17	0.35
西　　藏	27.47	4.07	0.67

资料来源：新闻出版总署计划财务司，国家广播电影电视总局计划财务司，国家统计局，2007。

表6 媒体市场开放度与相关因素对应表

项　　目	受众特征	媒介资源	传播需求	市场开放度
指　　标	千人日报拥有量	电视播出时长	广告占GDP比率	外地卫视落地数
省（市区）	标准值	标准值	标准值	标准值
广　　东	3.94	3.73	3.49	2.27
北　　京	5.26	1.65	6.94	4.89
上　　海	5.64	1.87	5.88	5.27
江　　苏	3.35	4.22	2.99	0.91
浙　　江	4.52	3.72	3.15	3.93
山　　东	2.93	4.49	2.61	2.74
辽　　宁	3.49	3.85	2.96	2.27
湖　　北	3.00	3.61	2.60	2.81
重　　庆	2.61	2.04	3.31	2.52
四　　川	2.57	4.31	2.73	2.57
天　　津	5.67	1.74	4.21	3.02
福　　建	2.86	2.51	2.93	1.70
云　　南	2.26	2.23	2.73	2.76
河　　南	2.76	4.55	2.42	2.81
黑 龙 江	2.59	3.75	2.58	1.49
湖　　南	2.31	4.20	2.73	3.18
安　　徽	2.43	3.55	2.75	1.84
甘　　肃	2.35	2.66	2.38	3.51
吉　　林	2.74	2.81	2.65	2.48
陕　　西	2.51	3.29	2.26	2.78
河　　北	3.31	3.93	2.26	2.50
山　　西	2.68	2.95	2.64	3.67
新　　疆	2.56	3.40	2.73	3.98
江　　西	2.42	3.55	2.74	3.67
贵　　州	2.09	2.40	2.63	3.67
广　　西	2.30	2.40	2.57	2.45
内 蒙 古	2.15	3.48	2.28	3.46
海　　南	2.95	1.52	2.58	1.70
青　　海	2.05	1.49	2.50	4.24
宁　　夏	2.48	1.71	2.65	3.56
西　　藏	2.20	1.38	3.12	4.35

资料来源：作者自制。

表 7　开放度指数相关关系的初步检验

指　标		开放度指数	千人日报拥有量	电视播出时长	广告占GDP比率
开放度指数	Pearson Correlation	1	0.251	−0.414 *	0.479 **
	Sig. (2 – tailed)		0.174	0.020	0.006
	N	31	31	31	31
千人日报拥有量	Pearson Correlation	0.251	1	−0.143	0.804 **
	Sig. (2 – tailed)	0.174		0.442	0.000
	N	31	31	31	31
电视播出时　长	Pearson Correlation	−0.414 *	−0.143	1	−0.389 *
	Sig. (2 – tailed)	0.020	0.422		0.31
	N	31	31	31	31
广告占GDP比　率	Pearson Correlation	0.479 **	0.804 **	−0.389 *	1
	Sig. (2 – tailed)	0.006	0.000	0.031	
	N	31	31	31	31

说明：　＊ Correlation is significant at the 0.05 level (2 – tailed)；

　　　　＊＊ Correlation is significant at the 0.01 level (2 – tailed)。

量是一个客观指标而难以反映人们的主观意识，所以在检验结果上未能体现出相关，对受众群体的意识特征的测量数据在全国层面上还付阙如。

　　本文的贡献，在于提出一个观察和检验媒介市场开放度的理论框架，选取了三个操作化指标来表征各地的媒介发展环境，一方面基于这些指标的内涵，从理论推导上来讲他们是与开放度有关的，另一方面基于这些指标的数据，他们是客观可得的、可靠的；但相关性检验结果也表明，相关程度还有较大空间可供挖掘，还需要进一步回顾文献寻找更准确的其他的操作性定义，并对其测量，进而廓清与媒介开放度有关的其他环境因子。本文旨在搭建检验开放度的指标体系，为进一步的改进和修正提供线索和启示。研究者们可以发掘更精确的测量指标，尤其是表征受众特征的指标来检验开放度与当地媒介发展环境的相关因素。

居民消费潜力与媒介消费行为[*]

近年来中国经济的迅速成长，为人们追求和实现更高层次的需求提供了物质条件和保障。根据马斯洛的需求层级理论，人在实现了生理和安全方面的需求之后，将转而寻求社交需求、尊严需求和自我实现需求。在更高层次的需求满足上，报纸、广播、电视以及网络等媒介无疑为人们提供了一条加强社会与人际沟通，增进交流，寻求认同的渠道。文化娱乐教育等精神层面的消费逐渐成为居民消费的新亮点，这些都为中国传媒业发展提供了丰富的"注意力"资源，也促进了传媒业的发展和变迁。精神文化消费的增加，提升了居民的消费层次并带动了消费结构的变化。

本文即从消费的角度入手，在我国当前宏观经济背景下，关注居民的消费情况和媒介消费行为。

一　媒介消费与媒介市场

"所谓媒介消费，是指在生产、生活中，消费主体在信息、娱乐等需求的引导下消费相关媒介产品及服务从而得到满足的消费行为。日常的读书、看电视、听广播、浏览报纸、翻阅杂志及使用互联网等，都属于媒介消费的范畴。"[①] "媒介的演变与发展不是在脱离社会的真空中完成的，发生在媒介方面的重大转折往往有着深刻的社会动因。反之，媒介作为一种重要的社会资源，其本身演变与发展的效果，也终将溢

　＊　本报告执笔人为中国人民大学新闻学院传媒经济专业硕士研究生张苗佳。
　①　郑欣：《媒介使用动机与文化消费——以江苏省三地城乡居民为对象的考察》，《南京大学学报》2006 年第 5 期。

出传媒业并对整个社会产生相当的作用，媒介消费，既具有一般社会现象的特征，同时也因为以媒介为消费对象而形成自身的特殊性，因而成为将社会事实与媒介事实相联系的重要节点，它不但从消费的角度折射出社会转型的外部特征，而且反映了转型时期媒介发展与演变的内在动因。"① 随着信息社会的到来，媒介对整个社会的作用已经越来越明显，媒介消费水平可以从一个侧面来反映社会的发展程度。

居民的媒介消费又是属于文化消费的一部分。"文化消费是指对精神文化类产品及精神文化性劳务的占有、欣赏、享受和使用等。其实质是对社会及他人提供的物化形态和非物化形态的精神财富的消耗。"② 社会的整体文化消费水平，是国民生活质量指标体系中的重要内容之一。因此，我们把居民在文化娱乐上的消费支出也看做是居民媒介消费的一个反映指标进行比较和分析。

媒介市场的消费需求指全社会所形成的对媒介最终消费品（包括物品和服务）的有支付能力的购买力总量。"有支付能力"是构成媒介市场的关键，而"收入"又是构成媒介消费者"有支付能力"的关键。喻国明教授认为，"所谓传播市场实质上就是由受众的'有支付能力的需求'所构成的"③。居民可支配收入中的一部分最终变成了居民的消费支出，因此，我们从居民总的消费支出和他们在媒介上的消费入手，在国民经济形势和政策变迁的宏观背景下，考察不同时间和不同地区居民媒介消费行为的变化。

二 媒介消费的测量指标

在媒介生态环境中，存在着各种不同的媒介和媒介的消费者。这里我们关注的媒介主要选定报纸、杂志、广播、电视和网络这5种。据统

---

① 夏雨禾：《社会转型中的媒介消费趋势》，《天府新论》2006年第5期。
② 苏志平、徐淳厚：《消费经济学》，中国财政经济出版社，1997，第153页。
③ 喻国明：《解构民意——一个舆论学者的实证研究》，华夏出版社，第170页。

计，2006 年我国 31 个省市自治区的媒介生产情况如下：公开发行报纸
1717 份；期刊 6828 份；网站 816972 个；广播电台 296 座（2005 年数
据），广播人口覆盖率 95.04%，2006 年全年播出时长 1064.44 万小时；
电视台 332 座（2005 年数据），人口覆盖率 96.23%，2006 年播出时长
1346.72 万小时。我们选取的指标有居民人均消费支出、居民人均文化
娱乐消费支出和千人日报拥有量。需要指出的是，因为在目前官方的统
计数据中，还没有专门的媒介消费指标，居民在媒介方面的消费都归入
文化娱乐消费中，因而我们要考察居民在媒介方面的消费支出与总的消
费支出之间的关系时，就用文化娱乐消费来代替媒介消费；而千人日报
拥有量所指的"日报"是一周 5 刊以上的报纸。另外，我们也用居民
在媒介上花费的时间，即媒介接触时长作为一个辅助指标衡量媒介消
费。

　　在分析过程中，我们选择城镇居民作为分析样本，是因为目前城乡
居民无论在消费上还是在媒介消费行为上都存在很大的差异，城乡发展
不均衡，农村居民的媒介消费需求得不到有效满足，因而选取城镇居民
作为代表样本，进行各个时间段和地区间比较。

　　分析中所使用的数据来源于《中国统计年鉴》（1998～2007 年）、
《中国区域经济统计年鉴》（1998～2005 年）、《中国价格及城镇居民家
庭收支调查统计年鉴》（2000－2005 年）等资料。

三　居民消费与媒介消费行为的时间分析
（1997～2004）

　　2003 年中国人均 GDP 首次突破 1000 美元，达 1090 美元，表明中
国经济发展开始进入人均 GDP 1000～3000 美元的转型关键时期。根据
消费经济学理论和国际经验，当人均 GDP 达到 1000 美元时，居民消费
结构将从生存型向享受、发展型转变；而消费结构的升级将促进经济结
构和社会结构的转变。中国居民消费形态的变迁升级，是中国传媒产业

能够不断保持创新前进的强大动力，居民消费在向享受、发展型转变的过程中，必将对传媒消费提出更高的要求，要求中国传媒产业为消费者提供更高质量、更个性化、更为互动的信息和服务。

下面表1和图1是1997～2006年中国城镇居民人均消费与文化娱乐消费基本情况。

从城镇居民总的生活消费支出情况看，在1997～2006年，城镇居民生活消费支出一直呈增加趋势（见表1、图1），10年间居民人均年消费支出从4185.64元增加到8696.55元，增长了1倍多，这充分说明我国城镇居民生活水平的不断提高，文化娱乐消费的支出随着这种趋势的上升也一直在增加（见表1），从1997年的210.77元，增加到2006年的591.04元，增长了1.8倍。

表1　城镇居民文化娱乐消费基本情况

年　份	人均消费支出 （元/人）	文化娱乐消费支出 （元/人）	文化娱乐消费占总消费比重 （％）
1997	4185.64	210.77	5.04
1998	4331.61	224.38	5.18
1999	4615.91	243.72	5.28
2000	4998.00	264.07	5.28
2001	5309.01	261.72	4.93
2002	6029.88	407.04	6.75
2003	6510.94	420.38	6.46
2004	7182.10	473.85	6.60
2005	7942.88	526.13	6.62
2006	8696.55	591.04	6.80

从文化娱乐消费占总消费支出的比重看，城镇居民文化娱乐消费支出比重总体上呈上升趋势，但中间有起伏，基本上属于曲折上升（见图1）。从1997年的5.04％增加到2006年的6.8％，其中1999年和2000年比重相同，都为5.28％，而2001年出现了一次下降，降到了4.93％，2002年有一个大的增长，2003年又有所回落，之后一致平稳增长。

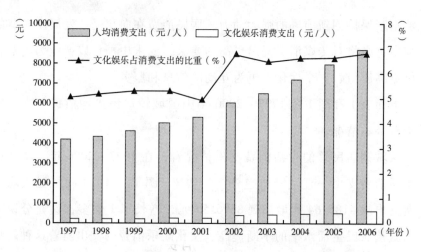

图1　1997～2006年城镇居民文化娱乐消费基本情况

2001年我国城镇居民文化娱乐消费占总消费的比重有所下降，可以从国家的宏观经济形势方面找到一些原因。居民消费要受到宏观经济形势和政策的影响，劳动就业制度改革所造成的就业的不稳定性和失业的压力，与教育、医疗、住房等计划经济体制下的社会福利保障制度的淡出，以及适应市场经济要求的新型社会保障制度的短缺等多种因素结合在一起，恶化了城镇居民对未来的收支预期，造成预防性储蓄迅速增加，而居民收入分配差距扩大也降低了社会消费倾向。在这种情况下，居民在文化娱乐方面的消费也会随之下降。2001年我国传媒业的发展也显缓慢，全行业广告收入增长速度下降，电视媒体增长停滞，广电业发展后劲不足，有线电视网络经营业务作为广播电视业的另一收入来源，由于有线电视网络的多功能业务开发、推广进展缓慢，也未取得更大的增长。

至于2002年居民人均文化娱乐消费又出现大幅度增长，与中国在2001年底之前正式加入WTO和在7月获得2008年奥运会的主办权也有一定关系。为应对"入世"挑战，国家有关部门出台以集团化为主要内容的新闻出版广播电影电视业改革方案，部分解除传媒业发展的体制性障碍，希望打造我国广义传媒业的"航母"，启动文化产业核心部门高速发展的进程；国家制定了一系列法律和法规，以落实与 WTO 有关的开放服务分销市场的承诺。[①] 传媒领域的重大制度变迁提高了我国传媒业的市场集中度，提升了传媒工业的复制与传播能力，激起对传媒内容的新需求，对传媒产业结构产生了积极的影响。"入世"之后，境外文化产品逐渐进入我国市场，近年来，数字电视、付费频道、网络游戏、手机短信等新媒介形态的出现，在为居民媒介消费提供新产品的同时，也在逐渐改变着居民的媒介消费结构。

四 居民消费与媒介消费的地区分析

（一） 各地区居民媒介消费总体对比

表 2 是 2006 年各地区的居民人均消费支出、人均文化娱乐消费支出、千人日报拥有量和文化娱乐支出占总消费支出的比重。

从表 2 和图 2 中可以看出，2006 年全国人均消费支出是 8696.55元，文化娱乐消费支出为 591.04 元，文化娱乐消费占总消费的比重是6.8%。在各地区中，人均消费支出最多的是北京、上海、浙江、广东、天津，这 5 地的人均消费支出都超过了 10000 元，最少的是西藏、青海、江西、黑龙江等地。而人均文化娱乐消费在人均总消费中占的比重与人均总消费的排名顺序不太一致，北京市位居第 1，人均文化娱乐消费占人均总消费的 10.39%，上海则以 8.17% 居第 2 位，广东紧随其后，排在前 3 名，而浙江、天津两地的文化娱乐消费在总消费中的比重就要差一些，甚至低于宁夏、青海、内蒙古这些传统意义上的不发达省区；西藏地区人均消费支出最少，文化娱乐消费比重也是最小的。

---

① 江蓝生、谢绳武主编《2003 年：中国文化产业发展报告》，社会科学文献出版社，2003，第 7 页。

表 2   2006 年各地区居民消费与媒介消费比较

省（市区）	居民人均消费支出（元）	人均文化娱乐消费支出（元）	千人日报拥有量（份）	文化娱乐支出占总消费支出的比重(%)
安　徽	7294.73	326.12	39.26	4.47
北　京	14825.41	1540.15	184.86	10.39
福　建	9807.71	688.46	61.41	7.02
甘　肃	6974.21	489.31	35.23	7.02
广　东	12432.22	1010.23	116.60	8.13
广　西	6791.95	452.61	32.44	6.66
贵　州	6848.39	514.42	21.85	7.51
海　南	7126.78	352.15	65.81	4.94
河　北	7343.49	411.61	84.22	5.61
河　南	6685.18	423.86	56.28	6.34
黑龙江	6655.43	359.69	47.55	5.40
湖　北	7397.32	440.69	68.57	5.96
湖　南	8169.3	608.93	33.13	7.45
吉　林	7352.64	398.37	55.38	5.42
江　苏	9628.59	745.63	86.64	7.74
江　西	6645.54	474.05	38.76	7.13
辽　宁	7987.49	342.68	93.58	4.29
内蒙古	7666.61	536.95	24.81	7.00
宁　夏	7205.57	520.25	41.68	7.22
青　海	6530.11	457.06	19.79	7.00
山　东	8468.4	569.44	64.99	6.72
山　西	7170.94	468.02	52.32	6.53
陕　西	7553.28	506.69	43.47	6.71
上　海	14761.75	1206.45	204.13	8.17
四　川	7524.81	496.14	46.31	6.59
天　津	10548.05	702.63	205.73	6.66
西　藏	6192.57	87.44	27.47	1.41
新　疆	6730.01	357.74	45.82	5.32
云　南	7379.81	433.1	30.55	5.87
浙　江	13348.51	893.52	146.81	6.69
重　庆	9398.69	632.88	48.49	6.73
全　国	8696.55	591.04		6.80

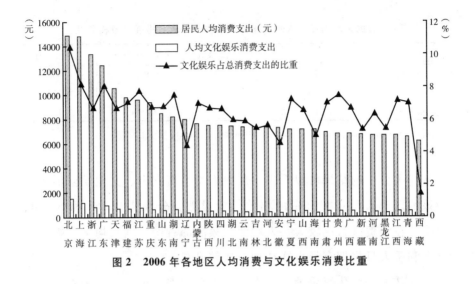

图2　2006年各地区人均消费与文化娱乐消费比重

　　总的说来，在沿海省份和特大城市，居民在文化娱乐事业上的支出比较多，文化娱乐消费支出占总支出的比重相对较大。但人均消费与文化娱乐消费所占的比重并不是完全一致的，做相关分析也可以看出，二者之间的相关性为0.585（见表3）。这表明，一般来说，一省（市区）的居民消费支出多，文化娱乐消费支出就多，但文化娱乐消费所占的比重不一定大，比如贵州省人均消费额不高，文化娱乐支出占总消费支出的比重却相对很大，与贵州地区居民重视休闲的生活习惯有很大关系。这与不同地区的居民消费习惯、生活方式、文化传统等有关。这点我们将在后面的个别地区分析中谈到。

表3　居民人均消费支出与文化娱乐支出所占比重的相关性分析

		居民人均消费支出	文化娱乐支出占总支出比重
居民人均消费支出	Pearson	1	0.585 **
文化娱乐支出占总支出比重	Pearson	0.585 **	1

　　说明：** Correlation is significant at the 0.01 level（2-tailed）。

　　这里，我们还可以把各地区的居民消费、文化娱乐消费和该地区的千人日报拥有量作比较。对居民人均消费支出、人均文化娱乐消费支出和千人日报拥有量做相关性分析，结果如表4所示。

表4　居民人均消费、人均文化娱乐消费和千人日报拥有量相关性

		居民人均消费支出	文化娱乐消费支出	千人日报拥有量
居民人均消费支出	Pearson	1	0.932 **	0.863
文化娱乐消费占总消费比重	Pearson	0.932 **	1	0.754
千人日报拥有量	Pearson	0.863	0.754	1

说明：** Correlation is significant at the 0.01 level (2-tailed)。

从相关分析的结果可以看出，居民人均消费支出、文化娱乐消费支出与该地区千人日报拥有量的相关性较显著，分别为 0.863 和 0.754，这说明，在消费潜力比较大、人均消费额高的省份，其人均文化娱乐消费支出和千人日报拥有量也往往相对比较高。

比如从人均文化娱乐消费支出占人均总消费支出的比重来看，北京则居于首位，人均文化娱乐支出为 1540.15 元，占人均总消费支出的 10.39%。但从具体情况来看，媒介消费与整体消费水平并不完全对位，比如北京人均消费水平最高，但千人日报拥有量却少于天津、上海。

（二）个别地区居民媒介消费行为专门分析

1. 北京、上海地区比较

从前面的图表中可以看出，北京、上海两个地区在各项排名中都居于前列，在我国属于媒介经济最发达的地区。从居民人均消费支出来看，北京第1，上海第2；从居民人均文化娱乐消费占总消费支出的比重来看，北京又超过上海，居于第1位；而从千人日报拥有量来看，上海为 204.13 份，明显超过北京的 184.86 份。从这里可以看出两地居民的媒介接触和消费习惯的不同。

相比上海来看，北京和广东居民在文化娱乐方面的支出并不主要投放在报纸上，注意力更多地投放在其他媒介上，从 2005 年的市民媒介接触数据来看，北京市民平均每天的读报时间为 43 分钟，上海市民为 47 分钟，而在收看电视的时间上，北京市民为 182 分钟，远远高于上海市民的 156 分钟。

根据中国人民大学舆论研究所在 2002 年进行的北京居民读报意愿和媒介接触调查显示，在 2002 年北京居民花在电视上的时间是最多的。每个观众每天平均看电视的时间达到 126.9 分钟；其次是上网，每个网民平均日上网时长为 84.8 分钟；再次是读书，接下来是读报纸。调查数据表明，人们阅读报纸的日平均时长为 56.0 分钟，居第 4 位。此外，杂志读者接触杂志的日平均时长为 48.0 分钟，而每位听众每日听广播的平均时长为 55.5 分钟。随着上网人群的增长，传统媒体市场空间明显地受到挤压。调查显示，与 2000 年相比，2002 年北京市民接触各类传统媒体的平均时长都有不同程度的减少，其中，传统的强势媒体——电视和报纸——的受众接触时长的减少最为显著。①

2. 其他地区的比较

总体消费支出与文化娱乐消费支出并不完全对位的状况也可以从其他地区的差别看出来。比如贵州、宁夏两地，人均消费水平并不高，但是从居民人均文化娱乐消费占总消费支出的比重看，他们都在 7% 以上，排在全国前列，可以看出两地人均文化娱乐消费支出都较多。这跟其文化和社会环境有关系，比如贵州地处西南，居民生活态度悠闲，生活节奏相对比较缓慢，因而虽然经济不是很发达，但在文化娱乐上投入较多，比如两省的电视收视时间也在全国比较靠前。

山东和四川的人均消费支出在全国的排名也比较靠前，但是文化娱乐支出在居民消费支出中占的比重并不是很大。这两个省都有经济发达、人口多、文化资源丰富的特点，但居民的消费模式仍然偏于传统型，在媒介方面的消费投入不多。同时，省内各地区的居民消费发展不均衡，比如四川的成都地区，居民的媒介消费水平在全国都属于比较高的，市民平均每天读报时长达到 43 分钟，收看电视时间达到 185 分钟，均高于全国平均水平。这与成都休闲传统有很大关系，成都人历来就有休闲自在，注重消费和善于享受的特点，这种特点相沿成习，也就积淀

---

① 喻国明：《变革传媒——解析中国传媒转型问题》，华夏出版社，2005。

为一种休闲之风浓郁的生活方式，因而成都居民的文化消费在消费中占的比重很高。

天津作为直辖市之一，经济发展潜力大，GDP 值高，工业发达，人均消费支出绝对值高，为 10548.05 元，在全国排第 5 位，但相对来说，文化娱乐消费占总消费的比重却不高，只有 6.66%，而且在 1997～2004 年这几年间增幅也很小，仅为 0.83%。20 世纪 90 年代中后期以来，作为老工业城市，天津市国有企业的破产、兼并、重组，职工下岗、失业现象的频繁出现带来的就业压力以及社会上方方面面竞争格局的形成和加剧，使广大居民对未来收入的稳定感下降，收入预期下降。与此同时，随着改革的进一步向纵深发展，居民住房、医疗、教育、养老保险等这些由国家财政提供保障的福利，一下子转由居民自己去支付，消费预期骤然增强。正是由于收入预期的下降和消费预期的增加，居民的风险意识增强了，自我保障压力加大了，进而也就导致了居民在压缩和谨慎现期消费的同时不断增加储蓄积累，消费习惯偏于保守，在消费支出方面主要注重基础的生存型消费，文化娱乐消费自然也被压缩，媒介消费不旺。

山西文化娱乐消费占的比重也比较低，但在千人日报拥有量方面，天津和山西却比较高，明显高于文化娱乐消费支出相当的其他地区。从另一个角度看，这些地区的居民文化娱乐消费还有很大的增长空间，居民在媒介消费方面的发展潜力很大。随着经济的发展，居民消费结构的调整，各地区城镇居民的媒介消费结构在数量扩大的基础上表现出结构的不断优化。

以上主要都是以城镇居民为样本进行消费和媒介消费行为的分析，在我国媒介业发展的过程中，我们不仅要考察东西部、各省市区之间的区域差别，城乡差距也是一个重要的问题。

五　小　　结

通过以上分析我们发现，居民的媒介消费受到宏观经济形势的影响，呈现出以下几个特点：第一，居民媒介消费随消费水平的提高总体上呈逐年递增的趋势。第二，媒介的消费作为比较高层次的发展型的消费，相对于基础的生存型消费来说在居民总的消费支出中所占比重变化比较大、不稳定。第三，近年来，居民的媒介消费在数量不断扩大的基础上表现出结构的不断优化。首先，主要是由于媒介消费作为居民生活方式的重要表现，总是保持与生活方式一致的演变方向，随着社会结构的变化，不同生活方式居民群体不断产生，必然对媒介消费提出更高的需求，从而促进媒介消费结构的优化；其次，社会制度和国家政策的变迁也会对媒介消费产生重大影响，比如我国加入 WTO，国际间交流、东西部交流增多，扩大和调整了媒介消费品的供给；再次，媒介技术的革新促进了新媒体的出现，数字电视、付费频道、网络游戏、手机短信等新媒介形态的出现，在为居民媒介消费提供新产品的同时，也在逐渐改变着居民的媒介消费结构。

各个地区相比，一般来说，东部沿海和发达大城市媒介消费要多，但也并不绝对，这与不同地区的经济文化特点有关，从另一个角度来看，西部地区居民媒介消费上升的空间和发展潜力也比较大。

参考文献

1. 黄升民、陈素白、吕明杰：《多种形态的中国城市家庭消费》，中国轻工业出版社，2006。
2. 侯水平主编《云南文化产业发展报告（2006）》，社会科学文献出版社，2006。
3. 崔保国主编《2004～2005 年：中国传媒产业发展报告》，社会科学文献出版社，2005。
4. 赵彦华：《媒介市场评价研究——理论、方法与指标体系》，新华出版社，2004。
5. 孙国锋：《中国居民消费行为演变及其影响因素研究》，中国财政经济出版社，2004。
6. 张晓明、胡惠林、章建刚主编《2004 年：中国文化产业发展报告》，社会科学文献出版社，2004。

7. 周长城等：《中国生活质量：现状与评价》，社会科学文献出版社，2003。

8. 江蓝生、谢绳武主编《2001～2002 年：中国文化产业发展报告》，社会科学文献出版社，2002。

9. 邵培仁：《论中国媒介的地里集群与能量聚积》，《杭州师范学院学报》（哲学社会科学）2006 年第 5 期。

10. 喻国明：《网络崛起时代：北京人媒介接触行为的结构性变化及其特点——来自 2000 年北京居民媒介接触行为的抽样调查报告》，《国际新闻界》2001 年第 1 期。

宏观经济与广告市场：
影响及规律的实证分析*

宏观经济环境是广告赖以生存的土壤，健康的宏观经济会促进广告产业的发展；广告的发展也将反过来拉动消费，促进经济的发展。本报告通过对我国各地区广告产业与经济发展之间的关系进行实证分析，总结了宏观经济对广告产生影响的规律，为判断和预测不同地区广告产业的发展阶段、发展活力和发展潜力提供依据。

一　研　究　方　法

目前的文献已经证明，宏观经济与广告市场存在相关关系，在经济发达的地方，宏观经济对广告起到主导作用。但宏观经济与广告市场之间关系的具体规律是怎样的？目前关于这方面的研究还比较少，本报告希望对此有所突破。为了操作方便，本文沿袭之前的大部分研究的方法，用 GDP 代表宏观经济状况，用广告经营额代表广告市场状况，以31 个省、自治区、直辖市为分析单位，用 SPSS 统计软件进行分析。需要说明的是，北京积聚了大量的全国性媒体，其广告和 GDP 所指涉的范围并不严格对位，不能反映广告与 GDP 的关系，所以本文在进行聚类分析时，剔除北京。

本文把宏观经济与广告市场的关系归结为两个层面：发展水平、发展活力。"发展水平"，是对二者关系的静态描述，即广告额占 GDP

　　* 本报告的执笔人为中国人民大学新闻学院 2006 级传媒经济学方向博士研究生王春枝。

的比重，用广告开发系数表示；发展活力，是对二者增长状况关系的描述，即广告增长率与 GDP 增长率的比率，本文用广告增长指数表示。

二 广告开发系数

关于宏观经济与广告的静态关系的理论，最经典的是相对常数原理，这个理论指出，经济对于传媒产业规模的支持程度是相对稳定的，总体经济水平决定了大众传媒市场的发展空间[①]。具体到广告方面，经济总量决定了广告产业的可能性空间，广告在经济中所占的比重相对稳定。但实际上，在不同的地区，这个可能性空间被开发的程度不一样，广告开发度系数指标，就是通过计算广告占 GDP 的比重，来衡量各地区广告可能性空间被开发的程度。

用 2005 年的数据计算全国各地的广告开发度系数，结果见表 1，其中数据显示，除北京、上海、天津、广东外，其他各地的广告开发度系数都低于 1%，其中更有 21 个省区低于 0.5%，全国 31 个省、自治区、直辖市的平均值为 0.7%。在传媒产业发达的国家，广告占 GDP 的比重平均在 1.5% 左右，在美国，这个比重超过了 2%。这说明从总体来看，我国广告开发水平普遍偏低。

从表 1 的数据还可以看出，不同地区的广告开发度系数差别比较大，总体来说，经济发达的地区，广告开发度系数也相对要高一些，这反映了广告与宏观经济关系的另一个特点，经济越发达的地区，不仅增加了广告的可能性空间，也有助于提升广告的开发程度。但是经济发达程度与广告开发程度的关系并不是线性的，比如山东、河南、河北等省，经济的发达水平在全国是中等以上水平，但是广告开发度系数却排

---

① Jinok Son and Maxwell E. McCombs："A Look at the Constancy Principle Under Changing Market Conditions", *Journal of Media Economics*, 1993 summer, pp. 23 – 26.

表1 各省市区广告开发度系数（2005年）

单位：%

省（市区）	广告开发度系数	省（市区）	广告开发度系数	省（市区）	广告开发度系数
北 京	3.24	湖 北	0.41	湖 南	0.32
上 海	2.91	新 疆	0.41	黑龙江	0.31
天 津	1.44	江 西	0.40	广 西	0.28
广 东	1.08	四 川	0.40	河 南	0.22
重 庆	0.88	宁 夏	0.40	青 海	0.20
西 藏	0.73	贵 州	0.39	甘 肃	0.16
浙 江	0.72	云 南	0.39	陕 西	0.11
辽 宁	0.57	海 南	0.37	内蒙古	0.10
福 建	0.55	吉 林	0.36	河 北	0.09
江 苏	0.50	山 西	0.34		
安 徽	0.42	山 东	0.33		

在全国中等以下，尤其是山东，虽然为全国第二经济大省，但广告开发度却仅为0.33%，排在全国第22位。为了更好地呈现经济发达程度与广告开发度系数之间的关系，本文以广告开发度系数和GDP为指标对各省市区进行聚类分析。由于两个指标的绝对值存在数量级上的差别，直接聚类的结果不明显，为了更明确地展示各地经济水平与广告开发水平的差异，本文先对两个指标的取值进行排名，然后按照排名的位次进行聚类，结果如表2。

聚类结果中一类地区经济发达，广告开发度也比较高；二类地区经济比较发达，但广告开发度偏低；三类地区经济不太发达，但广告开发度相对本地区经济水平而言比较高；四类地区经济不发达，广告开发度也不高。而在所有的类别中，有近2/3的地区广告开发程度比经济发展水平低，尤其是二类地区中的河南、河北、山东，广告开发度与经济发展水平相比严重偏低；少部分地区广告开发水平与GDP相比偏高，其中天津、重庆、西藏的广告开发程度的排名远远高于GDP发达程度排名。

表2　各省区市GDP位次与广告开发度位次的聚类结果（2005年）

省（市区）	GDP位次	开发度位次	聚类结果	省（市区）	GDP位次	开发度位次	聚类结果
上　海	7	2	1	山　东	2	22	2
浙　江	4	7	1	安　徽	15	11	3
江　苏	3	10	1	天　津	21	3	3
广　东	1	4	1	江　西	18	14	3
辽　宁	8	8	1	重　庆	24	5	3
福　建	11	9	1	西　藏	31	6	3
湖　北	12	12	1	新　疆	25	13	3
四　川	9	15	1	海　南	28	19	4
山　西	16	21	2	贵　州	26	17	4
内蒙古	19	30	2	云　南	23	18	4
广　西	17	25	2	宁　夏	29	16	4
黑龙江	14	24	2	吉　林	22	20	4
湖　南	13	23	2	陕　西	20	29	4
河　北	6	31	2	甘　肃	27	28	4
河　南	5	26	2	青　海	30	27	4

　　如何解释广告开发度与经济发展水平不对位的现象？本文引入另一个指标：人均GDP。因为广告的目的是刺激居民消费，与GDP相比，人均GDP更能反映一个地区的消费水平，也应该更能解释经济与广告的关系。SPSS的相关分析结果表明，广告开发度与人均GDP的皮尔逊相关系数为0.875，属于强正相关关系（一般相关系数高于0.8，即可被解释为存在强正相关关系），而与GDP水平的相关关系仅为0.156，关系极微弱，因此，用人均GDP解释广告开发度水平会比用GDP总量解释要更加合理。

　　使用人均GDP位次与广告开发度位次的聚类分析，结果显示（表2），一类地区（上海、浙江、江苏、广东、辽宁、福建、湖北、四川）与四类地区（海南、贵州、云南、宁夏、吉林、陕西、甘肃、青海）广告开发度与经济发展水平排序基本均衡，表明广告开发程度与经济水平比较适应，不同之处在于一类地区经济水平发达，广告开发水平也高；四类地区经济水平不发达，虽然相对现有的空间而言，广告开发比较充分，但是广告开发水平的绝对数还是太低，只有经济的进一步发展才能为其提供更大的广告空间；二类地区（山西、内蒙古、广西、黑龙江、湖南、河北、河南、山东）经济水平发达，为广告提供了广阔的发展空间，但是这些广告空间没有被充分开发，经济发展水平与广告开发度位次差距最大的是河北、山东两省，其中河北 GDP 总量全国排名第 6，而广告开发度全国最低，而山东 GDP 总量仅次于广东排名全国第 2，广告开发度却排在全国第 22，由于广告开发度严重不足，这类地区剩余的广告开发潜力最大；三类地区人均 GDP 水平不发达，相对于现有空间而言，广告开发度较高。

三　广告增长指数

广告增长指数是反映广告增长活力的指标，用广告增长率与 GDP 增长率的比率来计算。由于在所选取的年份中，广告增长率与 GDP 增长率都为正值，在这种情况下，广告增长指数小于 1，则表明广告增长比 GDP 的增长慢，表明广告增长不活跃；如果等于 1，表明广告增长等于 GDP 增长，广告活跃程度一般；如果大于 1，表明广告增长比 GDP 的增长快，广告增长很活跃，而且指数越大，活跃程度越高。

1991 ~ 2005 年的数据计算结果显示（见表 3），15 年来全国各省市区的平均广告增长指数都在 1 以上，其中河北省指数最低，为 1.11，大部分省区市的指数介于1.5 ~ 2.1 之间，贵州、西藏的指数最高，分别为 4.89 和 10.65，31 个省区市的均值为 2.15，剔除异常点西藏和贵州后，各地区的广告增长指数均值为 1.76。这组数据说明，就 1991 ~ 2005 年间的动态增长来看，全国各地区的广告增长速度普遍高于 GDP 的增长速度，中国的广告市场增长活跃。但是，与世界发达国家相比（见表 4），中国广告市场的活跃程度还有很大差距。英国传媒经济学家吉莉安·道尔曾提出过关于广告和经济发展关系的理论：即 GDP 随时间增长时，广告并没有随之平行地增长，而是以更快的速度增长，以放大的形式反映整个经济的变化。中国 15 年的广告增长和 GDP 增长趋势的折线图（见图 1）也呈现广告增长速度对 GDP 增长速度的"放大"规律，在大多数年份，广告的增长率都高于 GDP 的增长率。中国与发达国家广告增长系数的差距，可以归因于经济水平的差距，有理由相信随着经济的增长，中国广告市场也会以更快的速度增长。

表 3　各省市区广告增长率与 GDP 增长率（1991～2005）

省（市区）	广告增长率	GDP 增长率	增长指数	省（市区）	广告增长率	GDP 增长率	增长指数
西　藏	1.73	0.16	10.65	江　苏	0.36	0.20	1.76
贵　州	0.72	0.15	4.89	黑龙江	0.29	0.16	1.74
山　西	0.45	0.18	2.48	新　疆	0.29	0.17	1.73
湖　北	0.34	0.16	2.13	浙　江	0.36	0.21	1.70
上　海	0.40	0.19	2.11	广　东	0.34	0.20	1.67
宁　夏	0.36	0.17	2.08	山　东	0.32	0.20	1.66
安　徽	0.36	0.18	2.03	北　京	0.34	0.20	1.66
湖　南	0.34	0.17	2.03	河　南	0.31	0.19	1.62
海　南	0.35	0.17	2.02	福　建	0.32	0.20	1.55
云　南	0.33	0.17	1.98	天　津	0.28	0.19	1.51
辽　宁	0.30	0.16	1.91	广　西	0.26	0.18	1.44
四　川	0.26	0.14	1.86	陕　西	0.24	0.17	1.44
吉　林	0.32	0.17	1.86	内蒙古	0.26	0.20	1.30
江　西	0.32	0.17	1.85	青　海	0.2	0.16	1.24
重　庆	0.19	0.11	1.78	河　北	0.21	0.19	1.11
甘　肃	0.28	0.16	1.77				

表 4　发达国家和地区经济增长与广告业增长速度

单位：%

国家和地区	指标	1997 年	1998 年	1999 年	2000 年
美　国	GDP	4.4	4.3	4.1	4.1
	广告	8.2	8.6	8.6	12.3
	增长指数	1.9	2.0	2.1	3.0
加拿大	GDP	3.1	2.2	4.5	4.7
	广告	10.0	7.3	6.2	6.7
	增长指数	3.2	3.3	1.4	1.4
欧　洲	GDP	1.6	0.7	2.5	3.5
	广告	8.6	9.1	6.6	11.8
	增长指数	5.4	13.0	2.6	3.4

资源来源：白贵等《我国广告业发展趋势分析》，《商场现代化》2007 年 4 月（中旬刊）。

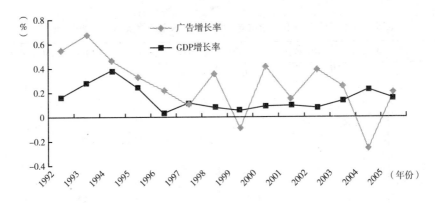

图 1　中国的广告增长率与 GDP 增长率趋势（1991～2005）

当然，广告增长与 GDP 增长的关系也要受到其他因素的影响。从纵向发展来看，如图 1 所示，虽然大部分年份广告增长率都高于 GDP 的增长率，但是依然有一些例外，相对于 GDP 平稳的增长趋势来说，广告增长率的趋势不太稳定，尤其是从 1997 年开始，广告增长率开始大起大落，每年的变化幅度都大于 20%（2003 年略小），这说明在广告活跃增长的背后，广告市场还不成熟，没有进入稳定发展的阶段。

从横向的比较来看，各省市区的广告增长指数与经济水平之间的关系也有一定程度的错位。为了比较各省市区之间广告增长指数的差异，我们选取 2005 年这一时间截面，计算出各省市区当年的广告增长指数，并以增长指数的位次与 GDP 的位次为标准进行聚类分析。结果显示，一类的 8 个省市（浙江、上海、辽宁、四川、福建、湖北、湖南、山西）之间的具体情况虽然各有不同，但是总体来说经济发达，广告增长指数也比较高；二类地区（山东、广东、江苏、河南、河北、北京、黑龙江、安徽）经济比较发达，但是广告增长指数偏低，尤其是广东、山东、江苏，经济总量分别名列全国前 3 位，广告活跃程度却都排在全国 16 位以后，在提升广告的活跃程度方面，这类地区的潜力最大；三类地区（新疆、广西、江西、内蒙古、天津、吉林、云南、重庆、贵州、海南、宁夏）经济较不发达，广告增长相对活跃；四类地区（甘肃、青海、西藏、陕西）经济不发达，广告增长也不活跃（见表 5）。

表 5　各省市区广告增长指数与 GDP 发达水平的聚类分析（2005 年）

省（市区）	指数位次	GDP 位次	位次聚类	省（市区）	指数位次	GDP 位次	位次聚类
浙　江	13	4	1	新　疆	27	24	3
上　海	9	7	1	广　西	18	17	3
辽　宁	10	8	1	江　西	16	18	3
四　川	5	9	1	内蒙古	11	19	3
福　建	8	11	1	天　津	14	20	3
湖　北	6	12	1	吉　林	19	21	3
湖　南	4	13	1	云　南	12	22	3
山　西	2	16	1	重　庆	15	23	3
广　东	17	1	2	贵　州	1	25	3
山　东	20	2	2	海　南	7	27	3
江　苏	26	3	2	宁　夏	3	28	3
河　南	25	5	2	甘　肃	30	26	4
河　北	29	6	2	青　海	28	29	4
北　京	21	10	2	西　藏	23	30	4
黑龙江	24	14	2	陕　西	31	31	4
安　徽	22	15	2				

　　造成第二类、第三类地区广告活跃程度与经济发达水平错位的原因是多方面的：一方面，广告依赖度高的行业，比如食品、日常用品、医药等，从消费的角度来说，这些大都是居民生活必需品，因此居民对于这些商品的消费缺乏弹性，即使是经济增长不活跃的地区，这些商品的消费空间依然存在，进而就为广告增长提供了空间，尽管经济不发达，但是广告市场依然相对活跃。而对于经济增长活跃的地区来说，随着经济水平的提升，人们对快速消费品的消费在整体消费结构中的比例下降，对于广告商来说，广告投入存在边际效应，即投放量达到一定程度时，广告的作用不再明显，广告投放的速度自然就会减慢，这些地区需要通过调整广告的行业依赖结构以增加广告增长的活跃程度。另一方面的原因是生产和消费本身的错位，以山东为例，海尔、海信这样的大型企业的存在，为山东的 GDP 作出了巨大贡献，但是它们的广告投放是面对全国的，经济水平与广告活跃程度的错位也就不难理解了。对于这些原因，其他学者的研究提供了佐证，比如有学者通过对影响广告的多种变量进行多元逐步回归，结果发现与 GDP 相比，社会消费品销售对我

国广告经营具有更强的决定作用①。当然，这种错位也存在社会、文化、政策等多方面的原因，在本报告的其他指标中也都有所分析。

四 结 论

通过对全国各省市区广告发展水平、发展活力的分析，以及与国外数据的对比，可以得出以下结论：①从宏观经济对广告市场的作用的一般规律来看，存在强者愈强、弱者愈弱的马太效应，即经济越发达，广告在经济总体中所占的比例越大、广告增长速度越快，广告未来的发展潜力也越大。②对各省市区数据在两个指标方面的研究，都发现GDP状况与广告市场状况错位的现象，比如山东省经济发达程度高，但是广告市场发展水平低；而西藏、重庆等省市区经济发达程度不高，但是广告市场状况处在全国比较靠前的位置。这说明GDP与广告市场并非线性相关，其他影响因素，比如人口规模、消费水平等，也是广告市场的重要影响因素。③本文在广告与GDP关系的两个层面上进行了聚类分析，每种聚类结果的"第二类"地区都是今后广告从业者需要重点关注的对象，这些省市区经济较发达，但广告发展落后，有更多的市场空间等待开掘。

---

① 吴永新：《我国广告业发展与国民经济发展关系的研究》，《中国广告》2006年第8期。

受众规模与媒体广告关系研究

——全国主要城市人均受众承载广告额分析[*]

一 引 言

与其他产业不同，媒介产业面对的市场是一个"两元产品市场"，媒介产业生产的产品必须在两个市场上满足不同的需求，第一个市场是受众市场；第二个市场是广告市场，相应的，媒介在进行盈利的时候也存在着二次售卖，第一次售卖是媒体将产品——报纸、杂志或广播电视的节目等售卖给受众，就目前的盈利模式，媒体的利润主要来自于第二次售卖，即媒体把受众的注意力再卖给广告商，广告商给媒体支付广告费。平均说来，广播电视的广告收入超过其总收入的一半，而报纸杂志的广告收入已经占到其总收入的70%。受众成了广告的基础，包括受众的质量和受众的数量，受众的质量就是受众的职业、教育程度、收入等能集中体现出受众购买力的大小。毫无疑问，受众的购买力越强，其质量就越高，对媒体和广告商的价值就越高，也就越会成为广告商和媒体追逐的对象。受众的数量就是受众的规模，通常情况下受众的规模越大，其对媒体和广告商的价值也就越高。所以受众的规模和受众的质量（主要表现为由教育、职业、收入等因素决定的购买能力）应该成为受众决定广告额的两个决定因素，由于受众的质量难以量化，本研究仅研究受众的规模和媒体广告额的关系。

在当前城市是居民消费的集中地，也是媒介的聚集地，我国的广告市场主要是由城市带动起来的，要研究广告发展状况必须首先研究城市广告，

---

* 本报告执笔人为中国人民大学新闻学院传媒经济专业博士生苏林森。感谢 CTR 资深媒介研究顾问姚林教授提供数据和为文章写作提供的解释。

因为各个城市的受众规模差异较大，纯粹比较各个城市的广告额的差异还不够全面。要评价某一城市某种媒介的广告盈利能力，要较为全面的比较各个城市的广告发展状况，还必须考虑广告的接收者——受众。将受众规模和媒介广告联系起来的一个指标是人均受众承载广告，人均受众承载广告就是某一城市的某种媒体的广告总量与该类媒体的受众规模的比值，即某城市中某种媒体人均受众承载广告＝该媒体的广告（按刊例价）/该媒体推及到达人口。从人均受众承载广告可以较为全面地看出每个地区的广告发展潜力。

二　研究问题、假设和数据来源

研究问题：全国各主要城市各种媒介人均受众承载广告及其排名。

研究假设：

（1）每个城市的各种媒介的广告额与其对应的推及受众规模呈正相关。

（2）在同一个城市的同一年份，不同媒体之间的人均承载广告呈正相关。

（3）各城市的人均受众承载广告与居民的消费能力呈正相关。

本研究数据主要来源是央视市场股份有限公司（CTR）2005 年和2006 年的全国 36 个主要城市（实际计算中有些城市的某种媒体广告额缺失，具体见各表）的媒体广告受众到达率调查数据[①]，用 SPSS13.0 for windows 进行分析。

---

① 该报告所用 CTR 调查数据包括 2005 年、2006 年全国 36 个中心城市的各媒介（报纸、杂志和电视）推及受众数据和 36 个城市的报纸广告数据（两者重合的城市为 32 个城市）、35 个城市的电视广告数据（与推及受众数据调查城市重合的 32 个城市）、2005 年 20 个城市的杂志广告数据（与推及受众数据调查城市重合的 19 个城市）和 2006 年 19 个城市的杂志广告数据（与推及受众数据调查城市重合的 19 个城市）。本报告涉及的媒体为报纸、杂志和电视，报纸和杂志的人均受众承载广告又可称为人均读者承载广告，电视的人均受众承载广告又可称为人均观众承载广告。本研究中的 2005 年和 2006 年全国各中心城市各媒体的广告额是指各地媒体的广告刊例价而非实际价，在实际中，就全国平均看，一般报纸广告在刊例价的基础上打 4.4 折，杂志打 5.5 折，广播和电视打 2 折，如果要计算实际中人均承载广告可以参照该折扣比例。数据不包括中央媒体在各地的广告额。本研究中的各媒体的推及人口是根据在调查中问及昨天读过报纸（看过电视或读过杂志）的受众数，最终的推及受众数据是在各媒体调查的原始到达数据进行加权所得，数据能足够代表实际受众规模。

三 分析结果

（一）各主要城市人均受众承载广告状况

根据上面提到的人均受众承载广告公式，可以大致反映各地不同媒体广告费用水平，可以知道在哪些城市做广告比较"贵"。表1、表2和表3是按照降序排列的全国主要城市的杂志、报纸和电视的人均受众承载广告。

表1 全国各城市杂志人均受众承载的广告

单位：元

排名	城 市	2005年杂志人均读者承载广告	城 市	2006年杂志人均读者承载广告
1	广州	1739.55	广州	1085.76
2	上海	752.19	上海	921.97
3	成都	367.40	天津	493.52
4	西安	300.69	成都	418.39
5	兰州	298.83	西安	335.40
6	北京	240.97	兰州	281.30
7	深圳	208.75	深圳	253.71
8	武汉	140.00	北京	231.29
9	昆明	133.27	昆明	224.75
10	济南	111.61	武汉	158.31
11	海口	102.40	海口	144.42
12	长沙	97.94	哈尔滨	111.34
13	乌鲁木齐	89.80	济南	84.85
14	哈尔滨	88.38	长春	39.83
15	贵阳	53.75	贵阳	29.51
16	长春	51.30	长沙	20.05
17	天津	46.87	沈阳	7.43
18	沈阳	13.40	杭州	4.49
19	杭州	6.38		

表 2　全国各城市报纸人均受众承载的广告

单位：元

排 名	城　市	2005 年报纸人均 读者承载广告	城　市	2006 年报纸人均 读者承载广告
1	长　沙	1272.83	长　沙	1544.32
2	南　京	1049.68	重　庆	1047.39
3	青　岛	1042.07	兰　州	961.84
4	重　庆	1038.70	天　津	920.89
5	兰　州	976.81	广　州	916.11
6	广　州	951.50	南　京	892.87
7	北　京	813.28	青　岛	869.04
8	杭　州	799.87	福　州	833.74
9	合　肥	765.21	北　京	809.86
10	天　津	727.48	合　肥	767.28
11	济　南	725.51	杭　州	753.52
12	武　汉	653.97	贵　阳	710.69
13	福　州	613.12	武　汉	695.52
14	上　海	579.81	成　都	648.04
15	贵　阳	577.33	大　连	610.91
16	成　都	576.09	哈　尔　滨	610.42
17	大　连	558.68	石　家　庄	608.44
18	石　家　庄	553.60	昆　明	608.24
19	深　圳	541.25	深　圳	605.47
20	沈　阳	489.20	济　南	604.58
21	南　宁	457.55	上　海	589.48
22	西　安	444.04	南　宁	589.07
23	哈　尔　滨	443.48	郑　州	542.14
24	昆　明	442.58	沈　阳	539.65
25	宁　波	440.67	海　口	515.34
26	南　昌	436.55	西　安	464.36
27	海　口	431.09	南　昌	447.13
28	厦　门	422.14	厦　门	438.26
29	郑　州	407.01	太　原	427.52
30	太　原	382.65	宁　波	411.17
31	长　春	366.32	长　春	381.37
32	乌鲁木齐	195.74	乌鲁木齐	257.84

表3　全国各城市电视人均受众承载的广告

单位：元

排名	城　市	2005 电视人均 承载广告	城　市	2006 电视人均 承载广告
1	长　沙	5110.45	长　沙	6209.37
2	合　肥	3675.15	合　肥	4223.11
3	广　州	3618.62	杭　州	4045.13
4	杭　州	3484.59	广　州	3558.68
5	福　州	2808.58	南　宁	3479.46
6	济　南	2593.66	福　州	3022.69
7	南　京	2480.39	石 家 庄	2906.04
8	石 家 庄	2443.86	济　南	2887.68
9	重　庆	2317.99	南　京	2869.53
10	西　安	2295.59	西　安	2834.99
11	南　宁	2123.44	郑　州	2419.15
12	海　口	2107.88	贵　阳	2327.47
13	郑　州	1944.74	重　庆	2261.48
14	贵　阳	1864.03	海　口	2172.23
15	南　昌	1840.14	成　都	1826.28
16	长　春	1643.15	长　春	1715.44
17	宁　波	1440.32	哈 尔 滨	1651.28
18	成　都	1429.41	昆　明	1645.66
19	昆　明	1397.97	南　昌	1621.65
20	太　原	1351.71	宁　波	1616.30
21	上　海	1250.78	武　汉	1594.76
22	沈　阳	1242.88	太　原	1540.23
23	武　汉	1240.38	沈　阳	1488.14
24	哈 尔 滨	1214.76	上　海	1400.55
25	乌鲁木齐	974.90	兰　州	1200.38
26	北　京	921.39	深　圳	1041.74
27	兰　州	830.64	北　京	1030.68
28	深　圳	737.05	乌鲁木齐	983.10
29	厦　门	714.47	青　岛	883.23
30	天　津	684.71	天　津	703.51
31	青　岛	556.86	厦　门	567.64
32	大　连	304.85	大　连	323.91

从表1、表2、表3中可以看出，2005年和2006年两年中，虽然人均受众承载广告有一些升降，但是各城市在人均受众承载广告上的全国排序变化不大，表现出一定的稳定性，这也是符合广告发展规律的。从表1至表3中可以看出，不同城市的人均杂志读者承载广告差别是很大的，2005年人均杂志读者承载广告最高的广州市（为1739.55元）是当年人均杂志读者承载广告最低的杭州市（为6.38元）的近273倍，2006年这一比值为近242倍！在2005年调查的19个城市和2006年调查的18个城市中，唯有广州市的人均杂志读者承载广告超过千元，成为中国杂志广告最贵的城市，人均杂志读者承载广告排名第2的是上海市。广州的杂志人均读者承载广告之所以最高，因为广州的杂志期刊发展位居全国前列，根据中国期刊协会的统计，在杂志发行量前10名的杂志中，广东占了3家，分别是《家庭》、《第二课堂》和《家庭医生》，广东另有一批在全国颇有影响的政经杂志如《新周刊》、《南风窗》等。如此密集的杂志造成了广州的人均杂志读者广告居高不下。而上海是国际性大都市，在全球消费最昂贵消费城市中排名第8[①]，这也正迎合了杂志面向白领高端的特性。上海随着进一步国际化，也诞生了一批高端杂志。可见大的城市，尤其是大的直辖市是适合杂志成长的好环境。

　　从表2中可以看出，长沙连续两年的报纸人均读者承载广告名列全国32个城市之首，长沙有全国著名的《三湘都市报》、《体坛周报》和《潇湘晨报》，2005年、2006年广告收入均过亿，而相对来说，长沙的人口规模较小，报纸推及读者人数才70多万，在历次的调查中都显示，长沙的市民阅读习惯与别的省会城市有所不同，其阅读率一直是在省会城市中最低的，这造成了长沙的报纸人均读者承载广告较高。人均报纸读者承载广告超过千元的城市2005年有长沙、南京、青岛和

---

　　① 调查称香港是全球房租最昂贵城市，上海为全球第8。见新浪网，http：//finance. sina. com. cn/consume/20070525/14073630392. shtml。

重庆，2006 年为长沙和重庆。乌鲁木齐和长春连续两年的人均报纸读者承载广告都名列全国倒数第 1、第 2，可以算得上是中国报纸广告最便宜的城市。

从表 3 中可以看出，相对于报纸和杂志而言，电视人均观众承载广告最为昂贵，这与电视作为当前第一媒体的地位是紧密相连的。长沙连续两年同样居电视人均观众承载广告第 1 名的宝座，成为中国电视广告最贵的城市，长沙之所以电视人均观众承载广告全国第 1，与长沙的电视媒体近两年快速发展分不开。2006 年湖南卫视全国收视份额 3%，全国排名第 6，全国有效覆盖率 60%，覆盖人口已达 7.6 亿，2006 年省级卫视收视第 1[①]。连续 2 年位于电视人均观众承载广告第 2 的是合肥市，同样与安徽电视的发展分不开，安徽卫视 2006 年全天全国卫视收视排名第 2，仅次于湖南卫视[②]。这两个城市在各自的省级卫视的带动下实现了电视广告的快速增长。在电视人均观众承载广告排行中有两个城市值得关注：天津和大连，这两个城市连续两年位于电视人均观众承载广告排行倒数第 3 和倒数第 1，说明电视媒体在这两个城市并不发达，再看看这两个城市在报纸杂志人均读者承载广告的排名，两个城市都位于全国城市的中等乃至中上位置，说明这两个城市的纸媒相对发达。

但是即使在同一城市同一种媒体在不同的年份的人均受众承载广告也是变化的，表 4 显示了两年中人均受众承载广告的变化。

从表 4 可以看出，电视的人均观众承载广告增幅较大，而报纸和杂志的人均读者承载广告降幅较大，表明了 2006 年电子媒介相对于平面媒体来说，其广告盈利能力更强。特别是 2006 年杂志的人均读者承载广告增长率下降较多，但是天津市的杂志人均承载广告上涨较大，增长近 10 倍，达到 952.92%。

---

① 周志懿：《悠着点，湖南卫视》，《传媒》2007 年第 5 期。
② 骆俊澎：《盘点：电视台收视排名出炉》，2007 年 2 月 7 日《东方早报》。

表4　各城市 2006 年人均承载广告比 2005 年的增长率

单位：%

城　　市	电　视	报　纸	杂　志	城　　市	电　视	报　纸	杂　志
南　宁	63.86	28.74	.	合　肥	14.91	0.27	.
青　岛	58.61	-16.60	.	太　原	13.95	11.73	.
兰　州	44.51	-1.53	-5.87	宁　波	12.22	-6.69	.
深　圳	41.34	11.87	21.53	上　海	11.97	1.67	22.57
哈尔滨	35.93	37.65	25.98	北　京	11.86	-0.42	-4.02
武　汉	28.57	6.35	13.08	济　南	11.34	-16.67	-23.98
成　都	27.76	12.49	13.88	福　州	7.62	35.98	
贵　阳	24.86	23.10	-45.10	大　连	6.25	9.35	
郑　州	24.39	33.20	.	长　春	4.40	4.11	-22.36
西　安	23.50	4.58	11.54	海　口	3.05	19.54	41.04
长　沙	21.50	21.33	-79.53	天　津	2.74	26.59	952.92
沈　阳	19.73	10.31	-44.58	乌鲁木齐	0.84	31.72	.
石家庄	18.91	9.91	.	广　州	-1.66	-3.72	-37.58
昆　明	17.72	37.43	68.64	重　庆	-2.44	0.84	.
杭　州	16.09	-5.79	-29.65	南　昌	-11.87	2.42	.
南　京	15.69	-14.94	.	厦　门	-20.55	3.82	.

（二）各城市媒体广告与其对应的到达受众规模呈高度正相关

如前所述，受众的质量和数量成为媒体广告的基础，某一种媒体的受众数量越大，其带来的广告也应该越多，从 2005 年和 2006 年全国中心城市的媒介广告和其对应的推及人口规模的相关分析可以看出，两者呈高度正相关（见表5）。

从表5可以看出，报纸的广告额与其推及人口的相关系数最高，为 0.9 以上，而电视的广告和受众规模的相关系数相对最低，但是也达到了 0.6 以上，各个城市杂志的广告额与其对应的推及受众的相关系数居中，接近 0.8。之所以呈现这种分布，是由于报纸的读者与人口的集中

表 5　城市媒介广告与其推及受众的相关系数表

推及受众（人）	05 年报纸 （N = 36）	06 年报纸 （N = 36）	05 年电视 （N = 36）	06 年电视 （N = 36）	05 年杂志 （N = 36）	06 年杂志 （N = 36）
广告（元）						
05 年报纸（N = 36）	0.923					
06 年报纸（N = 36）		0.943 **				
05 年电视（N = 35）			0.609 **			
06 年电视（N = 35）				0.643 **		
05 年杂志（N = 20）					0.791 **	
06 年杂志（N = 19）						0.799 **

说明：** 相关在 0.01（双尾）的水平下具显著性。05 和 06 均表示 2005 年和 2006 年，下同。

程度是相关的，除了少数全国发行的报纸以外，报纸基本上多在报纸所在的城市消费，尤其是目前报业广告的主要贡献者基本上都是各个城市的都市报，其推及的城市报纸读者规模基本上就代表了该报纸实际拥有的读者。而虽然电视频道的主要观众一般会集中在电视台所在的城市，但是自从电视讯号纷纷上星以后，电视的观众已经远远打破了地域的界限，不再局限于其所在的城市了，在各个城市收视前 10 名的电视频道中，外地频道大约占到一半左右[1]。所以各地推及的电视人口数实际上并不能完全代表各地实际的电视观众数，电视台的观众并不太受地域限制，自然一个城市的推及观众数对这个城市的实际观众数的代表性就小，这样两者的相关系数就偏低。而杂志的读者分布情况介于报纸和电视之间，一部分杂志是在其出版地发行，其读者主要集中在杂志的出版地，但是更多的有影响的杂志是全国发行的，这就出现了分化，一个城市推及的杂志读者数虽然在一定程度上代表了该城市杂志的实际读者数，但是并不完全代表其实际读者数，推及的城市杂志读者数对实际读者数的代表性应介于报纸的推及读者数对实际读者数的代表性和电视的

---

① 王兰柱：《中国电视收视年鉴 2006》，中国传媒大学出版社，2006。

推及观众数对实际观众的代表性之间，其与广告额的相关性也就介于两者之间。这样各地杂志的广告额与其对应的读者规模的相关系数也就介于电视和报纸之间。

（三）同一城市不同的年份中，不同媒体之间的人均受众承载广告低度相关，同一媒体的人均承载广告呈高度正相关

同一城市同一媒体，在不同的年份的人均受众承载广告是有变化的，但是变化是不大的，通过相关分析发现，同一座城市的同一种媒体在不同的年份的人均受众承载广告额之间呈高度相关，2005年与2006年全国主要城市的报纸人均受众承载广告之间的相关系数是0.919，2005年和2006年全国主要城市的电视人均受众承载广告之间的相关系数是0.973，2005年和2006年全国主要城市的杂志人均受众承载广告之间的相关系数是0.883，而且相关都在0.01的显著性水平具有显著性，看来同一个城市的人均受众承载广告在连续的两年中相对稳定。但是分析发现在同一座城市不同种媒体之间的人均承载广告相关系数较低，2005年报纸与2005年电视的人均受众承载广告的相关系数是0.443，2006年报纸与2006年电视人均受众承载广告的相关系数是0.517，而无论是2005年还是2006年的杂志人均受众承载广告与报纸人均受众承载广告和电视人均受众承载广告的相关系数都更低，而且在0.05的显著性水平不显著。同一种媒体在不同的年份之间的人均承载广告之所以有高度的相关是因为同一种媒体的推及受众规模和媒体广告额在不同的年份具有较强的延续性，在连续两年中应该不会有较大的起伏，这样各媒体的人均受众承载广告在不同的年份也应该有延续性，而不同的媒体之间在同一年份同一城市中是竞争关系，往往表现出此消彼长的关系，一个城市在某一年份的受众总规模是一定的，广告也是一定的，这些受众和广告在一个城市的不同的媒体中进行分割；但同时某一城市各媒体的广告规模和推及的受众又表现出相对的稳定性，所以其人均受众承载广告呈现低度相关（见表6）。

表6　不同类媒体的人均受众承载广告的相关性分析 correlations

		05 人均报纸承载广告	06 人均报纸承载广告	05 人均电视承载广告	06 人均电视承载广告	05 人均杂志承载广告	06 人均杂志承载广告
05 人均报纸承载广告	Pearson Correlatin	1	0.919 **	0.443 *	0.436 *	0.290	0.144
	sig. (2-tailed)		0.000	0.011	0.013	0.228	0.567
	N		32	32	32	19	18
06 人均报纸承载广告	Pearson Correlatin	0.919 **	1	0.502 **	0.517 **	0.160	0.058
	sig. (2-tailed)	0.000		0.003	0.002	0.513	0.819
	N	32		32	32	19	18
05 人均电视承载广告	Pearson Correlatin	0.443 *	0.502 **	1	0.973 **	0.246	− 0.037
	sig. (2-tailed)	0.001	0.003		0.000	0.310	0.884
	N	32	32		32	19	18
06 人均电视承载广告	Pearson Correlatin	0.436 *	0.517 **	0.973 **	1	0.150	− 0.126
	sig. (2-tailed)	0.013	0.002	0.000		0.540	0.617
	N	32	32	32		19	18
05 人均杂志承载广告	Pearson Correlatin	0.290	0.160	0.246	0.150	1	0.883 **
	sig. (2-tailed)	0.228	0.513	0.310	0.540		0.000
	N	19	19	19	19		18
06 人均杂志承载广告	Pearson Correlatin	0.144	0.058	− 0.037	− 0.126	0.883 **	1
	sig. (2-tailed)	0.567	0.819	0.884	0.617	0.000	
	N	18	18	18	18	18	

说明：　* Correlation is significant at the 0.05 level (2 - tailed)。

　　　　** Correlation is significant at the 0.01 level (2 - tailed)。

（四）同一类媒体 2005 年和 2006 年在各城市的人均受众承载广告名次高度相关

　　如前所述，2005 年和 2006 年两年间各城市的某一媒体的人均受众承载广告是高度相关的，用的是绝对额，比较各个城市两年间某一媒体的人均受众承载广告的排名可以发现两者也是高度相关的。进一步说明了各城市某一媒体人均受众承载广告在两年间具有延续性，其排名在两年间前后变化也不大（见表7）。

表7　各城市人均承载广告排名的相关性分析 correlations

			05人均报纸广告排名	06人均报纸广告排名	05电视人均广告排名	06人均电视广告排名	05人均杂志广告排名	06人均杂志广告排名
Kendall's tau_b	05人均报纸广告排名	Pearson Correlatin	1.000	0.774**	0.165	0.177	0.158	0.124
		sig.（2-tailed）	.	0.000	0.184	0.154	0.345	0.472
		N	32	32	32	32	19	18
	06人均报纸广告排名	Pearson Correlatin	0.774**	1.000	0.141	0.177	0.064	0.072
		sig.（2-tailed）	0.000	.	0.256	0.154	0.700	0.677
		N	32	32	32	32	19	18
	05电视人均广告排名	Pearson Correlatin	0.165	0.141	1.000	0.843**	−0.006	−0.268
		sig.（2-tailed）	0.184	0.256	.	0.000	0.972	0.120
		N	32	32	32	32	19	18
	06电视人均广告排名	Pearson Correlatin	0.177	0.177	0.843**	1.000	−0.018	−0.294
		sig.（2-tailed）	0.154	0.154	0.000	.	0.916	0.088
		N	32	32	32	32	19	18
	05人均杂志广告排名	Pearson Correlatin	0.158	0.064	−0.006	−0.018	1.000	0.725**
		sig.（2-tailed）	0.345	0.700	0.972	0.916	.	0.000
		N	19	19	19	19	19	18
	06人均杂志广告排名	Pearson Correlatin	0.124	0.072	−0.268	−0.294	0.725**	1.000
		sig.（2-tailed）	0.472	0.677	0.120	0.088	0.000	.
		N	18	18	18	18	18	18

说明：** Correlation is significant at the 0.01 level（2 - tailed）。

（五）城市人均受众承载广告与居民人均消费不显著相关

　　媒体广告是国民经济的一个重要组成部分，一个城市的媒体广告很大程度上是来自GDP的贡献的，反之广告对于促进消费、促进GDP的增长也有不可忽视的作用，2005年各城市报纸、电视和杂志的广告与当年各城市GDP的相关系数分别为0.890、0.634和0.808，同时要考虑GDP对广告的延滞作用，分析各城市当年的GDP和下一年（2006年）各城市各媒体广告的相关可以发现，两者也呈高度的正相关。2006年城市报纸、电视和杂志与2005年各城市的GDP的相关系数分别是0.890、0.627和0.668，所有相关在0.01的显著性水平上显著。分析2005、2006年各地报纸、电视和杂志广告与2005年其他宏观经济指标如人均收入和支出的相关也可以发现，相关系数也在0.390至0.560之间，呈中度相关，并且在 0.05 水平下相关多具显著。但是对 2005 年、2006 年城市报纸、杂志和电视的人均受众承载广告和城市 GDP、人均可支配收入、人均消费支出等数据进行相关分析发现，只有 2006 年人均杂志读者承载广告与 GDP 在 0.01 的显著性水平下呈正相关（相关系数为 0.629），人均受众承载广告与各城市 GDP、人均可支配收入、人均消费支出相关系数低（多在 0.1 上下）而且不具有显著性。看来各城市人均受众承载广告与宏观经济状况相关其实并不明显，人均受众承载广告与宏观经济的关系并不明显。

四 研究结论和讨论

从数据分析的结果看，只有假设（1）得到了完全支持，充分说明了受众规模是广告得以存在的数量基础，各媒体的广告额与其受众规模均呈中高度显著正相关，所以人口密集的大城市成为广告经营的中心。但研究假设（2）没有得到完全支持，同一城市中不同媒介的人均受众承载广告相关系数低，且在 0.05 的显著性水平下不具统计上的显著性，表明在同一城市中，不同媒介的人均承载广告相互依赖，但不同媒介在广告经营上又彼此竞争，相互压价，反映了同一城市不同媒介在广告经营上的激烈竞争。研究假设（3）没有得到支持，虽然一城市某媒体的广告总额和宏观经济发展状况是高度相关的，但是人均承载广告与宏观经济指标并不显著相关，这需要进一步的数据进行分析探讨。

需要说明的是，限于数据的缺乏，本报告中使用的广告额均是广告刊例价的折扣额，但由于同一类媒体在不同的城市其折扣是不同的，这影响了数据的准确性，但从各城市相对的比较角度看，其仍然具有较高的参考价值。不同媒介的人均受众承载广告是个较新鲜的话题，将来可以结合不同媒介的特点，针对不同的媒介进一步分析其人均受众承载广告的特征，为广告主的广告投放和媒介自身的经营管理提高提供决策参考。

中国城市广告的行业[*]集中度分析

——基于 CTR 的广告刊例数据[**]

从 1979 年恢复商业广告,到 2006 年商业广告市场规模变为 1573 亿元,中国广告业飞速发展,广告已经成为媒介的主要经济来源和媒介经营管理的核心,广告也成为人们日常生活中的一部分。如果从行业的观点看,一个地区、一种媒介的广告就是来自不同行业的广告投放组成的,而且组成某一地区某类媒体广告的各种行业在广告市场中的份额差别很大。这是由于下列原因造成的:①由于不同行业在国民经济中所占的比重不同;②不同地区的行业结构不同;③不同媒介的广告吸纳水平、传播性质也不同;④各行业对广告的依赖程度也不相同。对于国民经济的行业结构、经济结构有较多的研究和了解,但是关于广告来源的行业结构了解较少,而由于上述原因,也导致经济结构中各行业的比重与广告市场的行业结构也有较大差别,有的行业是高度依赖广告的,如房地产、电器产品等,有的行业却不大需要依赖广告,甚至有些行业根本不需要依赖广告,如农业产品。而广告的行业集中度就是分析某类媒体或某几类媒体广告,某个行业或前几个行业的广告在这个广告市场中的集中和垄断程度。

---

[*] 依照数据来源 CTR 的标准,将广告的行业分为 21 类:电脑及办公自动化产品、房地产/建筑工程行业、个人用品、工业用品、化妆品/浴室用品、活动类、家居用品、家用电器、交通、金融投资、酒精类饮品、农业、清洁用品、商业及服务性行业、食品、烟草类、药品、衣着、饮料、邮电通讯、娱乐及休闲,本文中提及的广告的行业如无特别说明即指这 21 个行业。

[**] 本报告执笔人为中国人民大学新闻学院传媒经济专业博士生苏林森。感谢 CTR 资深媒介研究顾问姚林教授提供数据和为文章写作提供的解释。

市场集中度是反映市场竞争或垄断程度的基本概念，又称垄断指数。分为买方市场集中度和卖方市场集中度，由于市场中更加重视卖方市场，加之卖方市场的数据的可获得性和计算的便利性，实际中，一般用卖方市场集中度表示。市场集中度的指标有绝对集中度指标和相对集中度指标。绝对集中度指标是最基本的市场集中度指标，包括集中率（Concentration Ration，CR）和赫芬达尔－赫希曼指数（Herfindahl-Hirschman Index，HHI，又称赫芬达尔指数）。集中率通常用市场上前几位企业的产量（销售额、职工人数、资产数额），占特定市场中整个产品的产量的比重来表示。一般用前四大企业的市场份额之和 CR4 或前 8 大企业的市场份额之和 CR8 来表示，如公式：

$$CR4 = \frac{\sum_{i=1}^{4} M_i}{\sum_{i=1}^{n} M_i} \times 100 \ \text{或} \ CR8 = \frac{\sum_{i=1}^{8} M_i}{\sum_{i=1}^{n} M_i} \times 100$$

　　公式中，i 代表某行业的单个厂商，n 代表某行业的厂商数量，M_i 代表某行业的总收益（或市场占有率）。集中率数值越大，表明该行业的垄断程度越高。赫芬达尔指数是用一个行业中各企业市场占有率的平方和表示，该指数能准确反映企业或产业的市场集中程度，如公式：

$$HHI = \sum_{j=1}^{f} (100S_j)^2,$$

　　公式中，f 代表某行业厂商的数量，j 代表某行业的某厂商，S_j 表示某一厂商的市场占有率。HHI 的值介于 0 ~ 10000 之间，越接近于 0，表明市场越趋于自由竞争，参与竞争的企业多且每家企业的市场占有率低，这样 HHI 无限接近 0；HHI 越接近于 10000，表明市场越趋于垄断，参与竞争的企业少，每家企业的市场占有率高，极端的情况是市场只有一家垄断企业，这样，其市场占有率 100%，HHI 为 10000。由于计算了某一行业所有厂商的市场占有率而不像集中率仅仅计算前几名的厂商的集中程度，HHI 是比 CR4 或 CR8 更为准确的一个指标，该指标的困难就在于研究者必须知道市场上某一行业的每个公司的产品或收益的数据。本文中多用 HHI 指数，同时辅以 CR 指数作为参考。相对集中度指标是从比较的角度描述企业规模分布的相对的集中程度，常用的指标是借用经济学中的洛伦茨曲线和基尼系数来测定社会收入分配的平均程度的指标。

本文中，研究某广告的行业集中度的指标主要有：集中率（CR，分 CR4 和 CR8）和 HHI，分别指在某广告市场份额中占前几位的行业占整个广告的比重和广告中各行业的市场份额的平方和。CR 越大，表明集中度越高，少数几个行业控制了较多的广告投放，拥有较大的市场竞争力。HHI 的数值越高，也表明广告的行业集中程度越高。本文以广告的行业集中度为主线，分别分析不同媒介、不同城市和不同年份的广告的行业集中度。通过行业集中度的计算可以了解广告来源的行业结构，某类媒体或某几类媒体广告对某个行业或某几个行业的依赖程度，从而为媒介的广告经营和广告主的广告投放提供参考。由于城市是广告的集中地，本文只计算全国各中心城市的广告数据，文中的数据来自央视市场有限公司（CTR）的广告刊例监测数据①。

一　不同媒介的广告行业集中度差别较大

从不同媒介广告投放的行业看，集中度最高的是报纸，其次是电视，再次广播和杂志，户外广告投放行业集中度最低，不同媒介广告投放的行业排序差别也较大。

报纸、电视、广播、杂志和户外媒体，不同的媒介具有不同的物理和传播特性，受众对象也不同，受众的接触习惯亦有区别，造成其对于

---

① 本文中所用 CTR 调查数据包括 2005 年、2006 年全国各中心城市媒介广告刊例数据。其中包括 36 个城市的报纸广告数据、35 个城市的电视广告数据、19 个城市的杂志广告数据、3 个城市的广播广告数据和 23 个城市的户外广告数据。文中的广告额是指各地媒体的广告刊例价而非实际价，因为是计算广告的行业集中度，用的是市场份额这个相对指标，在计算中无需将其折扣为实际广告。

不同的行业的广告的吸收有较大区别，某些行业的广告只是依赖某类或某几类媒体，如电视更多用于形象广告、知名度广告，这样不同的媒介的广告的行业集中度就有区别。从表1可以看出，无论是集中率还是HHI指数，不同的媒介的行业集中度有较大差异，报纸和电视的广告行业集中度较高，而户外广告的行业集中度相对较低，从广告市场的行业分布看，报纸和电视两大广告的行业垄断程度高，而新兴的户外广告的行业垄断程度较低。根据关于集中度的相关标准①，从CR系数看，五大媒介的广告投放的行业集中度都呈寡占型，从HHI指数看，报纸、广播、电视和杂志的广告行业分布是属于适度集中的市场，而户外广告的行业分布则属于非集中市场。另外，在不同的媒介中，不但广告投放的行业集中度有较大差别，而且广告投放的行业排名也各不相同，在所有的广告投放的行业排名中，不同年份五大媒介的排名各有变化，唯一不变的是农业，一直处于各类媒介2005年和2006年广告投放中的最后一个行业，其中重要的原因在于农业产品的特性，农民购买农业物资的习惯更多的是依赖传统的认识和人际传播，但是从另一方面也可以看出，农业类产品的厂商也要改变观念，增强该类产品的广告投放。

表1 2005、2006 年中国主要中心城市的广告行业集中度

年份	媒介	报纸	电视	广播	杂志	户外
2005	CR8	85.67	82.51	79.94	79.83	67.21
	CR4	66.96	65.67	53.38	54.62	45.22
	HHI	1511.67	1438.87	1122.59	1113.75	812.12
2006	CR8	85.55	82.29	79.68	82.64	69.39
	CR4	68.71	62.74	49.03	60.34	47.88
	HHI	1554.51	1283.39	982.99	1222.47	869.27

资料来源：根据 CTR 原始数据自制。

---

① 参照美国司法部和联邦贸易委员会的有关分析，HHI 指数在 1000 以下的为非集中市场，1000～1800 为适度集中的市场，1800 以上的为高集中度市场。另外，国际上通行的"贝恩分类法"认为如果行业集中度 CR4 < 30 或 CR8 < 40，则该行业为竞争型；如果 30 ≤ CR4 或 40 ≤ CR8，则该行业为寡占型。

分析各媒介的广告市场份额的行业集中度可以看出，不同媒介对不同行业的广告倚重程度差别是很大的，具体分布见表2和表3。电视和报纸的广告额名列各媒介的第1和第2。2005、2006年报纸广告来源排名前3位的行业依次为房地产/建筑工程行业、商业及服务性行业和交通，排名报纸广告来源后3位的行业依次为烟草、清洁用品和农业。2005、2006年电视广告投放中排名前3位的行业依次是化妆品/浴室用品、药品和食品，排名后3位的行业依次是金融投资保险、工业用品和农业。从刊例数据可以看出，报纸的广告行业集中度要略高于电视，报纸广告倚重的行业第一是房地产业，2005年房地产广告占整个报业广告的27.63%，2006年为28.02%，这样，房地产业的风吹草动就会相应影响报纸的房地产广告，进而影响整个报纸的广告投放，如2004年国土资源部"71号令"造成的"土地大限"[①]过后，房地产新盘供应

表2　2005、2006年报纸广告投放额前5位行业中所占的比例

单位：%

年份 \ 行业	2006年	2005年
房地产/建筑工程行业	28.02	27.63
商业及服务性行业	21.84	21.51
交　通	11.69	10.56
邮电通讯	7.15	6.75
总　计	68.70	66.45

表3　2005、2006年电视广告投放额前4位行业中所占的比例

单位：%

年份 \ 行业	2006年	2005年
化妆品/浴室用品	25.52	29.37
药品	16.38	15.05
食品	11.94	13.55
商业及服务性行业	8.89	7.70
总　计	62.73	65.67

---

① "71号令"规定：2004年8月31日后，国内土地市场将不得再采用协议方式出让经营性土地使用权。

持续下挫，房价普遍上涨，房地产广告收入出现明显下滑。而房地产是报刊广告投放的第一大行业，据中广协报委会对《广州日报》、《北京青年报》、《深圳特区报》、《北京晚报》等全国知名房地产广告大户的跟踪监测和调查，房地产广告收入均出现了不同程度的下滑，一般下降幅度在10%左右[1]，进入2005年以来，国家对房地产业的强力抑制影响了报业广告，也是促成报业经济萎靡的一个重要因素。2005、2006年电视广告投放最多的行业是化妆品/浴室用品，分别占整个电视广告投放的29.37%和25.52%，与报纸广告投放首位行业的比重相当。报纸和电视这种广告的行业分布是与两者的传播特性相吻合的，报纸适合传播具有一定深度的信息，而电视的广告则更为生活化并具有视觉冲击力。

2005、2006年杂志广告投放前3的行业依次是化妆品/浴室用品、交通和个人用品（见图1）。杂志广告排名后3位的行业依次是烟草、清洁用品和农业，广告投放的后3位行业与报纸相同。

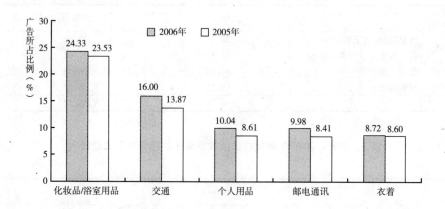

图1　2005、2006年杂志广告投放额前5位行业中所占的比例

2005年广播广告投放前3位的行业依次是商业及服务性行业、食品和娱乐休闲，后3位的行业是清洁用品、烟草和农业，2006年

---

[1]　黄升民：《2004年中国广告业成长轨迹分析》，2004年全国广告学术研讨会论文。

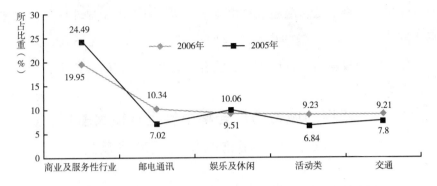

图2　2005、2006年广播广告投放额前五位行业中所占的比例

广播广告投放中排前3位的行业依次是商业及服务性行业、邮电通讯和娱乐休闲，后3位的行业是烟草、清洁用品和农业。广播作为一种可移动便携媒体，与人们的日常生活息息相关，其广告投放中商业及服务性行业占第1并不难理解，后3位的行业分布与报纸、杂志相同。

户外广告是一种新兴的广告媒介形式，包括楼宇电视、车厢广告、灯箱广告、路牌广告、墙体广告、候车亭广告等等。2006年全国23座城市户外广告刊例额比2005年增长8.60%，发展速度较快，2005年、2006年户外广告投放前3位的行业依次是房地产/建筑工程行业、商业及服务性行业和邮电通讯（见表4），2005年排名后3位的广告行业是个人用品、清洁用品和农业，2006年排名后3位的行业是烟草、清洁用品和农业。五大媒介中，无论是集中率还是赫芬达尔指数，户外广告

表4　2005、2006年户外广告投放额前4位行业中所占的比例

单位：%

年份 \ 行业	2006年	2005年
房地产/建筑工程行业	19.08	17.94
商业及服务性行业	12.22	10.94
邮电通讯	9.58	9.57
金融投资保险	7.00	6.77
总　计	47.88	45.22

的行业集中度都最低，最趋于自由竞争。这一方面由于户外广告的载体形式五花八门，其广告的内容涉及面也多种多样，无孔不入，另一方面，作为一种较新的广告形式，还没有形成垄断，充满着竞争。

二　不同的城市的广告集中度也有很大差别，集中度与城市的发达程度呈反比

在不同的地区，不但经济结构有较大差别，同时不同的城市媒介结构也不同，居民的媒介接触也呈现差异性，造成不同城市的广告投放的行业集中度差异较大（见表5）。由于经济发达地区的广告发展相对成熟，形成比较规范的广告竞争市场，广告行业的市场竞争也比较激烈，广告主的行业分布就比较分散，同时广告投放的媒介选择的机会也相对较多；而经济落后地区的广告发展状况刚好相反，广告相对不够成熟，并没有形成能够充分竞争有序的广告市场，存在着相对严重的垄断行为。所以广告的行业集中度与经济的发达程度呈反比，越是经济落后的地区，广告的行业集中度越高，反之，越是经济发达的地区，广告的行业集中度越低。2005 年各城市的广告行业集中度 HHI 指数（如前所述，HHI 指数是一个更为准确的计算集中度的指标）与当年的城市国内生产总值（GDP）、城市居民人均可支配收入、城市居民人均消费支出和二、三产业比重等经济指标的相关分析发现，两者均呈负相关，相关系数分别是 -0.46、-0.44、-0.41 和 -0.38，考虑到经济状况对广告影响的滞后效应，分析 2006 年的广告行业 HHI 与 2005 年各城市的广告行业 HHI 与当年的城市国内生产总值（GDP）、城市居民人均可支配收入、城市居民人均消费支出和二、三产业比重等经济指标的相关分析发现，两者相关系数更高，分别为 -0.58、-0.65、-0.61 和 -0.39[1]。

---

①　表示 p < 0.01，表示 P < 0.05，N = 36。

表 5　2005、2006 年各城市总广告市场 HHI 指数

城　　市	2006 年 HHI 排名	2006 年 HHI 指数	2005 年 HHI 排名	2005 年 HHI 指数
南　　宁	1	1633.11	2	1568.57
兰　　州	2	1608.23	7	1351.77
贵　　阳	3	1400.81	4	1391.88
大　　连	4	1377.34	17	1200.69
西　　宁	5	1354.07	34	861.57
哈 尔 滨	6	1350.49	23	1138.48
沈　　阳	7	1334.12	10	1294.12
拉　　萨	8	1280.34	27	1056.72
杭　　州	9	1279.56	5	1386.81
西　　安	10	1269.00	8	1339.22
乌鲁木齐	11	1264.67	3	1479.71
天　　津	12	1259.19	14	1235.85
南　　京	13	1235.34	9	1336.54
银　　川	14	1214.72	24	1135.83
福　　州	15	1205.70	6	1370.54
太　　原	16	1203.19	12	1268.96
合　　肥	17	1193.87	19	1174.50
宁　　波	18	1187.56	20	1167.80
成　　都	19	1176.13	18	1195.76
昆　　明	20	1175.68	22	1154.41
长　　春	21	1167.24	1	1581.41
南　　昌	22	1162.27	16	1202.25
郑　　州	23	1161.72	21	1164.09
武　　汉	24	1160.96	25	1125.08
石 家 庄	25	1148.52	15	1218.45
重　　庆	26	1139.08	13	1255.18
长　　沙	27	1063.86	11	1277.88
厦　　门	28	992.89	28	1050.40
呼和浩特	29	985.06	32	921.32
济　　南	30	982.51	26	1089.56
青　　岛	31	970.96	31	972.57
广　　州	32	910.23	29	1008.51
海　　口	33	832.67	33	887.72
北　　京	34	828.92	35	842.64
深　　圳	35	793.87	30	975.35
上　　海	36	738.00	36	761.75

资料来源：根据 CTR 原始数据自制。

三　同一种媒介或同一地区在不同的年份的
广告行业市场集中度具有稳定性

在同一类媒介中，由于其物理和传播上的同质性、受众群的稳定性，其广告投放也相对稳定，连续两年中其广告投放的行业结构应该具有一定的稳定性，从表 1 中可以看出，同一类媒介在 2005 年和 2006 年连续两年中，其广告投放的行业集中度变化不大；同样，在同一座城市，其经济结构和媒介结构以及居民的媒介接触习惯、广告主的广告投放习惯都会表现出一定的稳定性，其广告的行业集中度指数的变化也是不大的。从表 5 中也可以看出，在 2005 年、2006 年各城市总的广告市场中，其广告投放的行业集中度也表现出一定的连续性和稳定性。分析 2005 年和 2006 年各城市的广告集中度 HHI 指数的相关发现，两者的相关系数为 0.69（$p < 0.01$）。

四　由于总的广告中各行业和城市相互弥补，
其行业集中度比各类媒介和各地区
广告的行业集中度指数要高

虽然不同的媒介、不同的地区在广告投放的行业分布上有较大差异，具有较大的行业集中度指数，但是不同的媒介和不同的城市在广告的行业分布上具有互补性，这样，总广告的行业分布就相对平稳一些，总广告的行业集中度往往比分媒介和分地区的行业集中度要低。分别计算全国 CTR 监测的 36 座中心城市的广告的行业分布，2005 年全国广告的 21 个行业集中度 HHI 指数为 993.71，2006 年全国广告的行业集中度为 950.66，低于报纸、电视、广播和杂志四大传统媒介的广告行业集中度指数，也低于全国大部分城市的广告行业集中度指数。

五 结论和进一步研究的建议

从上述关于广告投放的行业集中度的分析可以看出，我国媒介的行业集中度相对偏高，尤其是报纸和电视的广告过多依赖某一类或某几大类重点行业广告，广告结构严重失衡，这对媒介的广告经营造成一定的风险。同时经济相对落后的西部地区的集中度指数较高，广告的行业分布趋于垄断，这对处于正在成长中的媒介的广告经营更造成一定的不利影响。媒介经营中要注意监测其广告的行业集中度，对其广告行业分布进行有目标的引导和控制，保证媒介经济健康成长。

另外，虽然 CTR 监测了大部分城市的广告刊例额，但是数据还是不够全面，给深入分析造成一定困难。如果具有充分的数据，可以做一些较长时期内不同地区、不同媒介、不同年份的广告行业集中度分析，这样会使广告的行业集中度的研究更加深入。比如通过某一地区或某一类地区长时间的报纸、电视、广播、杂志广告的行业分布数据，可以分析该地区各媒介广告的行业集中度特点及其变化趋势，还可以比较同一地区或同一类地区中，不同媒介广告的行业集中度差异，还可以比较同一媒介在不同的地区其广告的行业集中度的差异，或者从同一地区或同一类地区长时间广告的行业投放分析新的广告媒体如网络、户外媒体对广告的行业集中度的影响，或者分析不同地区的经济结构、经济水平等宏观经济特点对该地区广告的行业集中度的影响，等等，从而能够更深入的了解不同媒介、不同地区、不同时间的媒介广告的行业分布特征，更好地为广告投放提供参考。

后记：我们尝试了什么？

本项成果受到中国人民大学"985工程""中国新闻传播研究哲学社会科学创新基地"的资金支持。

当本报告结集出版的时候，一个最初的问题又一次浮现出来：我们为什么要编制和发布"中国传媒发展指数"？一个明显的事实是：在本报告所涉及的全部描述中国传媒发展状况的数据中，没有一个数据是我们专为本项研究所独立调查所得，而且，用于它是基于现有数据的一项深度研究，其数据时效也比一般的此类蓝皮书报告要晚一年，甚至更多。那么，我们这项报告的价值何在呢？

的确，与20多年前各种统计数据严重缺失的情况迥然不同，今天，关于中国传媒业的各种统计性的实证数据已经相当丰富了，除去国家职能部门的统计数字及各种专业的调查公司大量调查数据，仅仅中国传媒的蓝皮书系列中就至少已经有4种以上的报告每年问世。它可以让我们较为清晰地观察中国传媒业的主要方面。但是，坦率地说，就现状而言，如此丰富的数据在价值呈现的形态上，多为一次性的初级使用，其数据价值的利用存在着深度挖掘的巨大可能。

数据的价值挖掘是学术研究的一个主要分支，中国传媒学术界在此一领域的进展尚处于拓荒阶段。就中国传媒领域的基于调查统计的实证性研究报告而言，存在着这样两个明显的缺陷：一是所有的调查报告局限于传媒自身的各种数据的描述，而对于影响传媒业发展的社会的、经济产业的、人民生活的相关数据的关联性分析非常缺失，要知道，传媒业是一个社会依存度很高的行业，任何环境因素（社会的、经济的、人民生活的及规制的因素）的变化都会引起传媒业巨大的变化。如果

我们对于传媒业的描述、分析和研究脱离开对于环境因素的考量和关联分析，我们的描述就是井底之蛙式的描述，我们的分析和预测就失去了主要的社会依据，其科学性和说服力就大可质疑。二是传媒产业作为重要的国家"软实力"之一支，一直缺少一种评估其发展状况的指标体系，而仅仅用媒介的数量规模、营业额、覆盖率等指标去进行此类评估显然是有很大缺陷的。正是基于这种考虑，我们组织编制了"中国传媒发展指数"。本报告的主要特色在于：第一，将中国传媒业的发展指标与中国的社会经济指标、人民生活指标进行关联分析，以期在一个更为宏大的社会视野下把握中国传媒业发展的状态特点与走势；第二，我们着手构建了中国传媒发展状况的评估指标体系。具体地说，我们用生产能力、盈利能力和市场环境三类指标来描述和分析媒介自身发展；用消费结构、区域活力、受众特征、经济水平、经济结构和消费能力六类指标来描述和分析媒介发展环境，并在此基础上拟合出中国传媒发展的评价指数。中国传媒发展指数是对中国省级行政区的传媒发展水平与差异进行综合测量及评价的工具，它为科学制定宏观传媒发展政策，促进中国地区间传媒业的协调可持续发展，建立和谐型社会，进一步实施科学发展的战略，提供了客观、科学、可靠、完整的测评依据。应该说，中国传媒发展指数对中国各省区的传媒发展现状具有良好的总体反映和解读。同时，本报告还对某些当前发展中重要的实践问题进行了分专题的学术探讨，相信也能够为业界的实践提供有参考价值的启发。

当然，我们的研究还只是向着正确方向跨进的一个起步，在指标的选择、权重的赋予、复合性评价指标的构建等方面，我们还有很多工作要做。期待我们的报告能受到学术界、实务界的更多批评指教，以便使中国传媒发展指数的编制、评价与分析日臻完善，为中国传媒业的健康良性发展提供"镜子"、"罗盘"、"尺度"方面的助力。

最后，我们要十分感谢给与本项研究以数据支持及提供了宝贵意见的各位传媒研究界的专家、领导和同道，他们是CTR的副总裁姚林教授、央视索福瑞总裁王兰柱博士、陈晓洲总监、北京益派市场咨询有限公司平面媒体事业部总监张晓虎先生、国家新闻出版署传媒发展研究所冯玉明副所长、国家广电总局发展改革研究中心李岚博士。此外，中国人民大学新闻学院 2006 级传媒经济学硕士生李莹、李哲、佟潇、王维、徐伟伟、张苗佳、朱丹承担了本项研究的数据录入和整理。2007 级传媒经济学博士生李彪承担了部分制图的工作。在此，我们深致感谢！

喻国明

2008 年 3 月 7 日于中国人民大学明德新闻楼

传媒指数蓝皮书

中国传媒发展指数报告（2008）

主　　编／喻国明

出 版 人／谢寿光
总 编 辑／邹东涛
出 版 者／社会科学文献出版社
地　　址／北京市东城区先晓胡同 10 号
邮政编码／100005
网　　址／http：//www.ssap.com.cn
网站支持／（010）65269967
责任部门／编辑中心（010）65232637
电子信箱／bianjibu@ssap.cn
项目负责／宋月华
责任编辑／周志宽　黄　丹
责任校对／王毅然　乔　鹏
责任印制／盖永东
品牌推广／蔡继辉

总 经 销／社会科学文献出版社发行部
　　　　　　（010）65139961　65139963
经　　销／各地书店
读者服务／市场部（010）65285539
排　　版／北京中文天地文化艺术有限公司
印　　刷／北京季蜂印刷有限公司

开　　本／787×1092 毫米　1/16
印　　张／17.5
字　　数／238 千字
版　　次／2008 年 3 月第 1 版
印　　次／2008 年 3 月第 1 次印刷

书　　号／ISBN 978 - 7 - 5097 - 0100 - 3/G·0009
定　　价／45.00 元（含光盘）

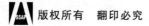